251514

101.80A

2

Industriestandort Bundesrepublik Deutschland
Standortqualität und internationale Wettbewerbsfähigkeit –
Eine Zwischenbilanz zur aktuellen Standortdiskussion

Europäische Hochschulschriften

Publications Universitaires Européennes
European University Studies

Reihe V

Volks- und Betriebswirtschaft

Série V Series V

Sciences économiques, gestion d'entreprise
Economics and Management

Bd./Vol. 1411

PETER LANG
Frankfurt am Main · Berlin · Bern · New York · Paris · Wien

Friedrich J. Amling

Industriestandort Bundesrepublik Deutschland

Standortqualität und internationale Wettbewerbsfähigkeit – Eine Zwischenbilanz zur aktuellen Standortdiskussion

PETER LANG
Frankfurt am Main · Berlin · Bern · New York · Paris · Wien

Die Deutsche Bibliothek - CIP-Einheitsaufnahme

Amling, Friedrich J.:

Industriestandort Bundesrepublik Deutschland : Standortqualität und internationale Wettbewerbsfähigkeit ; eine Zwischenbilanz zur aktuellen Standortdiskussion / Friedrich J. Amling. - Frankfurt am Main ; Berlin ; Bern ; New York ; Paris ; Wien : Lang, 1993

(Europäische Hochschulschriften : Reihe 5, Volks- und Betriebswirtschaft ; Bd. 1411)
Zugl.: Bochum, Univ., Diss., 1992
ISBN 3-631-46126-7

NE: Europäische Hochschulschriften / 05

D 294
ISSN 0531-7339
ISBN 3-631-46126-7

Printed in Germany 1 3 4 5 6 7

Meinen Eltern

Inhaltsverzeichnis

Abbildungsverzeichnis

Tabellenverzeichnis

Abkürzungsverzeichnis

A	Österreich
AUS	Australien
B	Belgien
CAN	Kanada
CH	Schweiz
D	Bundesrepublik Deutschland
DK	Dänemark
E	Spanien
F	Frankreich
GB	Großbritannien
GR	Griechenland
I	Italien
IRL	Irland
J	Japan
LUX	Luxemburg
N	Norwegen
NL	Niederlande
P	Portugal
S	Schweden
TR	Türkei
USA	Vereinigte Staaten von Amerika

Afta	Asean Free Trade Area
ASEAN	Association of South - East Asia Nations
EAEG	East Asean Economic Grouping
EFTA	European Free Trade Association
EG	Europäische Gemeinschaften
EWG	Europäische Wirtschaftsgemeinschaft
EWR	Europäischer Wirtschaftsraum
EWS	Europäisches Währungssystem
OECD	Organization for Economic Cooperation and Development
OPTAD	Organization for Pacific Trade and Development
PAFTA	Pacific Free Trade Area
PECC	Pacific Economic Cooperation Conference
WWU	Wirtschafts- und Währungsunion

BDI	Bundesverband der Deutschen Industrie
DIHT	Deutscher Industrie- und Handelstag
DIW	Deutsches Institut für Wirtschaftsforschung
HWWA	Hamburger Weltwirtschaftsarchiv
Ifo	Institut für Wirtschaftsforschung
IfW	Institut für Weltwirtschaft
IW	Institut der deutschen Wirtschaft
RWI	Rheinisch- Westfälisches Institut für Wirtschaftsforschung

EEA	Einheitliche Europäische Akte
ESt	Einkommensteuer
GewESt	Gewerbeertragsteuer
GewStG	Gewerbesteuergesetz
GewKSt	Gewerbekapitalsteuer
GrSt	Grundsteuer
GWB	Gesetz gegen Wettbewerbsbeschränkung
KSt	Körperschaftsteuer
StabG	Stabilitätsgesetz
VSt	Vermögensteuer

a.	auch
Abb.	Abbildung
Aufl.	Auflage
BIP	Bruttoinlandsprodukt
BSP	Bruttosozialprodukt
bspw.	beispielsweise
bzw.	beziehungsweise
c.p.	ceteris paribus
et al.	und andere
etc.	et cetera
f.	folgende
ff.	fort folgende
Hrsg.	Herausgeber
i.d.R.	in der Regel
i.e.S.	im eigentlichen (engeren) Sinne
insbes.	insbesondere
Jg.	Jahrgang
Nr.	Nummer
o.	oder
o.Jg	ohne Jahrgang
o.O.	ohne Ort
RCA	Revealed Comparative Advantage
S.	Seite
s.	siehe
SITC	Standard International Trade Classification
Tab.	Tabelle
u.	und
u.a.	und andere
u.a.	unter anderem
u.U.	unter Umständen
usw.	und so weiter
vgl.	vergleiche
VGR	volkswirtschafliche Gesamtrechnung
Vol.	Volume
z.B.	zum Beispiel
z.T.	zum Teil

I. Einführung

A. Gegenstand der Untersuchung

Die Bedeutung der Standortproblematik, also die Frage, an welchem geographischen Ort sollen Sach- oder Dienstleistungen produziert werden, ist sowohl in einzelwirtschaftlicher als auch in gesamtwirtschaftlicher Betrachtungsweise von besonderer Bedeutung.

Für ein standortsuchendes Unternehmen stellt sich die Standortfrage gleich in vierfacher Hinsicht. Als erstes muß das Unternehmen eine internationale Standortentscheidung treffen. Es wird also untersucht, in welchem Land die Rahmenbedingungen für die geplante unternehmerische Tätigkeit aus Sicht des betreffenden Unternehmens optimal sind. Diese Fragestellung ist auch Gegenstand der vorliegenden Arbeit. Ist die internationale Standortentscheidung gefällt, sind noch interregionale, interlokale und innerbetriebliche Standortentscheidungen zu treffen.

Darüber hinaus gehört die unternehmerische Standortwahl zu den konstitutiven Entscheidungen, sie ist in der Regel mit erheblichen Investitionen verbunden und bindet Unternehmen langfristig an einen Ort. Kurzfristig sind einmal getroffene Standortentscheidungen oftmals gar nicht oder nur mit großen Verlusten revidierbar.[1] Daher wird klar, daß die unternehmerische Standortentscheidung mit besonderen Risiken verbunden ist und folglich mit großer Sorgfalt getroffen werden muß. Ein nach langfristiger Gewinnmaximierung strebendes Unternehmen wird bei seinem Investitionskalkül die Standortfrage berücksichtigen, indem es versucht, den Barwert der Differenzen zwischen standortbedingten Einzahlungen und Auszahlungen zu maximieren.[2]

---

1 Vgl. Wöhe, G.: Allgemeine Betriebswirtschaftslehre, 17. Aufl., München 1981, S. 472.

2 Vgl. Wöhe, G.: Betriebswirtschaftliche Steuerlehre, Band II 2. Halbband, 3. Aufl., München 1982, S. 293.

In volkswirtschaftlicher Sicht muß zwischen der Standortqualität bzw. -attraktivität und der internationalen Wettbewerbsfähigkeit eines Landes unterschieden werden. Die Qualität eines Standortes wird determiniert durch die Ausstattung mit Standortfaktoren und die jeweiligen vom Staat gesetzten allgemeinen Rahmenbedingungen. Die internationale Wettbewerbsfähigkeit eines Landes ergibt sich dann aus der Fähigkeit der dort ansässigen Unternehmen, die vorhandenen Standortfaktoren und Rahmenbedingungen in ein attraktives, international konkurrenzfähiges Angebot umzusetzen.[3]

Standortattraktivität ist damit Voraussetzung für die internationale Wettbewerbsfähigkeit eines Landes - anders ausgedrückt: Aus der hohen Standortqualität eines Landes kann eine hohe internationale Wettbewerbsfähigkeit folgen. Die internationale Wettbewerbsfähigkeit eines Landes läßt jedoch nicht unbedingt auf eine hohe Standortattraktivität schließen, da sie zumindest kurz- bis mittelfristig Ergebnis massiver (Export-) Subventionen sein kann.

Damit wird deutlich, daß die Attraktivität eines Standortes wichtige Voraussetzung für Investitionen, Wachstum und Beschäftigung, also die allgemeine Mehrung des langfristigen Wohlstands einer Volkswirtschaft ist.

Die Diskussion um die Attraktivität des Industriestandortes Bundesrepublik Deutschland ist nicht neu, zuletzt lösten Anfang der 80er Jahre der zweite Ölpreisschock, die Abwertung des Dollars und die daraus resultierende Passivierung der

---

[3] Vgl. Löbbe, K.: Standort Deutschland - Internationale Wettbewerbsfähigkeit und Attraktivität für Auslandskapital, in: Außenwirtschaftspolitik, Stuttgart 1991, S. 54 f. Zum Begriff "internationale Wettbewerbsfähigkeit einer Volkswirtschaft" siehe auch Stackelberg, K. v.: Internationale Wettbewerbsfähigkeit bei zunehmenden intra - industriellen Handelsbeziehungen mit Schwellenländern, Berlin 1991, S. 9 - 19.

deutschen Leistungsbilanz eine heftige Kontroverse um die internationale Wettbewerbsfähigkeit aus.[4]

Ende der achtziger Jahre (1987/88) lebte die Standortdebatte erneut auf. Der rasche technologische Fortschritt vor allem der Informations-, Kommunikations- und Steuerungstechnologie[5] und das sich Öffnen und Zusammenwachsen der internationalen Märkte haben die Möglichkeiten der internationalen Arbeitsteilung deutlich verbessert.

Die Tendenz hin zu einer Globalisierung der Märkte (global sourcing / global selling) und einer Internationalisierung der Produktion (global manufacturing) bewirkt aber auch eine Verschärfung des weltweiten Wettbewerbs.[6]

Durch die gewonnene Mobilität können die Unternehmen die Lohn-, Kosten- oder Know How - Vorteile der verschiedensten Standorte nutzen, um ihre Konkurrenzfähigkeit zu verbessern.[7] Dies wird in der Regel auch zu einer Änderung der bisherigen Produktionsverfahren führen. So stellt beispielsweise eine Verringerung der Fertigungstiefe auch an die Zulieferbetriebe neue Anforderungen, die sowohl Chancen als auch Risiken für die Zulieferer beinhalten.[8]

---

[4] Vgl. Löbbe, K., Standort Deutschland, S. 53, siehe auch Bundesministerium für Wirtschaft (Hrsg.): Kritische Reflexionen zur Frage der Standortqualität der Bundesrepublik Deutschland, Bonn 1990, S. 22.

[5] Vgl. Schmidt, K.-D. et. al.: Im Anpassungsprozeß zurückgeworfen - Die deutsche Wirtschaft vor neuen Herausforderungen, Tübingen 1984, S. 4 - 8.

[6] Vgl. Klodt, H. / Schmidt, K.-D. et. al.: Weltwirtschaftlicher Strukturwandel und Standortwettbewerb - Die deutsche Wirtschaft auf dem Prüfstand, Tübingen 1989, S. 5.

[7] Vgl. Dörrenbächer, C. / Fischer, O.: Handel mit informationsintensiven Dienstleistungen: Neue Perspektiven für die internationale Arbeitsteilung und Handelspolitik, in: Vierteljahresberichte / Friedrich - Ebert - Stiftung, Nr. 122, 1990, S. 395.

[8] Vgl. Arthur D. Little International (Hrsg.): Schwachstellen der Kfz - Zulieferer in Baden - Württemberg, Wiesbaden 1992. Die Studie verdeutlicht, daß die Globalisierungstendenz auch für die Zulieferer von großer Bedeutung ist; weist aber gleichzeitig darauf hin, daß für die mittelständisch geprägte deutsche Zulieferindustrie hier erhebliche Probleme entstehen könnten.

Damit entwickelt sich aber der Wettbewerb der Unternehmen zunehmend zu einem Wettbewerb der Standorte um die attraktiveren Standortbedingungen. Die Qualität eines Standortes wird entscheidend davon abhängen, inwieweit es gelingt, durch eine attraktive Gestaltung der vergleichsweise immobilen Standortfaktoren (Klima, Boden und z.T. Arbeit) die immer mobiler werdenden Standortfaktoren wie Kapital und Technologie zu attrahieren.[9]

Diese Entwicklung ist Impuls und Herausforderung für den Strukturwandel der verschiedenen Standorte. An Attraktivität und damit an Wettbewerbsfähigkeit werden diejenigen Länder gewinnen, die dieser Herausforderung besonders gut entsprechen. Es ist also konkret zu überprüfen, wie hoch die Attraktivität der institutionellen Rahmenbedingungen der Bundesrepublik Deutschland für das internationale Know How und das Kapital ist.[10]

Gegenstand der Kontroverse sind entsprechend jene Standortfaktoren, die die Attraktivität des Standortes Bundesrepublik ausmachen. Dabei spielen in der gegenwärtigen Diskussion insbesondere die Faktoren Unternehmenssteuern und Arbeitskosten eine besondere Rolle. Darüberhinaus wird versucht, mit Hilfe verschiedener Indikatoren die Attraktivität von Standorten zu

---

9 Vgl. Siebert, H.: Die Wettbewerbsfähigkeit der deutschen Wirtschaft: Trends und Perspektiven, in: Kahrmann, V. / Sauerland, D. (Hrsg.): Made in Germany - Die internationale Wettbewerbsfähigkeit der deutschen Wirtschaft, Stuttgart / Berlin / Köln 1991, S. 23. Siehe auch Welfens, P. J. J.: Internationalisierung von Güterproduktion und Ressourceneinsatz: Wirtschaftspolitische Herausforderung durch Standortwettbewerb offener Volkswirtschaften?, in: Cassel, D. (Hrsg.): Wirtschaftssysteme im Umbruch, München 1990, S. 24 f.

10 Vgl. Klodt, H. / Schmidt, K.-.D. et. al., Weltwirtschaftlicher Strukturwandel und Standortwettbewerb, S. 5 - 9, siehe auch Härtel, H.-H.: Strukturwandel und Wettbewerbsfähigkeit der Bundesrepublik Deutschland, in: Kantzenbach, E. / Mayer, O. G. (Hrsg.): Perspektiven der weltwirtschaftlichen Entwicklung und ihre Konsequenzen für die Bundesrepublik Deutschland, Hamburg 1990, S. 107 f. und Hartwig, K.-H.: Bundesrepublik Deutschland: Bleibende Dominanz in Europa?, in: Cassel, D. (Hrsg.): Wirtschaftssysteme im Umbruch, München 1990, S. 396 f.

messen. Als zentraler Indikator wird dabei von vielen Autoren die Entwicklung der Direktinvestitionen angesehen.[11]

Durch die Entwicklung zur Wiedervereinigung der beiden deutschen Staaten rückte die Problematik zwar kurzfristig in den Hintergrund, doch lebte die Diskussion Anfang der neunziger um so heftiger wieder auf.

Vor diesem Hintergrund ist es eine interessante Aufgabe, die verschiedenen Diskussionsbeiträge und Argumente einer wissenschaftlichen Analyse zu unterziehen und sie einander gegenüberzustellen.

Ziel dieser Arbeit ist es also, eine Zwischenbilanz der komplexen Diskussion um die Attraktivität des Industriestandortes Bundesrepublik Deutschland zu ziehen, um zu einer fundierten Beurteilung der Situation zu kommen.

Mit der Vereinigung der alten Bundesrepublik Deutschland und der ehemaligen DDR zur neuen Bundesrepublik Deutschland hat die Standortdebatte eine neue Dimension erlangt, da die Vereinigung zum Teil erhebliche Auswirkungen auf die Standortfaktoren und Indikatoren hat. In dieser Arbeit werden die Auswirkungen so berücksichtigt, daß sich die Analyse zunächst auf den Zeitraum vor der Vereinigung bezieht. Dann wird versucht, die Veränderungen durch die Vereinigung einzubeziehen und mögliche Entwicklungen zu prognostizieren. Stand der Untersuchung ist das Jahr 1991.

---

11 Vgl. Standort Bundesrepublik - Neue Dimensionen des internationalen Wettbewerbs, in: Handelsblatt, Nr. 251/52, 30./31.12.1988, S. 1 - 55, Sonderausgabe des Handelsblatt zum Thema Standort Bundesrepublik Deutschland.

B. Gang der Untersuchung

Bei der Analyse der Diskussion um die Attraktivität des Industriestandortes Bundesrepublik Deutschland soll folgendermaßen vorgegangen werden:

Zunächst wird in Kapitel II die Entwicklung der wirtschaftswissenschaftlichen Standorttheorie in ihren Grundzügen nachgezeichnet und untersucht, inwieweit diese theoretischen Konzepte als Grundlage für die Diskussionsanalyse herangezogen werden können.

Das sich anschließende Kapitel III beschreibt die wesentlichen weltwirtschaftlichen Entwicklungen der letzten Jahre, die aufgrund ihrer Auswirkungen auf den internationalen Wettbewerb ein bedeutender Auslöser der aktuellen Standortdiskussion sind.

In Kapitel IV werden die Indikatoren vorgestellt und untersucht, die im Rahmen der Standortdiskussion zur Messung der Qualität eines Standortes von Bedeutung sind.

Danach werden im Kapitel V im einzelnen diejenigen Standortfaktoren betrachtet, mit denen im Disput um die Attraktivität des Standortortes Bundesrepublik am häufigsten argumentiert wird.

Schließlich werden im VI. Kapitel dieser Arbeit die Untersuchungsergebnisse zusammengefaßt und wird der Versuch unternommen, mit Hilfe der gewonnenen Erkenntnisse die gegenwärtige und zukünftige Attraktivität des Industriestandortes Bundesrepublik Deutschland einzuschätzen.

II. Standorttheorie und Standortkomponenten

A. Vorüberlegungen

Das Standortproblem ist von zahlreichen Autoren unterschiedlicher Fachrichtungen beschrieben worden. In diesem Kapitel wird ein Überblick über die Ursprünge der Standorttheorie und ihre Weiterentwicklungen gegeben. Dazu konzentriert sich der folgende dogmenhistorische Überblick auf die wesentlichen wirtschaftswissenschaftlichen Entwicklungen der Standorttheorie und stellt diese in ihren Grundzügen dar.

Ziel dieses Kapitels ist es also nicht, die verschiedenen Theorieansätze einer ausführlichen Analyse zu unterziehen, sondern lediglich diejenigen Ansätze aufzuzeigen, die bei der Bearbeitung des Themas dieser Arbeit von Bedeutung sein könnten.

Entsprechend wird im abschließenden Abschnitt dieses Kapitels untersucht, inwieweit die zuvor dargestellten Theorien Grundlage für die Analyse der Diskussion um die Attraktivität des Industriestandortes Bundesrepublik Deutschland sein können.

B. Dogmenhistorischer Überblick

1. Flächennutzungsmodell von J. H. von Thünen

Als erster hat sich Johann Heinrich von Thünen[1] zu Beginn des neunzehnten Jahrhunderts theoretisch mit dem Standortproblem auseinandergesetzt.[2]

---

[1] Vgl. Thünen, J. H. v.: Der isolierte Staat in Beziehung auf Landwirtschaft und Nationalökonomie, Hamburg 1826.

[2] Vgl. Meyer - Lindemann, H. U.: Typologie der Theorien des Industriestandortes, Bremen - Horn 1951, S. 23 f.

Von Thünen hat die Probleme der landwirtschaftlichen Standortwahl untersucht und herausgearbeitet, daß Bestimmungsfaktoren der landwirtschaftlichen Standortwahl nicht nur die natürlichen Bodenbeschaffenheiten sind, sondern auch andere Tatbestände, wie etwa die Entfernung zwischen Produktions- und Konsumort, von Bedeutung sind.[3]

Grundlage der Überlegungen von Thünens ist sein Modell des isolierten Staates. Er geht von einer kreisrunden Fläche gleicher Bodenqualität aus, die inmitten einer Wildnis oder Wüste gelegen ist. Im Zentrum dieser Fläche befindet sich als einzige Siedlung eine Stadt. Darüberhinaus gibt es in dieser Fläche keine schiffbaren Wasserwege, so daß lediglich Landwege die Stadt und ihre Umgebung miteinander verbinden. Einziger Konsumort für die landwirtschaftliche Produktion ist die Stadt, die zugleich einziger Ort für die gewerbliche Produktion des Modells ist.

In diesem Modell hängt nach von Thünen nun die Frage, an welchem Standort welche landwirtschaftlichen Produkte hergestellt werden sollen, von zwei Faktoren ab: Zunächst gilt, daß Produkte, die frisch konsumiert werden müssen, nahe dem Konsumort zu produzieren sind, da sie auf einem längeren Transportweg verderben würden. Dann muß überprüft werden, bei welchen Produkten, z.B. durch ihr hohes Gewicht, ein längerer Transport unwirtschaftlich wäre, also die Transportkosten den Wert dieser Produkte übersteigen würden.

Vor dem Hintergrund dieser Überlegungen kommt von Thünen bei der Planung des Produktionsstandortes für verschiedene landwirtschaftliche Erzeugnisse zu einem System von konzentrischen Kreisen um die Stadt seines Modells, in dem die unterschiedlichen Erzeugnisse ihren Eigenschaften entsprechend produziert werden.

---

3 Vgl. Behrens, K. C. : Allgemeine Standortbestimmungslehre, 2. Aufl., Opladen 1971, S. 3 - 6.

In einem ersten, dem Konsumort am nächsten liegenden Kreis würden dementsprechend Waren produziert, die, wie z.B. Milch oder Gemüse, einer hohen Verderblichkeit unterliegen. Weiterhin müßten in diesem Kreis geringwertige Erzeugnisse, wie z.B. Futtermittel hergestellt werden, da hier ein längerer Transport unwirtschaftlich wäre.

Im zweiten Kreis würde wegen des hohen Bedarfs an Holz und der erheblichen Transportkosten Forstwirtschaft betrieben.

Im dritten, vierten und fünften Kreis würde Acker- und Getreidebau betrieben. Dabei würden Produktionen mit höherer Bewirtschaftungsintensität in den inneren Kreisen angesiedelt und solche mit geringerer Bewirtschaftungsintensität in weiter außenliegenden Kreisen.

In einem sechsten Kreis schließlich würde Viehwirtschaft betrieben, da ihre Produkte, wie z.B. Fleisch, im Vergleich zu ihrem Wert geringe Transportkosten verursachen.[4]

2. Theorie des Industriestandortes von A. Weber

Eine erste, systematische und in sich geschlossene Theorie des Industriestandortes veröffentlichte Anfang dieses Jahrhunderts Alfred Weber. In dieser Arbeit definiert er auch als erster den Begriff des Standortfaktors als "einen seiner Art nach scharf abgegrenzten Vorteil, der für eine wirtschaftliche Tätigkeit dann eintritt, wenn sie sich an einem bestimmten Ort oder auch generell an Plätzen bestimmter Art vollzieht."[5] Standortfaktoren sind also die Qualitäten bestimmter geographischer Orte, die die Attraktivität eines solchen Ortes in seiner Eignung als Industriestandort bestimmen.

---

[4] Vgl. Bökemann, D.: Theorie der Raumplanung, München / Wien / Oldenburg 1982, S. 127 - 131 und Behrens, K. C., Allgemeine Standortbestimmungslehre, S. 3 - 6.

[5] Weber, A.: Über den Standort der Industrien, 1. Teil: Reine Theorie des Standorts, Tübingen 1909, S. 16.

Eine Betrachtung der Standortfaktoren bildet auch die Grundlage seiner Theorie. Doch beschränkt er sich in seiner Untersuchung auf solche Standortfaktoren, die die Kostenseite berühren und vernachlässigt die Absatzseite.[6]

Weber systematisiert die Standortfaktoren nach folgendem Schema:

1. nach ihrer Allgemeingültigkeit in
   a) generelle Standortfaktoren, die für alle Industrieunternehmen von gewisser Bedeutung sind (z.B. Höhe der Grundrente oder Arbeitskosten) und

   b) spezielle Standortfaktoren, die nur für bestimmte Branchen von Bedeutung sind (z.B. klimatische oder geologische Voraussetzungen);

2. nach ihrer räumlichen Wirkung in
   a) Regionalfaktoren, welche die Unternehmen an ganz bestimmte Orte binden,
   b) Agglomerativfaktoren, welche zu einer Konzentration von Unternehmen in bestimmten Gebieten führen, und
   c) Deglomerativfaktoren, die standörtlich dezentralisierend wirken;

3. nach der Art ihrer Beschaffenheit in
   a) natürlich - technische Standortfaktoren (z.B. Klima oder Qualität der Arbeitskräfte) und
   b) gesellschaftlich - kulturelle Standortfaktoren (z.B. regionale Differenzen im Zinsniveau).[7]

Um die Modellbildung weiter zu vereinfachen, geht Weber nun in einem zweiten Schritt auf die Kostenarten der Unternehmen ein. Er überprüft, welche Kriterien seiner Systematik der Standortfaktoren für die Kostenarten von Bedeutung sind. Die anderen

---

[6] Vgl. Meyer, W.: Die Theorie der Standortwahl, Berlin 1960, S. 22 f.
[7] Vgl. Behrens, K. C., Allgemeine Standortbestimmungslehre, S. 7 f.

Kriterien schließt er aus oder nimmt sie als gegeben an. Dabei kommt er zu dem Ergebnis, daß hinsichtlich der so abgegrenzten Kriterien lediglich die Faktoren Material-, Arbeits- und Transportkosten relevant sind.

Die Überlegung, daß höhere Materialkosten auch als Transportkosten für die Beschaffung weiter entfernt liegender Materialien interpretiert werden können, ermöglicht es ihm, die Untersuchung auf die Standortfaktoren Transport- und Arbeitskosten zu reduzieren.[8]

Die Standortwahl eines Industriebetriebes hängt, entsprechend dieser Überlegungen, dann davon ab, ob ein Unternehmen arbeits- oder transportorientiert ist. Arbeitsorientiert wäre ein Unternehmen, wenn die Einsparungen an Arbeitskosten am Ort der billigsten Löhne höher ist als die Einsparung an Transportkosten am Ort der geringsten Materialpreise. Bei einem transportorientierten Unternehmen würde hingegen der Kostenvorteil bei den Transportkosten liegen.

Sind einmal mögliche kostenminimale Produktionsstandorte mit Hilfe dieser beiden Faktoren bestimmt, so betrachtet Weber zusätzlich die Vorteile des Standortfaktors Agglomeration.[9]

3. Neuere Standorttheorien

Die industrielle Standortbestimmungslehre Webers greift Oskar Engländer[10] auf und versucht sie, im Wege grenznutzentheoretischer Betrachtungen, zu einer Standortwirkungslehre zu transformieren. Es wird also nicht wie bei Weber ein Standort bestimmt, sondern von einem gegebenen Standort ausgegangen und

---

8 Vgl. Behrens, K. C., Allgemeine Standortbestimmungslehre, S. 8 f.

9 Vgl. Meyer - Lindemann, H. U., Theorien des Industriestandortes, S. 35 - 39 u. 47 - 67.

10 Vgl. Engländer, O.: Allgemeine Theorie des Güterverkehrs und der Frachtsätze, Jena 1924.

untersucht, welche Auswirkungen dieser Standort für seine ökonomische Umgebung hat.[11]

Engländer untersucht für verschiedene Güterarten, welche er mit Hilfe grenznutzentheoretischer Klassifikationsmerkmale bestimmt hat, die Erzeugungs- und Absatzgebiete.

Im ersten Teil seiner Untersuchung zeigt er die Bestimmungsgründe der Bezugs- und Absatzradien für Güter erster Ordnung (Genußgüter). Im Falle eines zentralen Produktionsortes und darum gestreuter Konsumorte hängt der Absatzradius dieser Güter von den Marktpreisen am Produktionsort, der Preiselastizität der Nachfrage und den Transportkosten ab. Im umgekehrten Fall eines zentralen Konsumortes und darum gestreuter Produktionsorte hängt die Frage, innerhalb welcher Entfernung vom Konsumort sich die Produktion rentiert, von den Produktionskosten der Betriebe, den Transportkosten und vom Marktpreis am Konsumort ab.

Dann untersucht Engländer im zweiten Teil seiner Arbeit, welche Bestimmungsfaktoren für die Standortwahl der Betriebe, die aus Erzeugnisgütern Genußgüter produzieren, von Bedeutung sind. Dabei kommt er zu Resultaten, die den Untersuchungsergebnissen Webers ähneln. Engländer geht insofern über die Ergebnisse Webers hinaus, als er mögliche Wirkungen, die sich aus unterschiedlicher Höhe und Struktur der Transportkosten ergeben, einbezieht.[12]

Ausgehend vom Substitutionsprinzip der neoklassischen Theorie versucht Andreas Perdöhl das Standortproblem zu lösen.[13] Das Substitutionsprinzip besagt, daß bei der Wahl zwischen mehreren möglichen Produktionsfaktorkombinationen gleichen Ertrags, diejenige Kombination vorzuziehen ist, bei der die

---

[11] Vgl. Meyer - Lindemann, H. U., Theorien des Industriestandortes, S. 67 - 78.

[12] Vgl. Behrens, K. C., Allgemeine Standortbestimmngslehre, S. 21 f.

[13] Vgl. Perdöhl, A.: Das Standortproblem in der Wirtschaftstheorie, in: Weltwirtschaftswissenschaftliches Archiv, Bd. 21, 1925.

Produktionskosten minimal sind. Die Produktionsfaktoren sind also so lange gegeneinander zu substituieren, bis die Minimalkostenkombination erreicht ist. Dies ist genau dann der Fall, wenn die Grenzkosten aller eingesetzten Produktionsfaktoren gleich sind.

Diese Überlegung überträgt Perdöhl auf das Standortproblem. Er geht davon aus, daß durch eine räumliche Verlagerung des Produktionsstandortes das Einsatzverhältnis der Produktionsfaktoren Boden, Arbeit, Kapital und Transportkosten variiert werden kann. So können die einzelnen Faktoren gegeneinander substituiert werden.

Der optimale Standort eines Unternehmens ist dann derjenige, an dem die jeweilige Leistung kostenminimal erstellt werden kann.[14]

Eine mit Perdöhl vergleichbare Untersuchung des Standortproblems unternimmt Edgar M. Hoover jr.[15] Er verwendet zur Erklärung des Problems das Grenzproduktivitätstheorem. Nach dem Grenzproduktivitätstheorem wechseln Produktionsfaktoren so lange ihren Standort, bis sie ihre maximale Grenzproduktivität erreicht haben.[16]

Hoover entwickelt ein Modell, dessen Grundlage zwei Wirtschaftsgebiete bilden. Weiter nimmt er an, daß die Produktionsfaktoren Arbeit und Kapital über diese Gebiete verteilt und frei beweglich sind. Dabei sind sowohl Kapital- und Arbeitsmenge als auch Zins- und Lohnsatz konstant.

In dieser Situation verteilen sich die Produktionsfaktoren bei gegebener Nachfrage auf die beiden Gebiete so, daß ihre Grenz-

---

14 Vgl. Meyer - Lindemann, H. U., Theorien des Industriestandortes, S. 78 - 85.

15 Vgl. Hoover jr., E. M.: The Location Of Economic Activity, New York / Toronto / London 1948.

16 Vgl. Behrens, K. C., Allgemeine Standortbestimmungslehre, S. 23.

produktivität maximal wird. Damit versucht Hoover mögliche raumwirtschaftliche Strukturveränderungen zu erklären.[17]

Bertil Ohlin[18] untersucht die Standortfrage vor dem Hintergrund der Theorie des internationalen Handels und dem Theorem der komperativen Kosten, das er in ein Theorem der komperativen Preise überführt.

Nach der Theorie des internationalen Handels kommt es zu Außenhandelsbeziehungen, wenn die Produktionsfaktoren international unbeweglich sind. Dann ersetzt der Austausch von Waren den Austausch von Produktionsfaktoren. Diese Betrachtungsweise modifiziert Ohlin von einer internationalen zu einer interlokalen.[19]

Sind bei einer interlokalen Betrachtung an unterschiedlichen Orten verschiedene Produktionsfaktoren räumlich inflexibel, so erwachsen daraus diesem Ort komparative Vorteile, die von den Unternehmen bei ihrer Standortwahl berücksichtigt werden.

Es kommt also zu einer Spezialisierung an den einzelnen Orten und zu einer Arbeitsteilung zwischen diesen Orten. Folglich ensteht also durch die räumliche Bindung der Produktion und die Möglichkeit des Handels ein Mehrmarktmodell.

Die räumliche Inflexibilität der Produktionsfaktoren kann langfristig sein, wie z.B. im Falle bestimmter geologischer Bodenvorkommen. Sie kann aber auch mittelfristig sein und durch die Handelsbeziehungen zwischen mehreren Orten beeinflußt werden. Dies wäre z.B. der Fall, wenn es an einem Ort zu Agglomerationstendenzen käme. Dadurch würden an diesem Ort Arbeitsangebot und Konsumnachfrage zunehmen. Es entwickeln sich also dynamische Prozesse, die zur Bindung und Verbilligung von Produktionsfaktoren an bestimmten Orten führen. Umgekehrt kann

---

17 Vgl. Meyer - Lindemann, H. U., Theorien des Industriestandortes, S. 86 - 94.

18 Vgl. Ohlin, B.: Handels teori, Stockholm 1924 und Ohlin, B.: Interregional and International Trade, Cambridge 1933.

19 Vgl. Behrens, K. C., Allgemeine Standortbestimmungslehre, S. 25 f.

es aber auch zur Loslösung und Verteuerung von Faktoren kommen.[20]

Die Arbeiten von David M. Smith[21] erweitern die Theorie Webers insofern, als daß statt der Transportkosten die Gesamtkosten berücksichtigt werden und darüber hinaus auch die Möglichkeit des suboptimalen Unternehmerverhaltens mit einbezogen wird.

Die Ermittlung des optimalen Standortes erfolgt in zwei Schritten. Zunächst wird unter der Annahme konstanter Kosten der erlösmaximale Standort gesucht, dann umgekehrt unter der Annahme konstanter Erlöse der kostenminimale Standort. Schließlich ergibt sich der optimale Standort unter der realistischen Annahme variabler Kosten und Erlöse dort, wo die Differenz zwischen beiden, also der Gewinn, maximal ist.[22]

Allen Pred[23] stellte den deduktiven Industriestandorttheorien einen verhaltenswissenschaftlichen Erklärungsansatz gegenüber. Seine Überlegungen zur Wahl des optimalen Produktionsstandortes stellten den Informationsstand des Entscheidungsträgers in den Mittelpunkt. Nach Pred ist es wahrscheinlich, daß ein hoher Informationsstand und die entsprechende Fähigkeit der Manager diese Informationen zu nutzen die Qualität der Standortentscheidung positiv beeinflussen. Andererseits weist er aber auch darauf hin, daß die Standortentscheidung subjektiven Wertvorstellungen und persönlichen Präferenzen der Entscheidungsträger unterliegt.[24]

---

20 Vgl. Rüschenpöhler, H.: Der Standort industrieller Unternehmungen als betriebswirtschaftliches Problem, Berlin 1958, S. 56 f. Siehe auch Meyer - Lindemann, H. U., Theorien des Industriestandortes, S. 94 - 103.

21 Vgl. Smith, D. M.: A Theoretical Framework for Geographical Studies of Industrial Location, in: Economic Geography, 42. Jg., 1966, S. 95 - 113 und Smith, D. M.: Industrial Location - An Economic Geographical Analysis, New York 1971.

22 Vgl. Schätzl, L.: Wirtschaftsgeographie 1 - Theorie, 3. Aufl., Paderborn / München / Wien u.a. 1988, S. 50 - 58.

23 Vgl. Pred, A.: Behavior and Location - Foundation for a Geographic and Dynamic Location Theory Part 1, o.O. 1967 und Pred, A.: Behavior and Location - Foundation for a Geographic and Dynamic Location Theory Part 2, o.O. 1969.

24 Vgl. Schätzl, L., Wirtschaftsgeographie 1, S. 58 - 62.

Vor dem Hintergrund der Arbeit von Thünenes entwickelte Walter Christaller[25] die Theorie der zentralen Orte. Er versucht die räumliche Ordnung mit Hilfe ökonomischer Bestimmungsfaktoren zu erklären.

Abweichend vom Konstrukt des Punktmarktes geht Christaller im wesentlichen von folgenden Annahmen aus: Eine unbegrenzte Fläche, gleichmäßige Verteilung von Produktionsfaktoren und Bevölkerung, keine Präferenzen, proportional steigende Transportkosten, vollkommene Märkte, polypolistische Konkurrenz, Haushalte als Nutzen- und Unternehmen als Gewinnmaximierer. Vor dem Hintergrund dieser Annahmen, der Transportkosten und des Verhaltens von Anbietern und Nachfragern bilden sich zentrale Standorte heraus die jeweils einen Markt versorgen. Im Idealfall verteilen sich diese Märkte wie gleichseitige Sechsecke (wabenförmig) im Raum.[26]

August Lösch[27] versuchte die räumliche Verteilung der Produktionsstandorte und die räumliche Produktionsspezialisierung zu erklären und entwickelte die Theorie der Marktnetze.

Die Modellannahmen Löschs, Homogenitäts- und Gleichgewichtsbedingungen, gleichen den Prämissen Christallers. Bei Lösch hängt die Marktgröße eines Standortes vom Betriebsoptimum ab. Daraus ergeben sich für verschiedene Produkte unterschiedlich große Marktgebiete, so daß mehrere wabenförmige Netze von Marktgebieten entstehen. Werden diese Netze erstens so übereinander gelegt, daß sie einen gemeinsamen Mittelpunkt bilden, und zweitens so lange um die Großstädte gedreht, bis sich die maximale Zahl von Produktionsstandorten Überlagert, so entsteht ein Idealbild einer Wirtschaftslandschaft, indem es zu

---

25 Vgl. Christaller, W.: Die zentralen Orte in Süddeutschland - Eine ökonomisch-geographische Untersuchung über die Gesetzmäßigkeit der Verbreitung und Entwicklung der Siedlungen und städtischen Funktionen, Jena 1933.

26 Vgl. Schätzl, L., Wirtschaftsgeographie 1, S. 71 - 81.

27 Vgl. Lösch, A.: Die räumliche Ordnung der Wirtschaft - Eine Untersuchung über Standort, Wirtschaftsgebiete und internationalen Handel, Jena 1940.

einer Maximierung der örtlichen Nachfrage und zu einer Minimierung der Transportkosten kommt.[28]

Einen Versuch, die Standortstrukturtheorien zu integrieren, unternimmt von Böventer. Er geht davon aus, daß die Standortstruktur einer Volkswirtschaft durch ihren jeweiligen Entwicklungsstand bestimmt wird. Ausgehend von der Drei - Sektoren - Hypothese dynamisiert von Böventer die bisherigen Ansätze. Er veranschaulicht, daß für eine Volkswirtschaft im primären Sektor eine Standortstruktur im Sinne von Thünens vorliegt. Entwickelt sich die Volkswirtschaft zum sekundären Sektor, entsteht eine Struktur, die den Überlegungen Löschs entspricht. Im tertiären Sektor schließlich stellt sich ein Christaller - System ein.[29]

Die gegenwärtigen Ansätze der Standorttheorie und Raumforschung greifen die Schwächen der früheren Modelle auf mit dem Ziel, zu realistischeren Ergebnissen zu kommen. So wird beispielsweise versucht, die Differenziertheit des Raumes, die komplexen Verhaltensweisen der Entscheidungsträger, die politischen Bestimmungsgründe der räumlichen Verteilung oder evulotorische Prozesse realitätsnäher als bisher zu berücksichtigen.[30]

4. Empirisch - realistische Standortbestimmungslehre

Orientiert an der Lehre Webers entwickelte Karl Christian Behrens[31] eine empirisch - realistische Standortlehre. Im Gegensatz zu Webers quantitativem Modell legt Behrens eine qualitative Analyse des Standortproblems vor.

---

28 Vgl. Schätzl, L., Wirtschaftsgeographie 1, S. 81 - 89.
29 Vgl. Böventer, E. v.: Die Struktur der Landschaft - Versuch einer Synthese und Weiterentwicklung der Modelle J. H. von Thünens, W. Christallers und A. Löschs, in: Schriften des Vereins für Socialpolitik: Optimales Wachstum und optimale Standortverteilung, Berlin 1962, S. 77 - 133.
30 Vgl. Schätzl, L., Wirtschaftsgeographie 1, S. 93 f.
31 Vgl. Behrens, K. C., Allgemeine Standortbestimmungslehre, Opladen 1971.

Behrens versucht einen möglichst umfassenden und systematischen Katalog von Standortfaktoren aufzuzeigen, der bei der unternehmerischen Standortwahl analysiert werden muß. Dabei berücksichtigt er aber, anders als Weber, nicht nur Kostenfaktoren, sondern untersucht auch die Bedeutung des Absatzes für die Standortwahl.

Der optimale Standort ist bei Behrens nicht mit Hilfe mathematischer Verfahren bestimmbar, sondern ergibt sich durch sorgfältiges Abwägen aller von den Standortfaktoren ausgehenden Einflüsse.[32]

Bei der Systematisierung der Standortfaktoren orientiert sich Behrens an den betrieblichen Hauptfunktionen Beschaffung, Produktion (Transformation) und Absatz.

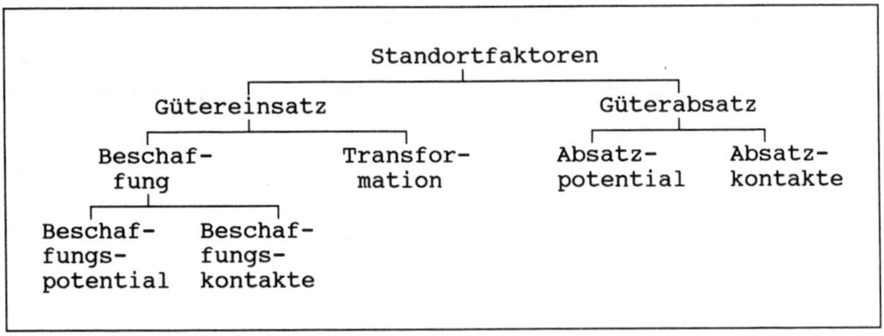

Abb. II.1: Standortfaktorenschema nach Behrens

Entsprechend des Schemas in Abb. II.1 sind bei der Wahl des betrieblichen Standortes, gewichtet nach den jeweiligen individuellen Anforderungen, die folgenden Standortfaktoren zu berücksichtigen:

- Beschaffungspotential: Betriebsraum, Anlagegüter, Arbeitsleistungen, Fremddienste, Materialien und Waren, Kredite und Leistungen des staatlichen Verbands.

---

32 Vgl. Hausmann, K.-W.: Entscheidungsmodelle zur Standortplanung der Industrieunternehmen, Wiesbaden 1974, S. 32 - 35.

- Beschaffungskontakte: Wirtschaftsbehörden, Arbeitsvermittlungszentralen, Kammern, Verbandssekretariate, Marktforschungsinstitute, Zeitungen, Ausstellungen, Messen, Börsen und Vermittler.

- Transformation: Geologische Bedingungen, klimatische Verhältnisse und technische Agglomeration.

- Absatzpotential: Bedarf, Kaufkraft, Absatzkonkurrenz, Absatzagglomeration, Herkunfts - Goodwill und staatliche Absatzhilfen.

- Absatzkontakte: Werbeagenturen, Marktforschungsinstitute, Zeitungen, Zeitschriften, Druckereien, Messen, Ausstellungen, Börsen, Industrie- und Handelskammern, Makler, Vermittler, konsularische Vertretungen und Ausfuhrförderungsstellen.[33]

5. Räumliche Wachstumstheorie, Raumplanungstheorie und Regionalpolitik

Die räumliche Wachstumstheorie erforscht die Standortwahl von Konsum und Produktion der privaten Haushalte und Unternehmen.[34]

Die neoklassische Wachstumstheorie konzentriert sich auf die Angebotsseite und besagt, daß interregionale Unterschiede der Faktorentgelte durch Wanderung der Faktoren ausgeglichen werden. Demgegenüber sieht die nachfrageorientierte postkeynesianische Wachstumstheorie die Investitionstätigkeit als entscheidendes Wachstumskriterium. Die Exportbasis - Modelle gehen davon aus, daß die wirtschaftliche Entwicklung einer Re-

---

[33] Vgl. Behrens, K. C., Allgemeine Standortbestimmungslehre, S. 47 - 81.

[34] Vgl. Klemmer, P. unter Mitarbeit von Eckey, H.-F. und Bremicker, B.: Zur Bestimmung kommunaler Industrialisierungsbesonderheiten, Bonn 1989, S. 24. Auf den Seiten 24 - 46 wird ein anschaulicher Überblick über Stand und Entwicklung der regionalen Wachstumstheorie gegeben.

gion insbesondere von der Entwicklung ihres Exportsektors und damit von der außerregionalen Nachfrageexpansion abhängt. Hingegen untersucht die Wirtschaftsstufentheorie die langfristige Entwicklung einer Wirtschaft im Zusammenspiel von ökonomischen, demographischen, sozialen und politischen Einflußfaktoren. Die Polarisationstheoretischen Ansätze schließlich analysieren regionale Entwicklungen vor dem Hintergrund von Wachstumspolen. Solche Wachstumspole können sektoral und regional definiert werden.[35]

Gegenstand der Raumplanungstheorie ist die Planung und Verteilung der Produktionsfaktoren innerhalb eines Raumes.[36]

Träger der Raumplanung sind die Gebietskörperschaften, die durch ihre Investitionen in die Infrastruktur und ihre Maßnahmen zur Bodenordnung die geographische Verteilung der Produktionsfaktoren beeinflussen. Durch solche Investitionen und Bodennutzungsordnungen kommt es dementsprechend zu Veränderungen der Qualität der Standorte innerhalb des betroffenen Raumes.[37]

Grundlage der Raumplanungstheorie bilden die folgenden Hypothesen:

- Für bestimmte wirtschaftliche Tätigkeiten können bestimmte Standortqualitäten notwendige Voraussetzung sein. Um vor diesem Hintergrund eine optimale Faktorallokation im Sinne einer interregionalen Arbeitsteilung zu gewährleisten, bedarf es einer infrastrukturellen Erschließung dieser Region und Standorte, um Faktorbeschaffung einerseits und Güterabsatz andererseits zu ermöglichen.

- Veränderungen der Standortqualität bedingen veränderte Nutzungsmöglichkeiten dieses Standortes. Beispielsweise können durch den Ausbau des Verkehrsnetzes die Konsum- und Produk-

---

[35] Vgl. Schätzl, L., Wirtschaftsgeographie 1, S. 95 - 171.
[36] Vgl. Böventer, E. v.: Raumwirtschaftstheorie, in: Woll, A.: Wirtschaftslexikon, 5. Aufl., München / Wien / Oldenburg 1991, S. 604.
[37] Vgl. dazu und im folgenden, Bökemann, D., Theorie der Raumplanung, S. 14 - 28.

tionsmöglichkeiten eines Standortes verbessert werden. Diese Überlegung gilt auch für eine indirekte Betrachtung. Bleibt die Qualität eines Standortes gleich, während sich die eines anderen verändert, so werden sich die Nutzungsmöglichkeiten des Standortes unveränderter Qualität relativ gesehen verbessern oder verschlechtern.

- Standorte als von den Gebietskörperschaften geschaffene Güter. Zunächst wird die Qualität eines Standortes durch seine natürlichen Gegebenheiten bestimmt. Die Nutzung dieser Gegebenheiten hängt jedoch oft von der vorgegebenen Bodenordnung und Infrastruktur ab. Da die Gestaltung dieser Maßnahmen aber Aufgabe der Gebietskörperschaften ist, bestimmen diese also letztendlich doch die Nutzungsmöglichkeiten eines Standortes und damit die Standortqualität.

- Demokratisch gewählte Entscheidungsträger handeln im Eigeninteresse. Nach der ökonomischen Theorie der Demokratie handeln politische Entscheidungsträger im Rahmen der ihnen für eine Wahlperiode zugesprochenen Machtbefugnisse so, daß sie diese Befugnisse behalten oder sogar ausbauen können. Folglich werden auch Entscheidungen über Infrastrukturinvestitionen und Bodenordnungen unter Berücksichtigung der Interessen von Verbänden oder Lobbys getroffen, da diese gegebenenfalls eine Wiederwahl der Entscheidungsträger beeinflussen könnten. Problematisch wird dies, wenn Verbände eine Eigendynamik entwickeln und nicht mehr die Interessen ihrer Mitglieder vertreten.[38] So herbeigeführte Entscheidungen würden die Findung einer optimalen Faktorallokation eindeutig behindern.

Zusammengefaßt verdeutlichen diese Hypothesen, daß die Verteilung der wirtschaftlichen Tätigkeit im Raum von den politischen Entscheidungsträgern bestimmt wird, deren Entscheidungen jedoch von dem Ziel der Machterhaltung geprägt sein können.

---

38 Vgl. Olson, M.: Aufstieg und Niedergang von Nationen, 2. Aufl., Tübingen 1991, S. 20 - 45.

Die Regionalpolitik oder regionale Wirtschaftspolitik ist eine Teildisziplin der Strukturpolitik, die sich auf raumbezogene Fragestellungen konzentriert. Vor dem Hintergrund wachstums-, ausgleichs- und sicherungspolitischer Zielvorstellungen wird versucht, Maßnahmen zur Beeinflussung der Wirtschaftsstruktur zu erarbeiten.[39] Dazu werden die industriellen Entwicklungschancen von Regionen und Kommunen in unterschiedlich strukturierten Räumen untersucht.

Untersuchungen auf kommunaler Ebene haben beispielsweise Klemmer und Eckey[40], das Österreichische Institut für Raumplanung[41] und Lammers und Soltwedel[42] durchgeführt. Bezüglich regionaler Studien ist auf die Arbeit von Biehl zu verweisen.[43]

Neben einer kommunalen oder regionalen Abgrenzung unterscheiden sich die Studien auch nach ihrer Methodik in direkte und indirekte Prüfverfahren.[44]

Bei den direkten Prüfverfahren wird auf empirische Erhebungen oder Befragungen zurückgegriffen. Die folgende Tabelle bietet einen Überblick über verschiedene empirische Studien, die die Relevanz unterschiedlicher Faktoren für die unternehmerische Standortentscheidung untersucht haben.

---

39 Vgl. Klemmer, P.: Regionalpolitik, in: Woll, A.: Wirtschaftslexikon, 5. Aufl., München / Wien / Oldenburg 1991, S. 614.

40 Vgl. Klemmer, P. / Eckey, H.-F. / Schwarz, N.: Wachstumspole in Niedersachsen, Hannover 1976.

41 Vgl. Österreichisches Institut für Raumplanung (Hrsg.): Standortfaktoren für die Industrieansiedlung, Wien 1968.

42 Vgl. Lammers, K. / Soltwedel, R.: Verbesserung der Ansiedlungsbedingungen für Unternehmen in Schleswig - Holstein, Kiel 1987; siehe auch Klemmer, P. unter Mitarbeit von Eckey, H.-F. und Bremicker, B., Zur Bestimmung, S. 15 f. mit zahlreichen Literaturhinweisen auf weitere vergleichbare Studien.

43 Vgl. Biehl, D. / Hussmann, E. / Rautenberg, K. et al.: Bestimmungsgründe des regionalen Entwicklungspotentials, Tübingen 1975.

44 Vgl. Birg, H.: Analyse- und Prognosemethoden in der empirischen Regionalforschung, in: ARL (Hrsg.): Grundriß der Raumordnung, Hannover 1982, S. 136.

Autoren (Veröffentlichungsjahr)	Wolf (1974)	Brede (1971)	Fürst, Zimmermann, Hansmeyer (1973)	Ballestrem (1974)	IHK-Koblenz (1973)	Kaiser, Hörner (1976)	Freund, Zabel (1978)	Brinkmann, Schliebe (1975)	Lammers, Soltwedel [1986]
Ansiedlungszeitraum der befragten Unternehmen	1945–1971	1955–1964	1966–1970	1966–1971	1967–1972	nicht eingegrenzt	1970–1975	1970–1975	1980–1984
Ansiedlungsregion der befragten Unternehmen	Hessen	Bundesgebiet	Schleswig-Holstein, Rheinland-Pfalz, Bayern, Hessen	Nordrhein-Westfalen	IHK-Bezirk Koblenz	Stadtregion Köln	Saarland/Westpfalz	Bundesgebiet	Schleswig-Holstein
Rangfolge der wichtigsten Standortanforderungen	1.quantitativ und qualitativ ausreichendes Betriebsgelände	1. Arbeit	1. Anschluß an überregionales Verkehrsnetz	1.verfügbare Arbeitskräfte	1.fehlende Ausdehnungsmöglichkeiten am alten Standort	1.Arbeitsmarkt	1.Grundstücksreserven für Erweiterungsmöglichkeiten	1.Flächen und Gebäude	1.Ansiedlungsflächen
	2.ausreichendes Arbeitskräftepotential	2.Möglichkeiten der räumlichen Ausdehnung	2.Grundstücksreserven	2.Grundstücksreserven	2.Arbeitskräftereserven	2.Verkehr und Transport	2.guter Anschluß an Autobahnen und Bundesstraßen	2.Arbeitskräfteangebot	2.Verhalten der Behörden
	3.niedrige Grundstückspreise	3.Boden	3.preiswerte Grundstücke	3.Grundstückspreis	3.sonstige Gründe (Rohstoffvorkommen, Übernahmen)	3.Boden und Gebäude	3.Investitionsbeihilfen des Staates	3.Absatz und Transport	3.Sonderabschreibungen
	4.öffentliche Finanzierungshilfen	4.Absatz	4.Angebot ungelernter Arbeitskräfte	4.Verkehrslage	4.zentralere Lage zu den Hauptabsatzgebieten	4.allgemeine Infrastruktur	4.preiswerte Grundstücke	4.private Gründe	4.Investitionszulagen
	5.vorhandene Betriebsgebäude	5.Steuern und öffentliche Vergünstigungen	5.Angebot von Fachkräften	5.erschlossenes Grundstück	5.Verkehrsverhältnisse	5.Absatz und Beschaffung	5.ausreichendes Angebot an gut ausgebildeten Facharbeitern	5.öffentliche Förderung	5.Straßenanbindung, Investitionszuschuß
	6.günstige Verkehrslage zu Absatzmärkten	6.Transportkosten	6–8.niedrige Erschließungskosten	6.vorhandene Gebäude und Anlagen	6.private Gründe	6.industrielle Ballung	6.Kundennähe	6.Rohstoffe	6.ERP-Regionalkredite
	7.sonstige Standortentscheidungsgründe	7.Fühlungsvorteile	6–8.Investitionsbeihilfen, Sonderabschreibungen	7.Hilfe bei Grundstückserwerb		7.sonstige Faktoren	7.niedrige Erschließungskosten		7.Mittelstandsstrukturprogramm
	8.günstige Verkehrslage zu Bezugsmärkten	8.persönliche Präferenzen	6–8.Kredithilfen	8.Baukosten		8.öffentliche Förderung	8.ausreichendes Angebot an ungelernten Arbeitskräften		
	9.Sonderabschreibungen	9.natürliche Bedingungen	9.gemeindliches Interesse an Problemen der Unternehmer	9.Hilfe bei Grundstücksschließung			9.starkes Interesse der Gemeinden an Problemen der Unternehmer		

Tab. II.1: Rangfolge der wichtigsten Standorteigenschaften in verschiedenen empirischen Untersuchungen[45]

[45] Entnommen aus Klemmer,P. unter Mitarbeit von Eckey, H.-F. und Bremicker, B., Zur Bestimmung, S. 17.

Die Tabelle veranschaulicht, daß insbesondere die Komponenten verfügbare Gewerbeflächen, Arbeitsmarkt und Infrastruktur bedeutende Standorteigenschaften sind. Problematisch für die Auswertung dieser Befragungen ist, daß die interviewten Personen nicht immer die wahren Gründe für ihre Standortentscheidung nennen und daß versucht wird, Entscheidungen im nachhinein zu rationalisieren.[46]

Dieser Nachteil entfällt bei den indirekten Prüfverfahren. Durch Beobachtung der tatsächlichen Standortwahl der Unternehmen und unter Berücksichtigung der Rahmenbedingungen der jeweiligen Standorte können, z.B. im Wege von Regressionsanalysen, Rückschlüsse auf die tatsächliche Bedeutung der jeweiligen Standortbedingungen für die unternehmerische Standortwahl gemacht werden.[47]

Auf diese Art und Weise werden die spezifischen Eigenschaften verschiedener Regionen oder Kommunen herausgearbeitet, und es kann auf deren Entwicklungs- bzw. Industrialisierungspotentiale hingewiesen werden.[48]

Grundlage solcher indirekten Prüfverfahren ist die Bestimmung der für die Standortentscheidungen der Industriebetriebe maßgeblichen Faktoren. Die von der Wissenschaft erarbeiteten Komponenten lassen sich grob mit den folgenden Kriterien systematisieren:

- *Ressourcenausstattung* (Arbeitskräftevolumen, Humankapital, Flächenreserven, Infrastruktur, Unternehmerhumankapital, Umweltsituation)
- *Siedlungsstruktur* (Ortsgröße, Einwohnerdichte)
- *Lage* (Entfernungen zu gleich- und unterschiedlich großen Kommunen)

---

46 Vgl. Klemmer, P. unter Mitarbeit von Eckey, H.-F. und Bremicker, B., Zur Bestimmung, S. 18.

47 Vgl. Klemmer, P. unter Mitarbeit von Eckey, H.-F. und Bremicker, B., Zur Bestimmung, S. 18 f.

48 Vgl. Klemmer, P. unter Mitarbeit von Eckey, H.-F. und Bremicker, B., Zur Bestimmung, S. 22 f.

- *Flexibilitätspotential* (Reaktionsbereitschaft auf strukturelle Änderungen)
- *Nachfrage* (in der betrachteten Kommune und Exportmöglichkeiten)[49]

Eine nach diesem Muster angelegte Studie legten Klemmer, Eckey und Bremicker vor. Ziel ihrer Untersuchung war es herauszufinden, welche Komponenten die Verteilung industrieller Aktivitäten auf die Gemeinden Nord - Rhein - Westfalens bestimmen. Dazu wurden im Wege der Regressionsanalyse 21 erklärende Faktoren untersucht. Die Ergebnisse der statischen Analyse dieser Studie veranschaulichen, daß im wesentlichen die bereits zuvor angesprochenen Komponenten die Industrialisierung bestimmen. Konkrete Handlungsempfehlungen für die kommunale Wirtschaftsförderung konnten jedoch nicht entwickelt werden, da die Ergebnisse der dynamischen Analyse aufgrund ihrer geringen statistischen Signifikanz kaum Erklärungswert hatten.[50]

Eine vergleichbare, aber regional orientierte Untersuchung ist von Biehl durchgeführt worden. Ziel dieser Studie war es die regionalen Entwicklungspotentiale zu quantifizieren, indem herausgearbeitet wird, welche Faktoren das Entwicklungspotential einer Region bestimmen und welche Faktoren bei gegebenem Entwicklungspotential verschiedener Regionen eine unterschiedliche Auslastung verursachen.[51]

Als relevante Engpaßfaktoren werden im Rahmen der Untersuchung die Infrastruktur, die Agglomeration und die sektorale Wirtschaftsstruktur ermittelt. Vor dem Hintergrund dieser Engpaßfaktoren ließe sich jeweils ein potentielles Regionalprodukt errechnen. Weichen die tatsächlichen von den potentiellen Regionalprodukten ab, so kann dies wertvolle Hinweise für die

---

49 Vgl. Klemmer, P. unter Mitarbeit von Eckey, H.-F. und Bremicker, B., Zur Bestimmung, S. 25, S. 24 -27 und S. 28 - 46 mit zahlreichen Literaturhinweisen insbesondere zur räumlichen Wachstumstheorie.

50 Vgl. Klemmer, P. unter Mitarbeit von Eckey, H.-F. und Bremicker, B., Zur Bestimmung, S. 55 und S. 163 f.

51 Vgl. Biehl, D. / Hussmann, E. / Rautenberg, K. et al., Bestimmungsgründe, S. 1 f.

konkrete Gestaltung der Regionalpolitik liefern.[52] Dabei ist jedoch zu berücksichtigen, daß die statistische Auswertung im Rahmen dieser Untersuchungen mit großen Problemen (z.B. unterschiedliche regionale Konjunkturreagibi-lität) verbunden ist, insofern wird die Aussagekraft der Ergebnisse solcher Studien stark eingeschränkt.[53]

C. Zusammenfassende Beurteilung und themenorientierte Abgrenzung

Ohne die im vorherigen Abschnitt dargestellten Standorttheorien im einzelnen zu kritisieren, soll nun untersucht werden, inwieweit sie bei der Analyse der Diskussion um die Attraktivität des Industriestandortes Bundesrepublik Deutschland von Nutzen sein können.

Die Entstehung der Kontroverse um den Industriestandort Bundesrepublik Deutschland kann mit Hilfe der Hypothesen der Raumplanungstheorie erklärt werden.

Die Aussage, daß sich die Nutzungsmöglichkeiten eines Standortes ändern, wenn sich die Standortqualität ändert, führt im Falle der Verschlechterung der Qualität eines Standortes zur Forderung der Betroffenen, daß die politischen Entscheidungsträger die Rahmenbedingungen entsprechend verbessern. Dies gilt auch, wenn es sich lediglich um eine indirekte Verschlechterung handelt. Werden z.B. im Ausland die Unternehmenssteuern gesenkt, so bedeutet dies ceteris paribus für bundesdeutsche Unternehmen eine relative Verschlechterung ihrer Position im internationalen Wettbewerb.

---

[52] Vgl. Biehl, D. / Hussmann, E. / Rautenberg, K. et al., Bestimmungsgründe, S. 157 - 165.

[53] Vgl. Klemmer, P. unter Mitarbeit von Eckey, H.-F. und Bremicker, B., Zur Bestimmung, S. 101 -103.

Vor dem Hintergrund der Hypothese, daß politische Entscheidungsträger ihr Verhalten am Ziel der Machterhaltung orientieren, erklärt sich, daß dann die bundesdeutschen Unternehmer eine heftige Diskussion um den Steuerstandort Bundesrepublik Deutschland entfachen und versuchen eine Lobby aufzubauen, um so die Politiker bei ihren Entscheidungen beeinflussen zu können.

Dieses Beispiel ließe sich auf viele andere Problemkreise übertragen und verdeutlicht daher anschaulich, warum sich zahlreiche Interessengruppen, Parteien und Verbände engagiert an der Standortdiskussion beteiligen.

Die Arbeiten von Thünens und Webers haben gezeigt, daß bei der Standortplanung der Unternehmen Kostenfaktoren, insbesondere Arbeits- und Transportkosten, von Bedeutung sind. Die in diesen Arbeiten entwickelten Verfahren zur Berechnung des optimalen Standortes bieten jedoch für die Praxis aufgrund ihrer starken Abstrahierung kaum Anhaltspunkte und sind folglich auch für die Analyse der aktuellen Standortdiskussion wenig hilfreich.

Gleiches gilt im wesentlichen auch für die neueren Standorttheorien und die räumlichen Wachstumstheorien. Zwar werden neben der Kostenseite weitere Einflußgrößen in den Untersuchungen berücksichtigt, doch sind die jeweiligen Modellprämissen zu eng und oft realitätsfern gewählt. Allerdings werden zahlreiche Aspekte herausgearbeitet, die auch für gegenwärtige Standortanalysen von Bedeutung sind.

Bemerkenswert sind die verschiedenen Analysen zu den kommunalen bzw. regionalen Wachstums- und Entwicklungspotentialen. Doch konnten aufgrund der geringen statistischen Signifikanz der dynamischen Analyse keine konkreten Handlungsanweisungen für die Wirtschaftspolitik abgeleitet werden. Trotzdem sind verschiedene kommunale Entwicklungsbesonderheiten herausgearbeitet worden.

Die Überlegungen Ohlins haben gezeigt, daß in einer arbeitsteiligen Wirtschaft Standortentscheidungen vor dem Hintergrund örtlich gebundener (immobiler) Produktionsfaktoren und möglicher Handelsbeziehungen getroffen werden. Damit läßt sich erklären, daß die Standortfrage immer dann gestellt werden muß, wenn sich durch weltwirtschaftliche Entwicklungen neue Absatz- oder Beschaffungsmärkte eröffnen. Auf diese Art und Weise erklärt sich auch, daß beispielsweise die Entwicklung zum europäischen Binnenmarkt die Diskussion um den Standort Bundesrepublik Deutschland erneut ausgelöst hat.

Vergleichbar mit der empirisch - realistischen Standortbestimmungslehre von Behrens ist das Vorgehen dieser Arbeit. Anders als bei Behrens wird der Analyse der Standortdiskussion aber nicht ein möglichst umfangreicher Katalog von Standortfaktoren zu Grunde gelegt, sondern es werden lediglich diejenigen Faktoren untersucht, die in der aktuellen Kontroverse besonders umstritten sind.

Im Anschluß an die Analyse der einzelnen Faktoren soll dann wie bei Behrens der Versuch unternommen werden, die Attraktivität des Standortes Bundesrepublik Deutschland sukzessive, durch sorgfältiges Abwägen der einzelnen Standortfaktoren, zu determinieren.

III. Hintergründe und Auslöser der Standortdiskussion

A. Vorüberlegungen

Im II. Kapitel dieser Arbeit ist gezeigt worden, wie mit Hilfe der Hypothesen der Raumplanungstheorie die Entstehung der Diskussion um den Industriestandort Bundesrepublik Deutschland erklärt werden kann. Auch die gegenwärtigen Veränderungen der weltwirtschaftlichen Rahmenbedingungen, die Entwicklung zum EG - Binnenmarkt, das Wachstum des pazifischen Wirtschaftsraums, die Wiedervereinigung Deutschlands und die Öffnung Osteuropas führen zu Änderungen der Qualität zahlreicher Standorte und damit zu Änderungen der jeweiligen Nutzungsmöglichkeiten. Daher ist es verständlich, daß auch um die Attraktivität des Standortes Bundesrepublik Deutschland diskutiert wird.

Die veränderten wirtschaftspolitischen Rahmenbedingungen ermöglichen den Wirtschaftssubjekten den Aufbau neuer Handelsbeziehungen. Damit werden aber, wie die Standorttheorie Bertil Ohlins verdeutlicht hat, gleichzeitig die komparativen Vorteile der unterschiedlichen Standorte beeinflußt. Dies führt aber dazu, daß die Rahmenbedingungen der jeweiligen Standorte von denen diskutiert werden, die durch eine Veränderung der komparativen Vorteile ihres Standortes betroffen sind.

Dieses Kapitel stellt zunächst die gegenwärtig bedeutsamen Entwicklungen der Weltwirtschaft, also die Entwicklung zum europäischen Binnenmarkt, den Aufschwung des pazifischen Wirtschaftsraums, die Vereinigung der beiden Teile Deutschlands und die wirtschaftspolitische Öffnung Osteuropas in ihren Grundzügen dar. Dann wird erläutert, welche Konsequenzen diese Entwicklungen für Unternehmen und ihre Standortentscheidungen mit sich bringen, um schließlich beurteilen zu können, wie ausgelöst durch diese Entwicklungen die Attraktivität des Industriestandortes Bundesrepublik Deutschland beeinflußt wird.

B. EG - Binnenmarkt '92

1. Entwicklung zum Europäischen Binnenmarkt

Die Idee zur Errichtung eines Europäischen Wirtschaftsraumes ist nicht neu; sie wurde bereits 1957 durch das Abkommen zur Gründung der Europäischen Wirtschaftsgemeinschaft vertraglich festgehalten.[1] Wesentliches Ziel dieses Vertrages war es, einen gemeinsamen Markt zu schaffen, der die Freizügigkeit von Waren-, Personen-, Dienstleistungs- und Kapitalverkehr innerhalb der Mitgliedsstaaten gestattet.

Zunächst kam die Entwicklung zum gemeinsamen Markt nur langsam voran. Erst 1968 wurde mit der Vollendung der Zollunion ein wichtiges Zwischenziel erreicht.[2] Mit der Zollunion kam es zu einer Aufhebung der Binnenzölle innerhalb der Mitgliedsstaaten und zur Schaffung eines einheitlichen Zolltarifs für Drittländer.

Nachdem auch weiterhin die Bildung des Binnenmarktes nur zögernd vorangetrieben wurde, beauftragten 1985 die Staats- und Regierungschefs der Mitgliedsländer die Kommission der EG mit der Erarbeitung von Maßnahmen, die die Erreichung des Binnenmarktes bis Ende 1992 ermöglichen sollen.[3] Entsprechend legte die Kommission ihr Weißbuch zur Vollendung des Binnenmarktes vor. Das Weißbuch enthält einen Katalog von annähernd 300 Maßnahmen und einen zugehörigen Zeitplan.[4] Konkret beziehen sich die Maßnahmen auf drei Teilbereiche:

---

1 Vgl. EWG - Vertrag vom 25.3.1957 .

2 Vgl. o.V.: Meilensteine auf dem Weg zu Europa, in: technologie & management, 38. Jg., Heft 1, 1989, S. 9.

3 Vgl. Amt für amtliche Veröffentlichungen der Europäischen Gemeinschaft: Die Gemeinschaft 1992: Ein Markt mit neuen Dimensionen, 3. Aufl., Luxemburg 1989, S. 19 f.

4 Zu den Ausführungen zum Weißbuch vgl. Kommission der Europäischen Gemeinschaft (Hrsg.): Vollendung des Binnenmarktes - Weißbuch der Kommission an den Europäischen Rat, Luxemburg 1985.

1. Die Beseitigung materieller Schranken

Aufgrund abweichender Bestimmungen innerhalb der Mitgliedsstaaten hinsichtlich des Gesundheitsschutzes, der Verkehrssicherheit und aufgrund statistischer Erhebungen kommt es an den Binnengrenzen immer noch zu erheblichen Verzögerungen im Warenverkehr, da die Unterschiede z.T. die Abwicklung komplizierter und zeitraubender Formalitäten erfordern. Auch der Personenverkehr wird an den Grenzen immer noch durch Paßkontrollen verzögert. Diese Kontrollen dienen vor allem der Bekämpfung des Terrorismus und der Drogenkriminalität.[5]

2. Die Beseitigung technischer Schranken

Solche Schranken ergeben sich durch die zahlreichen unterschiedlichen Normen und Vorschriften für Produkte und Produktionsverfahren, die den freien Warenverkehr zwischen den Einzelstaaten beeinträchtigen, durch ein von Protektionismus gekennzeichnetes öffentliches Auftragswesen und durch eine Behinderung der Freizügigkeit von Arbeitnehmern und Selbständigen aufgrund uneinheitlicher beruflicher Qualifikationen und Qualifikationsanforderungen. Darüberhinaus sind die jeweiligen Märkte für Dienstleistungen, insbesondere Banken, Verkehr, Telekommunikation und Versicherungen, wegen besonderer nationaler Bestimmungen teilweise gegen internationale Wettbewerber geschützt.[6]

3. Die Beseitigung steuerlicher Schranken

Insbesondere die indirekten Steuern behindern den innergemeinschaftlichen Handel. Die großen Unterschiede bei den einzelnen Mitgliedsstaaten der EG hinsichtlich der Mehrwertsteuer und

---

5 Siehe auch KPMG Deutsche Treuhand Gruppe (Hrsg.): Der Binnenmarkt 1992 - Die Europäische Herausforderung, Frankfurt 1988, S. 12 f.

6 Vgl. Dichtl, E.: Die Beseitigung von Grenzkontrollen und technischen Hemmnissen im Warenverkehr, in: Dichtl, E. (Hrsg.): Schritte zum Europäischen Binnenmarkt, München 1990, S. 13 - 22; siehe auch o.V.: EG - Binnenmarkt '92 - Eine Zukunft ohne Grenzen, in: Positionen, Institut der deutschen Wirtschaft (Hrsg.), o.Jg., Heft 27, 1988, S. 2 f.

der Verbrauchsteuern machen Grenzen, solange sie als Verrechnungsstellen dienen, erforderlich.[7]

Erreicht werden soll die Beseitigung dieser kurz dargestellten Schranken durch ein Angleichen der jeweiligen nationalen Bestimmungen der Mitgliedsstaaten. Da eine Harmonisierung sämtlicher Vorschriften jedoch zu zeitraubend wäre, hat der Ministerrat beschlossen, daß eine Harmonisierung der Rechtsvorschriften hauptsächlich im Bereich der grundlegenden Sicherheitsanforderungen notwendig ist. Im übrigen soll entsprechend dem Herkunftslandprinzip die gegenseitige Anerkennung der jeweiligen Voraussetzungen eines Landes gelten. Damit kann z.B. ein Produkt, wenn es den gesetzlichen Vorschriften des Landes, in dem es hergestellt wird, entspricht, problemlos auch in den anderen EG - Ländern vermarktet werden, ohne daß weitere Anerkennungsverfahren erforderlich wären.[8]

Die Schranken hinsichtlich der indirekten Steuern sollen wie folgt beseitigt werden. Innerhalb der EG gilt ein einheitliches Mehrwertsteuersystem, das einen Normalsatz von mindestens 15 % und einen ermäßigten Satz von mindestens 5 % vorsieht. Die Möglichkeit eines Nullsatzes soll auf wenige Erzeugnisse begrenzt werden und nur denjenigen Mitgliedsstaaten eingeräumt werden, die einen bereits bestehenden Nullsatz beibehalten wollen. Damit sollen zum einen wettbewerbsverzerrende Differenzen eingedämmt werden und zum anderen den einzelnen Ländern trotzdem gewisse Spielräume in der Finanzpolitik erhalten bleiben.

---

7 Siehe auch Ritter, W.: Steuerharmonisierung als Vorraussetzung eines EG - Binnenmarktes, in: Betriebs - Berater, 42. Jg., Nr. 2, 1989, S. 77-83.

8 Siehe auch o.V.: Normen in der EG - Anerkennung vor Angleichung, in: Informationsschrift des Instituts der deutschen Wirtschaft, 16. Jg., Heft 5, 1990, S. 6 f. Hier wird auch kurz der, die Denkweise der gegenseitigen Anerkennung prägende Fall "Cassis de Dijon" angesprochen, der 1979 vom EuGH verhandelt wurde.

Die weiteren Verbrauchsteuern könnten sich auf solche für Alkoholika, Mineralölprodukte und Tabakwaren reduzieren, wobei hier für die EG einheitliche Steuersätze gelten sollen.[9]

Damit aber die Grenzkontrollen an den Binnengrenzen aus steuerlichen Gesichtspunkten abgeschafft werden können, müßte für die Funktion der Grenze als Verrechnungsstelle eine andere Lösung gefunden werden. Deshalb ist zunächst (bis 1996) ein Clearingverfahren vorgesehen, bei dem die Betriebe Ex- und Importe buchmäßig erfassen und eventuelle Überschüsse an Steuern mit einer Clearingstelle der EG verrechnen. Als nächster Schritt ist, zumindest für die Umsatzsteuer, die Einführung des Herkunftslandprinzips geplant.[10]

Wichtig für das Erreichen des gemeinsamen Binnenmarktes war auch die Verabschiedung der am 1.7.1987 in Kraft getretenen Einheitlichen Europäischen Akte.[11] Mit der EEA wurde nicht nur das zeitliche Ziel der Verwirklichung des Binnenmarktes bis zum 31.12.1992 zum ersten Mal vertraglich festgelegt, sondern durch einen Übergang zur Mehrheitsabstimmung auch die Möglichkeit zu einer schnelleren Verabschiedung der erforderlichen Maßnahmen geschaffen. So können jetzt Maßnahmen mit Ausnahme der Bereiche Steuern, Freizügigkeit und Arbeitnehmerrechte mit qualifizierter Mehrheit (das sind 54 von 76 Stimmen) beschlossen werden, für die vorher das Gebot der Einstimmigkeit galt.[12]

---

9 Vgl. Narjes, K.-H.: Auf dem Weg zum europäischen Binnenmarkt 1992, in: Das Wirtschaftsstudium, 18. Jg., Heft 2, 1989, S. 71, Amt für amtliche Veröffentlichungen der Europäischen Gemeinschaft, Die Gemeinschaft 1992, S. 61 - 63 und Jahresgutachten 1991/92 des Sachverständigenrates zur Begutachtung der gesamtwirtschaftlichen Entwicklung, Deutscher Bundestag, 12. Wahlperiode, Drucksache 12/1618, Bonn 1991, S. 55.

10 Siehe auch Rau, G.: EG ohne Steuergrenzen - Was die Betriebe erwartet, in: EG Binnenmarkt '92 Chancen und Risiken für Betriebe, Freiburg 1988, S. 185 - 215, S. 197 - 199 und 201 ff.

11 Zu den Ausführungen zur EEA vgl. EEA vom 17./28.2.1986 .

12 Siehe auch Deutscher Industrie- und Handelstag (Hrsg.): Wegweiser zum EG - Binnenmarkt, Bonn 1988, S. 11 f. und Lücke, W.: Industriewirtschaftliche Aspekte zum Euromarkt 1992, in: Lücke, W. (Hrsg.): Europäische Wirtschaft der 90er Jahre, Wiesbaden 1990, S. 53.

Schließlich ist noch auf den Cecchini - Bericht hinzuweisen, der die Vorteile des Binnenmarktes aufzeigt, indem er versucht zu berechnen, welche Kosten mit der Nichtverwirklichung Europas verbunden sind.[13] Zusammengefaßt prognostiziert der Cecchini - Bericht die folgenden Einsparungsmöglichkeiten:[14]

- Durch den Abbau von Handelsschranken: 17 - 19 Mrd. DM,
- die Verminderung von Schranken, die die Produktion behindern: 118 - 147 Mrd. DM,
- die Ausnutzung von Skaleneffekten: 126 Mrd. DM und
- die Intensivierung des Wettbewerbs: 95 Mrd. DM.
- Zusätzlich wird mit einem Wachstum des Bruttoinlandproduktes um 4,5 % und der Schaffung von knapp 2 Mio. Arbeitsplätzen gerechnet.

Insgesamt stünden damit zunächst (einmalig) zwischen 360 und 534 Mrd DM für andere Verwendungszwecke zur Verfügung. Die Vorteile, die sich aus dem Wegfall von Schranken, der Ausnutzung von Skaleneffekten und der Intensivierung des Wettbewerbs ergeben, dürften aber auch langfristig zu Einsparungen führen.

Noch umstritten und damit offene Problemkreise sind eine einheitliche Geldpolitik, ein EG - weites Gesellschaftsrecht, eine gemeinsame Sozialpolitik und auch die Harmonisierung der direkten Steuern.[15]

Allerdings wurde am 1.7.1990 die erste Stufe der Wirtschafts- und Währungsunion (WWU) eingeleitet und damit ein erster Schritt hin zu einer EG - Geldpolitik getan. Idee der WWU ist

---

13 Zu den Ausführungen zum Cecchini - Bericht vgl. Cecchini, P.: Europa '92: Der Vorteil des Binnenmarktes, Baden - Baden 1988.

14 Siehe auch o.V.: EG - Binnenmarkt '92 - Eine Zukunft ohne Grenzen, in: Institut der deutschen Wirtschaft (Hrsg.): Positionen, o.Jg., Heft 27, 1988, S. 4 und Vogler - Ludwig, K.: Europäischer Binnenmarkt und Beschäftigung ein Problemaufriß, in: Beiträge zur Arbeitsmarkt- und Berufsforschung, München 1988, S. 21 - 24.

15 Vgl. Nachtkamp, H. H.: Die Harmonisierung von Einkommens- und Unternehmensbesteuerung, in: Dichtl, E. (Hrsg.): Schritte zum Europäischen Binnenmarkt, München 1990, S. 83 - 110.

es mit der Verwirklichung des Binnenmarktes auch einen einheitlichen europäischen Finanzmarkt und das europäische Währungssystem (EWS) zu realisieren. Damit könnte der WWU - Prozeß auch den Prozeß der politischen Einigungsbestrebungen weiter vorantreiben.[16]

Die oben beschriebenen Situationen auf dem Weg zum Binnenmarkt werden in der folgenden Abbildung nocheinmal zusammenfassend dargestellt.

1957	Gründung der EWG	Errichtung eines gemeinsamen Marktes
1964	Zollunion	Aufhebung der Binnenzölle, gemeinsame Außenzölle
1985	Weißbuch	Maßnahmenkatalog zur Errichtung des Binnenmarktes
1987	Verabschiedung der EEA	Festlegung des Datums 1992, Übergang zur Mehrheitsabstimmung
1988	Cecchini - Bericht	die Kosten des "Nicht - Europa"
1990	WWU 1. Stufe	europäischer Finanzmarkt, EWS

Abb. III.1: Die wichtigsten Schritte zum EG - Binnenmarkt

Im Zuge der Verhandlngen zum Europäischen Wirtschaftsraum (EWR) zeichnet sich eine Erweiterung der europäischen Freihandelszone ab. Der EWR - Vertrag zwischen der EG und den EFTA - Staaten sieht eine Liberalisierung des Waren-, Dienstleistungs-, Kapital- und Personenverkehrs auch für den Europäischen Wirtschaftsraum vor, um gleiche Wettbewerbsbedingungen sicherzustellen. Die so entstandene größere europäische Freihandelszone könnte in dieser Form über einen längeren Zeitraum Bestand haben. Wahrscheinlich ist aber auch, daß es sich le-

16 Vgl. Thiel, E.: Der europäische Finanz- und Währungsraum - Perspektiven für einen neuen Trilateralismus, in: Kreile, M. (Hrsg.): Europa 1992 - Konzeptionen, Strategien, Außenwirkungen, Baden - Baden 1991, S. 85 - 98.

diglich um einen Zwischenschritt zur Erweiterung der EG um die EFTA - Staaten handelt.[17]

Darüberhinaus entwickeln sich auch durch den politischen Umbruch in Osteuropa neue Erweiterungsmöglichkeiten für die EG. Auch wenn die osteuropäischen Reformstaaten zunächst einen schwierigen und vielleicht langwierigen Anpassungsprozeß vollziehen müssen, wird deutlich, daß sich europäische Integration zukünftig ver-mutlich nicht nur auf Westeuropa, sondern auf ganz Europa beziehen wird.[18]

2. Chancen und Risiken für Betriebe

Nachdem im vorherigen Abschnitt die Maßnahmen dargestellt wurden, die laut Weißbuch zur Erreichung des Binnenmarktes notwendig sind, soll im folgenden auf deren Auswirkungen für Unternehmen eingegangen werden. Dazu bietet Abbildung III.2 einen systematischen Überblick.

Entsprechend den Maßnahmen des Weißbuches und den Überlegungen des Cecchini - Berichtes würden der Abbau der dort aufgeführten Schranken und ein freier Waren-, Personen-, Dienstleistungs- und Kapitalverkehr unmittelbar drei Auswirkungen haben:

Erstens würde es zu einer Verschärfung des Wettbewerbs und damit zu einem Anstieg des Angebots kommen, da zahlreiche Marktzugangsbarrieren und Handelshemmnisse entfielen. Zweitens käme es, z.B. wegen der Abschaffung der Grenzformalitäten, zu Kostensenkungen und drittens, z.B. aufgrund der gegenseitigen Anerkennung von Normen, Produktstandardsund und gegebenenfalls des Ursprungslandprinzips für die Besteuerung zu einer

---

[17] Vgl. Gstöhl, S. U.: Der EWR - Vertrag: Konkubinat oder Verlobung? in: Kreile, M. (Hrsg.): Europa 1992 - Konzeptionen, Strategien, Außenwirkungen, Baden - Baden 1991, S. 139 - 161.

[18] Vgl. Kreile, M.: Die Europäische Gemeinschaft und der Umbruch in Osteuropa, in: Kreile, M. (Hrsg.): Europa 1992 - Konzeptionen, Strategien, Außenwirkungen, Baden - Baden 1991, S. 163 - 185.

Markterweiterung, die wiederum eine Verstärkung der Kostensenkung bewirkt.

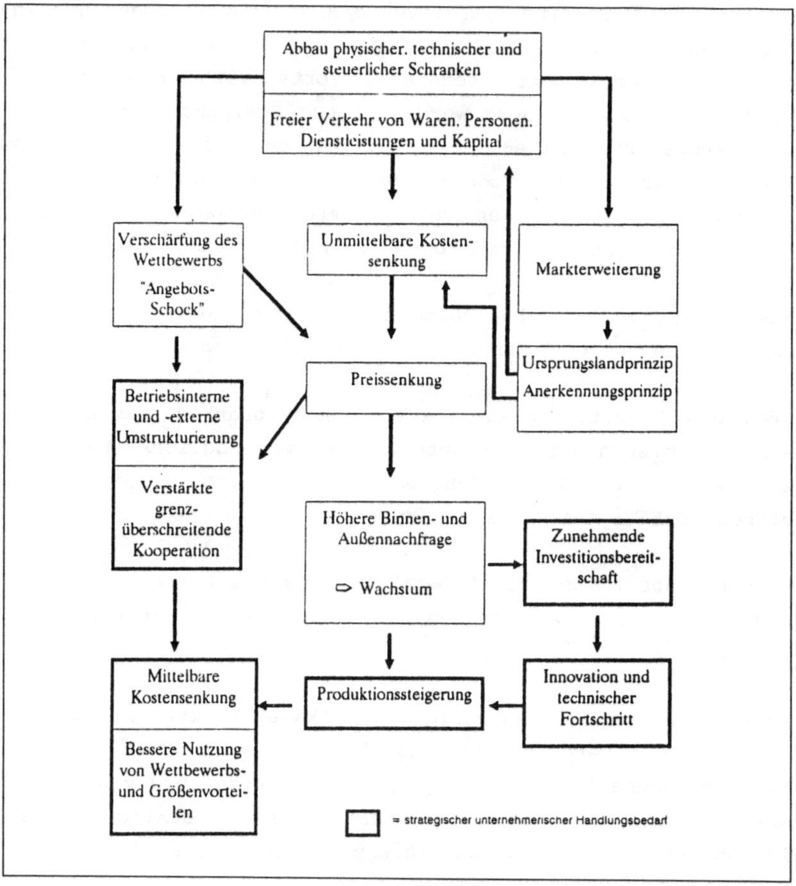

Abb. III.2: Auswirkungen des EG - Binnenmarktes[19]

Die Wettbewerbsverschärfung wird bei vielen Unternehmen zu Umstrukturierungen und zu gesteigerter Zusammenarbeit im internationalen Bereich führen. Im Zusammenhang mit der Kostenre-

[19] Entnommen aus Töpfer, A.: Euro - Audit: Erfolgreiche Vorbereitung mittelständischer Unternehmen auf den europäischen Binnenmarkt, in: Zeitschrift Führung + Organisation, 59. Jg., Heft 1, 1990, S. 29.

duktion bewirkt die Wettbewerbsintensivierung eine Preissenkung. Dies würde zu einer Anregung der Nachfrage und damit zu einem zusätzlichen Wachstum des Sozialproduktes in der EG führen. Erforderlich ist allerdings, daß die Unternehmen ihre Investitionen erhöhen, damit sie auch die Innovationen steigern können. So könnte der technische Fortschritt vorangetrieben und die Produktion erhöht werden. Diese Steigerung der Produktion verbessert schließlich in Verbindung mit einer erhöhten grenzüberschreitenden Kooperation die Möglichkeit, economies of scale auszunutzen, und gibt damit den Unternehmen einen weiteren Ansatzpunkt, ihre Kosten zu reduzieren.[20]

Entsprechend dieser Überlegungen sind für die Unternehmen im wesentlichen folgende Chancen zu sehen:

Durch die Beseitigung der Marktzugangsschranken und Handelshemmnisse bieten sich den Unternehmen neue Möglichkeiten, weitere Absatz- und Beschaffungsmärkte zu nutzen und damit ihre Wettbewerbsfähigkeit zu steigern.

Darüberhinaus bringt die Liberalisierung des öffentlichen Auftragswesens eine Erhöhung des Marktvolumens für viele Anbieter mit sich.

Schließlich kann die Ausnutzung von Skaleneffekten die Konkurrenzfähigkeit verbessern[21] und führt gleichzeitig zu einer Chancenerhöhung für Zulieferer, da die Ausnutzung von Größenvorteilen und die damit verbundene Massenproduktion oftmals eine Abnahme der Produktionstiefe mit sich bringt.[22]

---

20 Vgl. Töpfer, A., Euro - Audit, S. 29; siehe auch Koeber, E. v.: Europäische Integration und weltwirtschaftlicher Wettbewerb - Prioritäten unternehmerischer Praxis, in: Hopt, K. J. (Hrsg.): Europäische Integration als Herausforderung des Rechts: Mehr Marktrecht - weniger Einzelgesetze, Essen 1991, S. 59 - 61 und Lücke, W., Industriewirtschaftliche Aspekte zum Euromarkt, S. 57 - 62.

21 Vgl. Becker, F.: Europäischer Binnenmarkt: Chancen und Risiken, in: Zeitschrift Führung + Organisation, 59. Jg., Heft 1, 1990, S. 17 -19.

22 Vgl. Kartte, W.: Doping für Giganten, in: Frankfurter Allgemeine Zeitung, Nr. 94, 22.4.1989, S. 15.

Dabei muß aber auch beachtet werden, daß diesen Chancen z.T. hohe Risiken gegenüberstehen können. Der Steigerung der Wettbewerbsfähigkeit eines Unternehmens kann ein entsprechender oder vielleicht sogar größerer Effekt bei seinen Konkurrenten gegenüberstehen. Dazu kann die Zahl der Mitanbieter durch die Öffnung der Grenzen ansteigen. Dieser Effekt könnte noch verstärkt werden, wenn auch nichteuropäische Unternehmen hinzukämen, denen der vorher in Einzelmärkte zersplitterte EG - Markt nicht ausreichend attraktiv erschien.

Zusammenfassend kann angenommen werden, daß die Unternehmen oder Branchen, die schon jetzt sehr EG - orientiert sind, denen aber noch zahlreiche Schranken im Wege stehen, gute Chancen im gemeinsamen Markt haben werden. Hingegen könnten Unternehmen oder Branchen, die gegenwärtig nicht EG - orientiert, aber durch viele Schranken vor internationaler Konkurrenz geschützt sind, erheblichen Risiken unterliegen.[23]

Nach einer Umfrage des DIHT läßt sich für bundesdeutsche Unternehmen sagen, daß diese zum größten Teil der Entwicklung zum Binnenmarkt optimistisch gegenüberstehen.[24]

Grundsätzlich ist jedoch festzuhalten, daß eine genaue Vorhersage der Chancen und Risiken des EG - Binnenmarktes für die Betriebe mit großen Schwierigkeiten verbunden ist. Dies gilt ganz besonders für kleinere Unternehmen.[25]

Für die stark in den internationalen Handel eingebundenen deutschen Unternehmen könnte sich noch ein zusätzliches Problem ergeben, wenn sich nämlich die Liberalisierung des EG -

---

[23] Vgl. ausführlicher Vogler - Ludwig, K., Europäischer Binnenmarkt und Beschäftigung, S. 24 - 32, o.V.: Die Perspektiven für die Branchen, in: Informationsdienst des Instituts der deutschen Wirtschaft, 15. Jg., Heft 12, 1989, S. 8 und Lücke, W., Industriewirtschaftliche Aspekte zum Euromarkt, S. 79 f.

[24] Vgl. Schoser, F.: Selbstbewußt in den EG - Binnenmarkt '92, in: DIHT Meinung 1989, Bonn 1989, S. 24.

[25] Vgl. Kuntze, O.-E.: Vorbereitungen zehn westeuropäischer Industrieländer auf den EG - Binnenmarkt 1993, München 1990, S. 4 - 6.

Binnenmarktes nur unter Inkaufnahme eines erhöhten Protektionismus nach außen realisieren ließe.[26]

3. Bedeutung für den Standort Bundesrepublik Deutschland

Für die Überlegungen zur Bedeutung des EG - Binnenmarktes für den Standort Bundesrepublik Deutschland soll zunächst von der Theorie der Contestable Markets ausgegangen werden. Nach der Theorie der Contestable Markets wird die Wettbewerbssituation auf den Märkten nicht nur durch die aktuellen, sondern insbesondere durch die potentiellen Konkurrenten bestimmt. Dies gilt jedoch nur, wenn die Märkte offen gehalten werden und die Unternehmen damit angreifbar sind. In einer solchen Situation werden dann Unternehmen in ihrem Verhalten auf den angreifbaren Märkten durch die potentiellen Konkurrenten diszipliniert, denn neue Konkurrenten treten immer dann auf, wenn ihnen das Verhalten der aktuellen Marktteilnehmer eine Gewinnchance eröffnet.[27]

Der europäische Markt war bisher durch die zahlreichen Schranken und Handelshemmnisse in viele Einzelmärkte zerlegt, so daß aufgrund der Marktzugangsschranken kaum die Gefahr des plötzlichen Auftretens neuer Konkurrenten bestand und folglich auch nur begrenzt von angreifbaren Märkten gesprochen werden konnte.

Diese Situation könnte sich mit dem Wegfall der Markteintrittsbarrieren im Zuge der Errichtung des gemeinsamen europäischen Marktes grundlegend ändern. Die Wettbewerbsintensität würde zunehmen und die Unternehmen müßten ihre Konkurrenzfähigkeit überprüfen, um nicht für potentielle Konkurrenten den Markteintritt interessant zu machen. Damit werden die Wettbe-

---

26 Vgl. Löbbe, K., Standort Deutschland, S. 67 f.

27 Vgl. Fehl, U.: Zur Theorie angreifbarer Märkte, in: Ordo, Jahrbuch für die Ordnung von Wirtschaft und Gesellschaft, Bd. 36, 1985, S. 235 f. ausführlicher Baumol, W. J. / Panzar, J. C. / Willig, R. D.: Contestable Markets and the Theory of Industry Structure, New York 1982.

werber gezwungen, alle komparativen Vorteile auszunutzen. Das bedeutet aber auch, daß die Unternehmen untersuchen müssen, ob ihr gegenwärtiger Standort die an ihn gestellten Anforderungen noch hinreichend erfüllt oder ob bedingt durch die Marktöffnung nicht inzwischen andere Standorte attraktiver erscheinen. So könnten z.B. für bestimmte Industriebetriebe Niedriglohnländer besonders interessant sein, für andere wiederum solche Länder mit einem hohen Angebot an hochqualifizierten Fachkräften oder solchen mit geringeren Energiekosten und einem niedrigen Niveau an Umweltauflagen.

Für die Unternehmen stellt sich also die Frage, ob im Sinne einer optimalen Faktorallokation für den Betrieb oder für Teilbetriebe andere Standorte gewählt werden sollen. Damit könnte der EG - Binnenmarkt eine Standortarbitrage der Unternehmen hervorrufen.

Daß diese Möglichkeit von Unternehmen in der Praxis auch tatsächlich genutzt wird, zeigt das Beispiel VW. So wird inzwischen der VW - Polo bei SEAT in Spanien produziert und nicht mehr in der Bundesrepublik Deutschland.[28]

Bei der Beurteilung solcher Standortentscheidungen ist es jedoch besonders wichtig, die Fristigkeit der komparativen Vorteile eines Standortes zu prüfen. Sind die Vorteile eines Standortes zeitlich begrenzt, so könnte sich eine Standortarbitrage wegen der Langfristigkeit der Standortentscheidungen schnell als Fehlinvestition erweisen.[29]

Für die Staaten kann dieser Prozeß zu einem internationalen Wettbewerb um die attraktiveren Standortbedingungen für die industrielle Produktion führen. Will die Bundesrepublik weiterhin ein interessanter Industriestandort sein, so muß sie

---

28 Vgl. o.V.: Europa 1993: Kooperation gefragt, in: Das Wirtschaftsstudium, 18. Jg., Heft 4, 1989, S. 195 f. Hier werden auch noch weitere Beispiele für die internationale Standortverlagerung von Industriebetrieben angeführt.

29 Vgl. Lücke, W., Industriewirtschaftliche Aspekte zum Euromarkt, S. 86.

analysieren, ob der gegenwärtige ordnungspolitische Rahmen dazu geeignet ist oder ob es einiger Veränderungen bedarf.

C. Pazifischer Wirtschaftsraum

1. Abgrenzung, Entwicklung und Kooperationen

Die Entwicklung des pazifischen Wirtschaftsraumes erregt in den letzten Jahren zunehmend das weltweite Interesse. In Publikationen wird von einem kommenden pazifischen Jahrhundert gesprochen[30] oder davon, daß der Atlantik zwar das Meer der Gegenwart sei, der Pazifik aber das der Zukunft.[31]

Bevor im weiteren auf die Entwicklung der Staaten, ihre Wirtschaft und auf entstehende Kooperationen eingegangen wird, soll eine räumliche Abgrenzung vorgenommen werden. Der pazifische Wirtschaftsraum läßt sich grob in vier Ländergruppen unterteilen:[32]

1. Die Gruppe der Industrieländer, zu denen Japan, die USA, Kanada, Australien und Neuseeland gehören.

2. Die Gruppe der NIC's (Newly Industrialized Countries, Schwellenländer), zu denen Südkorea, Taiwan, Hongkong und Singapur gehören.

3. Die ASEAN - Staaten (Association of South - East - Asian Nations) Indonesien, Malaysien, Philippinen, Thailand, Brunei

30 Vgl. Kraus, W.: Gravitationszentrum Pazifik, in: Der Fischer Weltalmanach 85, Frankfurt 1984, S. 91.

31 Vgl. Weggel, O. / Machetzki, R.: Der asiatisch - pazifische Mythos "Atlantische Gegenwart - Pazifische Zukunft"?, in: Aus Politik und Zeitgeschichte, o.Jg., 8.11.1986, S. 18.

32 Vgl. Furgler, K.: Der pazifische Wirtschaftsraum: Partner und Konkurrenz für die Schweiz, in: Schweizerisches Institut für Auslandsforschung (Hrsg.): Das Dreieck Europa - Amerika - Asien, Bd. 15, Zürich 1986, S. 46 f. und Kraus, W. / Lütkenhorst, W.: Wirtschaftsdynamik im Pazifischen Becken, Stuttgart 1984, S. 127 - 130.

(seit 1984) und Singapur, das damit das Verbindungsglied zwischen den "Neuen Industriestaaten" (NIC's) und den Entwicklungsländerndern der ASEAN - Gruppe bildet.

Die Länder dieser drei Gruppen stellen gegenwärtig den Pazifischen Wirtschaftsraum im engeren Sinne dar, da sie bei den wesentlichen Kooperationsbestrebungen als Ausgangsgröße gewählt werden.

4. Als letzte Gruppe sind *die sonstigen Pazifikanrainer* wie China, Nordkorea, die Staaten des früheren Indochina, die pazifischen Staaten der früheren UdSSR, Südasien (Indien, Pakistan usw.) und Lateinamerika (Mexico, Peru, Chile usw.) zu nennen, die aber bei den bisherigen Kooperationsbemühungen lediglich eine untergeordnete Rolle spielten.

Aus sozio - kultureller Sicht stellt sich das pazifische Becken äußerst heterogen dar. So gibt es mehrere ethnologische Gruppen mit verschiedenen Sprachen. Auch hinsichtlich der philosophischen Ursprünge und der Religionszugehörigkeit ist die Vielfalt groß. Es gibt beispielsweise Buddhisten, Hindus, Konfuzianer, Taoisten, Christen.[33] Schließlich können wirtschaftlich betrachtet die Länder Süd - Ostasiens in Entwicklungs-, Schwellen- und Industrieländer unterteilt werden.

Trotz dieser zahlreichen Besonderheiten des pazifischen Wirtschaftsraumes im engeren Sinne, die zum Teil erhebliche Probleme für die Kooperationsbemühungen aufwerfen, läßt sich inzwischen ein pazifisches Gemeinschaftsbewußtsein und eine optimistische Grundeinstellung hinsichtlich eines gemeinsamen pazifischen Wirtschaftsraumes beobachten.[34]

Kennzeichnend für die letzten 30 Jahre ist ein deutlich überdurchschnittliches Wirtschaftswachstum der pazifischen Region. Während z.B. in den 70er Jahren das Wachstum der USA und West-

---

[33] Vgl. Müller - Merbach, H.: Asien: Weltmarkt der Zukunft oder Angstgegner des Westens?, in: technologie & management, 38. Jg., Heft 2, 1989, S. 6.

[34] Vgl. Kraus, W.: Gravitationszentrum Pazifik, S. 95 f.

europas um die 3 % lag, konnten die NIC's ein Wachstum von annähernd 10 % verzeichnen. Auch das Wachstum der ASEAN - Staaten lag nur knapp darunter.[35] In jüngster Zeit hat die Wachstumsdynamik zwar etwas nachgelassen, ist im internationalen Vergleich aber immer noch hoch.[36]

Diese Tendenz schlägt sich auch bei der Entwicklung der Anteile am Weltsozialprodukt nieder. So konnten die Länder Süd - Ostasiens ihren Anteil von 11% 1960 auf 19,5 % 1980 steigern.[37] Eine Studie des Japan Center for Economic Research prognostizierte sogar einen Anteil von 50 % am Weltsozialprodukt für das Jahr 2050. Dabei wird davon ausgegangen, daß die Wachstumsdynamik des pazifischen Beckens zukünftig auch auf die bevölkerungsreichsten Länder Asiens, China und Indien, übergreift.[38]

Auch der Intrahandel der Pazifikländer hat ein sehr hohes Niveau erreicht. Im Jahre 1980 blieben 52 % der Exporte und 54 % der Importe innerhalb der pazifischen Region. Damit wurde der Intrahandel der EG knapp übertroffen. Hier verblieben 51 % der Exporte und 47 % der Importe innerhalb der EG.[39]

Im Folgenden soll ein knapper Überblick über die bedeutenderen Kooperationsbemühungen gegeben werden.

Ein erstes konkretes Kooperationskonzept wurde 1965 von Kojima veröffentlicht. Offenbar von den Entwicklungen zur EWG angeregt schlug Kojima eine institutionelle Integration zu einer

---

[35] Vgl. Li, V. H.: The Pacific Age: Prospects and Problems, in: Schweizerisches Institut für Auslandsforschung (Hrsg.): Das Dreieck Europa - Amerika - Asien, Bd. 15, Zürich 1986, S. 9 f.

[36] Vgl. Jahresgutachten 1991/92 des Sachverständigenrates zur Begutachtung der gesamtwirtschaftlichen Entwicklung, S. 38 f. Tz. 17 f.

[37] Vgl. Herrhausen, A.: Pazifische Herausforderung - Eine Antwort aus wirtschaftlicher Sicht, in: Prosi, G. (Hrsg.): Weltwirtschaft - Pazifische Herausforderung und europäische Antwort, Köln Bachem 1987, S. 88 f.

[38] Vgl. o.V.: Asia expected to account for half of world GNP in 2050, in: JCER Report, Vol. 2, No. 6, 1990, S. 4 f.

[39] Vgl. Kraus, W., Gravitationszentrum Pazifik, S. 92.

Pacific Free Trade Area (PAFTA) vor. Ziel war es, eine Freihandelszone für die fünf pazifischen Industrieländer zu schaffen.[40] Obwohl das Konzept später um Maßnahmen erweitert wurde, die auch die Interessen der pazifischen Schwellen- und Entwicklungsländer berücksichtigen sollten, stieß das Projekt bei diesen Ländern auf Ablehnung. Da das PAFTA - Konzept aber auch von den Industrieländern, insbesondere den USA, nicht engagiert genug vorangetrieben wurde, scheiterte es bald.[41]

Der zweite bedeutende Vorschlag, der 1968 von Kojima und Drysdale gemacht wurde, sah eine Organization for Pacific Trade and Development (OPTAD) vor. Orientiert am Beispiel der OECD sollte die OPTAD ein Forum zur Koordination der pazifischen Wirtschaftsentwicklung bilden. Auch hier wurde letztlich eine pazifische Freihandelszone angestrebt.[42] Problematisch bei diesem Ansatz war insbesondere die regionale Abgrenzung, also die Frage, welche Länder sollen beteiligt sein und die unterschiedlichen Interessen der einzelnen Länder.[43]

Gegenwärtig bedeutendste Kooperationsinitiative ist die Pacific Economic Cooperation Conference (PECC), die zum erstenmal 1980 in Canberra zusammenkam und seitdem in regelmäßigen Abständen stattfindet. Beteiligt sind an dieser Konferenz die pazifischen Industrieländer, die ASEAN - Staaten und Südkorea. In den einzelnen Ländern sind Komitees gegründet worden, die die Konferenzen vorbereiten. Bei den Konferenzen sollen besondere Probleme diskutiert und Informationen ausgetauscht werden, die für eine wirtschaftliche oder wissenschaftliche Zusammenarbeit von Bedeutung sein können. Obwohl dieser Koordinationsform im Gegensatz zur EG kein kodifiziertes Vertrags-

40 Vgl. Kojima, K.: Economic Cooperation in a Pacific Community, in: The Japan Institut of International Affairs: Project '80's: Forign Policy Guidelines of Japan, Tokyo 1980, S. 4 - 7.

41 Vgl. Kraus, W. / Lütkenhorst, W., Wirtschaftsdynamik im Pazifischen Becken, S. 130 -135.

42 Vgl. Kojima, K.: Economic Cooperation in a Pacific Community, S. 12 - 17.

43 Vgl. Kraus, W. / Lütkenhorst, W., Wirtschaftsdynamik im Pazifischen Becken, S. 135 - 148.

werk zugrunde liegt, kann ihr doch eine erhebliche Bedeutung für die Zukunft zukommen.[44]

Die folgende Abbildung bietet einen zusammenfassenden Überblick über die wichtigsten pazifischen Kooperationsinitiativen.

1965	PAFTA	Kooperationsbestrebung orientiert an der EG, mit dem Ziel, eine Freihandelszone zu schaffen
1968	OPTAD	Kooperationsbestrebung orientiert an der OECD, mit dem Ziel der Koordination der pazifischen Wirtschaftsentwicklung
1980	PECC	Kooperationsbestrebung in Form einer regelmäßig zu veranstaltenden Konferenz, bei der Probleme diskutiert und Informationen ausgetauscht werden sollen

Abb. III.3: Überblick über die bedeutendsten pazifischen Kooperationsbestrebungen

Abschließend sei noch auf die Association of South - East - Asia Nations (ASEAN) hingewiesen. Den ASEAN - Staaten kommt insofern eine Sonderrolle zu, als sie die einzige tatsächlich existierende Kooperationsgemeinschaft des pazifischen Beckens ist. Allerdings war es nicht das Ziel der ASEAN - Staaten zu einer großen pazifischen Kooperation zu kommen, sondern eher eine stärkere Position gegenüber den pazifischen Industriestaaten zu erlangen. In jüngster Zeit engagieren sich jedoch auch die ASEAN - Staaten zunehmend für die Weiterentwicklung von Handelsblöcken. Innerhalb der ASEAN - Länder ist für die nächsten Jahre eine Freihandelszone, die Asean Free Trade Area (Afta) geplant. Mit Blick auf die asiatischen Nachbarn treiben die ASEAN - Staaten die Entwicklung zur East Asean Economic

44 Vgl. Kraus, W.: Handelsverflechtungen und Kooperationsansätze im Pazifischen Raum - Eine Herausforderung für Europa, in: Heiduk, G. (Hrsg.): Japan als führende Wirtschaftsmacht in einem zukünftigen pazifischen Wirtschaftsraum, Baden - Baden 1985, S. 50 f.

Grouping (EAEG) voran. An der EAEG sind auch Japan, China, die NIC's, Vietnam, Laos, Kambodscha und Birma beteiligt. Auch die USA und Australien zeigen zunehmend Interesse an dieser Gemeinschaft.[45]

2. Chancen und Risiken für Betriebe

Das bemerkenswerte Wirtschaftswachstum des pazifischen Beckens bietet auch den Industriebetrieben in der Bundesrepublik Deutschland neue Entwicklungsmöglichkeiten.

Zum einen ergeben sich neue Exportchancen. Die Unternehmen können versuchen, mit ihren bisherigen Produkten auch Märkte in Süd - Ostasien zu bedienen. Dies könnte bei den Unternehmen einen Wachstumsschub bewirken, economies of scale ermöglichen und damit die internationale Wettbewerbsfähigkeit steigern. Andererseits könnten die Unternehmen versuchen, sich diese Märkte zu erschließen, indem sie neue auf die speziellen Marktbedürfnisse abgestimmte Produkte entwickeln. Das Ergebnis wäre eine Diversifikation, die das unternehmerische Risiko senken und damit die Konkurrenzfähigkeit anheben könnte.[46]

In beiden Fällen muß aber eine pazifische Vertriebsorganisation aufgebaut werden. Mit dem Aufbau einer Vertriebsorganisation stellt sich aber auch die Frage, ob nicht auch Teile der Produktion ausgegliedert bzw. in die entsprechende Region verlagert werden sollen. Es muß also untersucht werden, ob nicht zumindest für Teilbetriebe ein pazifischer Standort gewählt werden kann.

---

45 Vgl. o.V.: Südostasien will mit neuen Bündnissen in der Weltwietschaft stärker Gehör finden, in: Handelsblatt, 1.8.1991, S. 12.

46 Siehe auch Pascha, W.: Dritte Welt im Aufbruch: Ostasiatische Schwellenländer als neue wirtschaftliche Entwicklungspole?, in: Cassel, D. (Hrsg.): Wirtschaftssysteme im Umbruch, München 1990, S. 93.

Zum anderen bieten sich gegebenenfalls für einige Industrien oder Branchen neue Beschaffungsmöglichkeiten. Es könnte sein, daß der Import von Rohstoffen oder Vorprodukten aus dem pazifischen Raum kostengünstiger ist als eine Beschaffung bei inländischen oder europäischen Anbietern. Damit könnten die Unternehmen durch den Aufbau einer pazifischen Beschaffungsorganisation ihre Kostenstruktur optimieren und ihre Wettbewerbsfähigkeit verbessern. Gleichzeitig müssen die Unternehmen aber untersuchen, ob neben einer Beschaffung im Pazifik nicht auch bestimmte Produktionsstufen (z.B. lohnintensive) ausgelagert werden sollen. Dies würde aber wiederum einer Standortverlagerung gleichkommen.

Neben der Chance für einige Unternehmen, günstigere Importmöglichkeiten zu realisieren, stellt die offensive Exportpolitik der Asiaten[47] für andere eine erhebliche Verschärfung des Wettbewerbs dar. Eine Alternative, auf zunehmenden Importdruck zu reagieren, wäre eine Standortinnovation.[48] Das heißt die Unternehmen versuchen, ihre Konkurrenzfähigkeit zu steigern, indem sie ihre Tätigkeiten ganz oder teilweise auf kostengünstigere Standorte verlagern.

Zum gleichen Ergebnis kommt es de facto auch, wenn ein bundesdeutscher Unternehmer aufgrund zu starker ausländischer Konkurrenz aufgibt. Zwar geht dann die Produktion von einem Unternehmen auf ein anderes über, doch ist dies, wenn man den regionalen Aspekt in den Vordergrund stellt, nichts anderes als eine Standortverschiebung.

---

47 Siehe auch Rieger, H. C.: Zukünftige industrielle Arbeitsteilung: Marktchancen und Marktgefährdung aus der Sicht der EG - Länder und der Länder Südostasiens, in: Laumer, H. (Hrsg.): Wachstumsmarkt Südostasien, München 1984, S. 82 - 112.

48 Vgl. Bellmann, L. / Wagner, J.: Produkt- und Prozessinnovation als Unternehmensstrategien bei Importdruck, in: ifo - Studien, 33. Jg., 1987, S. 224 f.

3. Bedeutung für den Standort Bundesrepublik Deutschland

Die Ausführungen in den vorherigen Abschnitten haben gezeigt, daß sich für bundesdeutsche Unternehmen durch die Entwicklungen im pazifischen Wirtschaftsraum neue Marktchancen ergeben.

Andererseits treten aber auch zahlreiche neue Unternehmen aus dem pazifischen Becken als Konkurrenten auf, so daß sich der internationale Wettbewerb verschärfen wird. Dies zwingt wiederum die Unternehmen, alle sich bietenden Wettbewerbsvorteile auszunutzen, um nicht von der Konkurrenz verdrängt zu werden.

Im Ergebnis läßt sich feststellen, daß angeregt durch die wirtschaftliche Entwicklung im Pazifik diese Region für Industrieunternehmen bei der Standortentscheidung immer interessanter wird. Damit ergibt sich aber gleichzeitig, daß der Standort Bundesrepublik Deutschland zumindest relativ an Attraktivität verliert. Folglich stellt sich für die Bundesrepublik das Problem, inwieweit der bestehende ordnungspolitische Rahmen einer Änderung bedarf, damit die Bundesrepublik im Wettbewerb um die attraktiveren Standorte nicht an Konkurrenzfähigkeit verliert.

Insofern stellen die Konsequenzen der wirtschaftlichen Entwicklung im Pazifik, vergleichbar mit denen der Entwicklung zum europäischen Binnenmarkt, eine Herausforderung für den Standort Bundesrepublik Deutschland dar.[49]

---

49 Siehe auch Kapitel II. A. 3. dieser Arbeit.

D. Wiedervereinigung und wirtschaftliche Öffnung Osteuropas

1. Entwicklung zur Wiedervereinigung und Wirtschaftsreformen in Osteuropa

a.) Vereinigung der Bundesrepublik Deutschland mit der DDR

Mit seiner Politik der Offenheit (Glasnost) und der Umgestaltung (Perestrojka) ebnete Michael Gorbatschow im Sommer 1985[50] für die Länder Osteuropas den Weg zu marktwirtschaftlichen Reformen. Diese Entwicklung eröffnete auch den Reformbewegungen in der DDR neue Möglichkeiten.

Die Unzufriedenheit der DDR - Bürger über ihre politische und wirtschaftliche Situation äußerte sich zunehmend in Protesten und Demonstrationen und führte am 18.10.1989 zum Rücktritt Erich Honeckers. Sein Nachfolger wurde Egon Krenz, der jedoch schon am 13.11.1989 durch die Wahl von Hans Modrow zum Ministerpräsidenten abgewählt wurde. In der Folgezeit wurden in zahlreichen Verhandlungen Öffnungen für Bürger und Wirtschaft zwischen den beiden Teilen Deutschlands erreicht.[51]

Mit der Wahl Lothar de Maizières am 18.3.1990 bekundeten die Bürger der DDR eindeutig ihren Wunsch nach politischer Demokratie, einer sozialen Marktwirtschaft und der Vereinigung mit der Bundesrepublik Deutschland.[52]

Am 1.7.1990 trat der Staatsvertrag in Kraft. Er begründete zwischen den beiden Vertragspartnern, der Bundesrepublik Deutschland und der DDR, die Währungs-, Wirtschafts- und Sozialunion. Der Staatsvertrag stellte einen Zwischenschritt dar auf das Ziel hin, die Vereinigung Deutschlands in Freiheit und

---

50 Vgl. Deutsche Bank - Volkswirtschaftliche Abteilung (Hrsg.): Osteuropa - Special, Frankfurt a.M. 1990, S. 12.

51 Vgl. Deutsche Bank - Volkswirtschaftliche Abteilung (Hrsg.), Osteuropa - Special, S. 30 - 33.

52 Vgl. Hartwig, K.-H.: Zukunft der gesamtdeutschen Wirtschaft: Chancen und Risiken, in: List Forum, Bd. 16, 1990, S. 209 f.

im Rahmen einer europäischen Friedensordnung alsbald zu vollenden.[53]

Mit der Währungsunion wurde ein einheitliches Währungsgebiet gebildet, die Deutsche Bundesbank als Währungs- und Notenbank bestellt und die DM zum einzigen Zahlungsmittel beider deutscher Staaten bestimmt. Die Umstellung der Währung erfolgte nach drei verschiedenen Ansätzen:

- Zahlungen des täglichen Lebens (Löhne, Gehälter, Renten, Unterhaltszahlungen, Mieten usw.) und Mindestguthaben auf Bankkonten bis 4.000 DDR - Mark pro Kopf wurden 1:1 umgestellt.

- Für alle anderen Forderungen und Verbindlichkeiten erfolgte die Umstellung im Verhältnis 2:1.

- Ein Verhältnis von 3:1 galt lediglich für solche Guthaben, die von nicht in der DDR Ansässigen nach dem 31.12.1989 auf DDR Bankkonten angelegt worden sind.

Andere Werte wie unternehmerische Aktiva sollen entsprechend dem DM - Eröffnungsbilanzgesetz nicht nach ihrem jeweiligen Ansatz in den bisherigen Bilanzen der Wirtschaftsbetriebe, sondern nach einem den tatsächlichen Verhältnissen entsprechenden Zeitwert angesetzt werden.[54]

Die Wirtschaftsunion führte auch für die DDR als Grundlage für die weitere wirtschaftliche und gesellschaftliche Entwicklung mit sozialem Ausgleich, sozialer Absicherung und Verantwortung gegenüber der Umwelt die soziale Marktwirtschaft ein.[55] Die

---

[53] Vgl. Ministerium für Medienpolitik (Hrsg.): Der Staatsvertrag - Grundlage der deutschen Einheit, Berlin / Bonn 1990, S. 11 - 78, hier insbes. Art. 1.

[54] Vgl. Döser, W. H.: Die Währungsunion, in: Hebing, W. (Hrsg.): Investitionsbedingungen und Eigentumsfragen in der ehemaligen DDR nach dem Staatsvertrag, Heidelberg 1990, S. 10 - 14, siehe auch Hartwig, K.-H., Zukunft der gesamtdeutschen Wirtschaft, S. 217 f.

[55] Vgl. Hahn, H. (Hrsg.): Investieren in der DDR, Bonn 1990, S. 16 f.

DDR wurde verpflichtet, Rahmenbedingungen für die freie Entfaltung der Marktkräfte und der Privatinitiative zu schaffen. Konkret bedeutete dies die Gewährleistung von Vertragsfreiheit, Gewerbe-, Niederlassungs- und Berufsfreiheit, der Freizügigkeit der Deutschen im gesamten Währungsgebiet und des Eigentums privater Investoren an den Produktionsfaktoren.[56]

Die Privatisierung der ehemals volkseigenen Kombinate und Betriebe erfolgt nach dem Treuhandgesetz. Danach wurden zum 1.7.1990 sämtliche Kombinate und Betriebe in Aktiengesellschaften bzw. in Gesellschaften mit beschränkter Haftung umgewandelt. Alleiniger Anteilseigner dieser so neu entstandenen Gesellschaften wurde die Treuhandanstalt. Aufgabe der Treuhand ist es nun, diese Unternehmen durch Veräußerung der Geschäftsanteile zu privatisieren. Verzögert sich eine mögliche Veräußerung, so hat die Treuhandanstalt für die Sicherung der Effizienz und der Wettbewerbsfähigkeit der betroffenen Betriebe zu sorgen. Lediglich im Falle nicht sanierungsfähiger Unternehmen bzw. Unternehmensteile soll eine Stillegung erfolgen.[57]

Der dritte Bereich des Staatsvertrages, die Sozialunion, regelte die Einführung einer der sozialen Marktwirtschaft entsprechenden Arbeitsrechtsordnung und eines am Prinzip der Leistungsgerechtigkeit orientierten sozialen Sicherungssystems. Die Elemente der Arbeitsrechtsordnung sind Koalitionsfreiheit, Tarifautonomie, Arbeitskampfrecht, Betriebsverfassung, Unternehmensmitbestimmung und Kündigungsschutz. Das soziale Sicherungssystem enthält die Renten-, Kranken-, Unfall- und Arbeitslosenversicherung, ein privatrechtlich organisiertes Gesundheitswesen und das System der Sozialhilfe.[58]

---

[56] Vgl. Hebing, W.: Die Wirtschaftsunion - Die wirtschaftlichen Freiheiten, in: Hebing, W. (Hrsg.), Investitionsbedingungen und Eigentumsfragen in der ehemaligen DDR, S. 15 - 18.

[57] Vgl. Hebing, W.: Die Wirtschaftsunion - Die Maßnahmen zur Privatisierung des volkseigenen Vermögens, in: Hebing, W. (Hrsg.), Investitionsbedingungen und Eigentumsfragen in der ehemaligen DDR, S. 28 - 30.

[58] Vgl. Andres, C. H.: Die Sozialunion, in: Hebing, W. (Hrsg.), Investitionsbedingungen und Eigentumsfragen in der ehemaligen DDR, S. 17 - 21.

Am 3.10.1990 trat dann mit dem Vertrag über die Herstellung der Einheit Deutschlands (Einigungsvertrag) die DDR gemäß Art. 23 des Grundgesetzes der Bundesrepublik Deutschland bei. Damit wurde die nun ehemalige DDR gleichzeitig Vollmitglied der Europäischen Gemeinschaft. Folglich gelten jetzt auch bis auf wenige Ausnahmen sämtliche Rechtsvorschriften der Europäischen Gemeinschaften und der alten Bundesrepublik für die fünf neuen Bundesländer.[59]

Durch den Staatsvertrag und den Einigungsvertrag wurde in der ehemaligen DDR ein Prozeß der Umstrukturierung der Wirtschaft eingeleitet. Der enorme Anpassungsdruck förderte bisher zum Teil verdeckte Unzulänglichkeiten der Wirtschaft offen zu Tage und leitete damit den Abschwung der Wirtschaft in den fünf neuen Bundesländern ein.[60]

Besonders dramatisch zeigte sich diese Entwicklung auf dem ostdeutschen Arbeitsmarkt. So ging bis zum Herbst 1990 allein in der Industrie die Zahl der Beschäftigten um über 500.000 zurück. Im gleichen Zeitraum stieg die Zahl derjenigen Arbeitnehmer, die Kurzarbeitergeld bezogen, auf rund 1,8 Millionen.[61] Die Frage, wann diese Entwicklung ihren Tiefpunkt erreicht hat und der Prozeß der wirtschaftlichen Erholung einsetzt ist gegenwärtig kaum zu beantworten. In verschiedenen Teilbereichen zeichnet sich jedoch inzwischen eine gewisse Belebung der Wirtschaft ab.[62]

Um den Umstrukturierungsprozeß zu beschleunigen und um so schnell wie möglich wettbewerbsfähige Unternehmen und Ar-

---

[59] Vgl. Presse- und Informationsamt der Bundesregierung (Hrsg.): Vertrag über die Herstellung der Einheit Deutschlands - Einigungsvertrag, Bonn 1990, S. 877 - 888, insbes. die Art. 1 und 10.

[60] Vgl. Jahresgutachten 1990/91 des Sachverständigenrates zur Begutachtung der gesamtwirtschaftlichen Entwicklung, S. 61 - 65, Tz. 86 - 92.

[61] Vgl. Jahresgutachten 1990/91 des Sachverständigenrates zur Begutachtung der gesamtwirtschaftlichen Entwicklung, S. 67 f., Tz. 96 f.

[62] Vgl. Leibfritz, W.: Wichtige Aussagen der Frühjahrsdiagnose der Forschungsinstitute zu Ostdeutschland, in: ifo - Schnelldienst, 44. Jg., Heft 16 - 17, 1991, S. 5 - 7.

beitsplätze zu schaffen, hat die Bundesregierung das Gemeinschaftswerk Aufschwung Ost beschlossen. Für das Jahr 1990 wurden 12 Milliarden DM und für die Jahre 1991 und 1992 22 Milliarden DM zur Förderung privater und öffentlicher Investitionen bereitgestellt. Die Förderungsmaßnahmen zielen insbesondere auf kommunale Programme, den Ausbau des Verkehrsnetzes und Arbeitsbeschaffungsmaßnahmen.[63]

Finanziert werden diese Förderungsmaßnahmen, zumindest teilweise, durch Anhebungen von Steuern, Gebühren und Beiträgen. Die Mineralölsteuer, Heizölsteuer und Gassteuer wurden erhöht sowie eine Zuschlag auf die Lohn- und Einkommensteuer (begrenzt auf ein Jahr) eingeführt. Zusätzlich werden die Sozialversicherungsbeiträge und Telefongebühren erhöht. Darüberhinaus wird 1992 die Tabaksteuer und ab dem 1.1.1993 die Mehrwertsteuer angehoben.[64]

Obwohl die Treuhand inzwischen schon zahlreiche Unternehmen privatisieren konnte und aus dem Gemeinschaftswerk Aufschwung Ost beträchtliche Mittel zur Verfügung stehen,[65] ist die Investitionsdynamik privater Anleger in den neuen Bundesländern noch gering. Als Gründe dafür dürften die folgenden Problembereiche angesehen werden: Schwierigkeiten bei der Bewertung ostdeutscher Unternehmen, unzureichende Infrastruktur insbesondere in den Bereichen Kommunikation und Verkehr, Rechtsunsicherheit bezüglich des Eigentums an Grund und Boden (im Falle Rückgabe vor Entschädigung bei Forderungen von früher enteigneten Grundstückseigentümern), Haftung für eventuell bestehende Altlasten und Umweltschäden, unzulängliche öffentliche Verwaltung und schließlich die Probleme beim Personalabbau

---

63 Vgl. Fuest, W.: Ostdeutsche Wirtschaft, in: Informationsdienst des Instituts der deutschen Wirtschaft, 17. Jg., Heft 12, 1991, S. 2.

64 Vgl. o.V.: Steuererhöhungen - Die Milliarden für den Bund, in: Informationsdienst des Instituts der deutschen Wirtschaft, 17. Jg., Heft 10, 1991, S. 2.

65 Vgl. o.V.: Treuhandanstalt - Zwischenbilanz der Privatisierung, in: Informationsdienst des Instituts der deutschen Wirtschaft, Heft 37, 17. Jg., Heft 8, 1991, S. 2.

im Falle personell überbesetzter Unternehmen (Kündigungsschutz).[66]

Um dem Gemeinschaftswerk Aufschwung Ost noch mehr Kraft zu verleihen, bedarf es einer raschen Bewältigung dieser noch bestehenden Problemkreise. Es müßten Anreize geschaffen werden, die eine schnelle und effektive Verwendung der bereitgestellten Finanzmittel gewährleisten. Es könnten beispielsweise solche Regionen oder Kommunen bei der Mittelzuteilung bevorzugt werden, die rasch Gewerbeflächen und deren infrastrukturelle Erschließung bereitstellen. Ein Verteilungsschlüssel, der sich an den zugelassenen Gewerbebetrieben einer Region oder dem kommunalen Gewerbesteueraufkommen orientierte, könnte den Prozeß der Sanierung und des Aufschwungs der ostdeutschen Wirtschaft beschleunigen.

Einen zusammenfassenden Überblick über die wichtigsten Schritte zur Wiedervereinigung bietet die folgende Abbildung.

18.10.1989	Rücktritt Honeckers
13.11.1989	Wahl Modrows zum Ministerpräsidenten
18. 3.1990	Wahl de Maizières zum Ministerpräsidenten
1. 7.1990	Staatsvertrag / Wirtschafts-, Währungs- und Sozialunion
3.10.1990	Einigungsvertrag / Herstellung der Einheit Deutschlands und Inkrafttreten des D-Mark-Bilanz Gesetz
2.12.1990	Erste gesamtdeutsche Bundestagswahl

Abb. III.4: Wichtige Schritte zur deutschen Einheit

66 Vgl. Jahresgutachten 1990/91 des Sachverständigenrates zur Begutachtung der gesamtwirtschaftlichen Entwicklung, S. 65 - 67, Tz. 93 - 95.

b.) Wirtschaftsreformen in Osteuropa

Die Politik Michael Gorbatschows eröffnete, wie schon im vorherigen Abschnitt angesprochen, zum einen den Staaten Osteuropas den Weg zu wirtschaftspolitischen Reformen und war zum anderen gleichzeitig der Anfang einer weitreichenden Umgestaltung der sowjetischen Wirtschaftspolitik.[67]

Auf dem 27. Parteitag am 25.2.1986 wurde ein neues Parteiprogramm angenommen, das radikale Wirtschaftsreformen ankündigte. Im Januar 1987 wurden in der Sowjetunion erstmals Joint Ventures mit Unternehmen aus den westlichen Industrieländern zugelassen, und Gorbatschow forderte eine größere Selbständigkeit der Genossenschaften. Mit dem Gesetz über die individuelle Arbeitstätigkeit vom 1.5.1987 wurden private Ein - Mann - Betriebe zugelassen. Im September 1987 findet eine Novellierung der Joint Ventures mit einer Lockerung der Bestimmungen statt. Am 1.1.1988 tritt ein neues Unternehmensgesetz in Kraft, das eine Einschränkung der zentralen Planung und den Gewinn als Effizienzindikator für die Unternehmen vorsieht. Zusätzlich wird den Unternehmen die Möglichkeit des eigenständigen Außenhandels eingeräumt, und es wird ein neues Bankensystem eingeführt.

Mit der Verordnung über die Emission von Wertpapieren vom 15.10.1988 können Unternehmen Aktien erwerben (z.T bedarf es allerdings der Zustimmiung der Belegschaft oder der lokalen Behörden und der Staatsbank). Ab dem 1.4.1989 können alle Betriebe selbständig Außenhandel betreiben. Außerdem erlaubt eine neue Joint Venture Regelung Mehrheitsbeteiligungen von Ausländern. Am 9.4.1989 schließlich kommt ein Erlaß, der die Pacht von Betrieben ermöglicht.[68]

---

67 Siehe auch Goldman, M. I. / Davis, K. W.: Gorbachev's Challenge: Economic Reform in the Age of High Technology, in: Bradke, S. (Hrsg.): Wirtschaftsreformen in Osteuropa, Grüsch 1989, S. 111 - 124.

68 Vgl. o.V.: Sowjetunion - Noch nicht viel bewegt, in: Informationsdienst des Instituts der deutschen Wirtschaft, 15. Jg., 1989, S. 4 f.

Trotz dieser Bemühungen konnte der Abschwung der sowjetischen Wirtschaft nicht gebremst werden. Daher schlug der Ökonom Stanislaw Schatalin, wie eine Art Schocktherapie, einen Plan vor, der die Transformation zur Marktwirtschaft in nur 500 Tagen ermöglichen sollte. Seine Hauptziele waren die Privatisierung des Staatsvermögens, der Aufbau einer föderativen Wirtschaftsstruktur und eine stabile Fiskal- und Geldpolitik. Die politische Führung der UdSSR entschied sich jedoch gegen diesen radikalen Plan, so daß das von Gorbatschow im Oktober 1990 vorgelegte Reformkonzept eine deutliche Abschwächung des Schatalin - Plans darstellte.[69]

Nach dem mißlungenen Putschversuch reaktionärer Gruppen im Sommer 1991 zerfiel die Sowjetunion in ihre Teilrepubliken. Am 18.10.1991 unterzeichneten in Moskau Vertreter aus acht Teilrepubliken (heute GUS Gemeinschaft unabhängiger Staaten) einen Vertrag zur Gründung einer Wirtschaftsgemeinschaft mit dem Ziel, die Wirtschaft zu sanieren. Vorgesehen ist eine gemeinsame Wirtschaftpolitik für verschiedene Bereiche. Für die Finanz- oder Geldpolitik bleibt jedoch die Autonomie der einzelnen Mitgliedstaaten bestehen. Nicht beigetreten sind dieser Gemeinschaft die baltischen Republiken, Georgien, Moldawien, die Ukraine und Aserbeidschan.[70]

Die Chancen für weiterreichende, marktwirtschaftliche Reformen in den Nachfolgestaaten der Sowjetunion haben sich zwar erheblich verbessert. Jedoch bestehen auch zahlreiche regionale, politische und soziale Konfliktpotentiale, die diesen Prozeß gefährden und Prognosen für die zukünftige Entwicklung erschweren.[71]

---

69 Vgl. o.V.: Sowjetunion - In den Wind gesprochen?, in: Informationsdienst des Instituts der deutschen Wirtschaft, 16. Jg., Heft 47, 1990, S. 4 f. und Joudanov, J.: Die wirtschaftliche Umgestaltung in der Sowjetunion: Probleme und Wege zur Lösung, Köln 1991, S. 10 - 15.

70 Vgl. Jahresgutachten 1991/92 des Sachverständigenrates zur Begutachtung der gesamtwirtschaftlichen Entwicklung, S. 55.

71 Vgl. Donges, J. B. / Engels, W. / Hamm, W. u.a. (Hrsg.): Zur Wirtschaftsreform in Osteuropa, Bad Homburg v.d.H. 1992, S. 25 f.

Seit der Wahl von Tadeusz Mazowiecki im August 1989 nahmen die Anstrengungen zu Wirtschaftsreformen in Polen deutlich zu. Am 1.1.1990 startete ein radikales Wirtschaftsreformprogramm, dessen Ziel es ist, den Übergang Polens Wirtschaft von einer zentral gelenkten Planwirtschaft zu einer marktwirtschaftlichen Ordnung so schnell wie möglich zu erreichen.[72]

Inhalt dieses Wirtschaftsprogrammes waren die Freigabe der Preisbildung, die Abschaffung des Außenhandelsmonopols des Staates und die Einführung eines einheitlichen Wechselkurses für den Zloty. Im Juli 1990 wurde ein Gesetz verabschiedet, das eine Privatisierung der Staatsbetriebe vorsieht. Dazu sollen die Staatsbetriebe in Aktiengesellschaften umgewandelt werden, um anschließend die Aktien zu veräußern. Darüberhinaus soll eine Reformierung der Unternehmensbesteuerung erfolgen und das 1988 eingeführte Bankensystem umgestaltet werden, um die wirtschaftlichen Rahmenbedingungen weiter zu verbessern.[73]

In der Tschechoslowakei begann die Intensivierung der Reformbemühungen mit der Regierungserklärung des am 10.12.1989 ernannten Ministerpräsidenten Marian Calfa. Er kündigte den Übergang zur Marktwirtschaft an.[74]

Zunächst wurden eine Reihe wirtschaftlich relevanter Gesetze novelliert. So ermöglichen jetzt das Joint Venture Gesetz und das Gesetz über wirtschaftliche Beziehungen mit dem Ausland ausländischen Investoren auch 100%ige Beteiligungen und den freien Transfer von Kapital und Gewinnen.[75] Weiterreichende Reformen traten mit dem 1.1.1991 in Kraft. Es begann die Libe-

---

[72] Vgl. Deutsche Bank - Volkswirtschaftliche Abteilung (Hrsg.), Osteuropa - Special, S. 18 f. siehe auch Kleer, J.: Wirtschaftsreformen in Polen, in: Mampel, S. / Uschakow, A. (Hrsg.): Die Reformen in Polen und die revolutionären Erneuerungen in der DDR, Berlin 1991, S. 37 - 51.

[73] Vgl. Jahresgutachten 1990/91 des Sachverständigenrates zur Begutachtung der gesamtwirtschaftlichen Entwicklung, S. 41 f., Tz. 49.

[74] Vgl. Deutsche Bank - Volkswirtschaftliche Abteilung (Hrsg.), Osteuropa - Special, S. 34 f.

[75] Vgl. Lücke, A.: Für deutsche Investoren wird die CSFR immer attraktiver, in: Arbeitgeber, 43. Jg., Heft 3, 1991, S. 102 - 104.

ralisierung der Preise, die Krone wurde konvertibel, und es wurden erste Schritte zur Privatisierung der Staatsbetriebe eingeleitet.[76]

In Ungarn wurden bereits 1968 erste bedeutende Wirtschaftsreformen durchgeführt. Es wurde versucht, die zentrale Planung aufzulockern und sie mit Marktmechanismen zu kombinieren. Doch kam dieser Prozeß aufgrund ideologischer Widerstände in der kommunistischen Partei schon bald zum Stillstand.[77]

Seit Mitte 1987 wurden in Ungarn weitere mehr marktwirtschaftlich orientierte Reformen eingeleitet. Es wurden die Preise im Konsumgüterbereich freigegeben, ein Einkommen-, Körperschaft- und Umsatzsteuersystem entwickelt und ein zweistufiges Bankensystem etabliert. Der Außenhandel wurde liberalisiert, und die Konvertibilität des Forint wird hergestellt. Darüberhinaus wurde eine staatliche Vermögensagentur beauftragt, mit der Privatisierung staatlicher Betriebe zu beginnen.[78]

Zusammengefaßt zeigt sich, daß in allen hier beschriebenen Ländern marktwirtschaftliche Reformprozesse eingeleitet worden sind. Dabei haben insbesondere Polen und Ungarn schon erhebliche Fortschritte erzielt, während die Sowjetunion bei ihren Reformbemühungen eher zögerlich agiert.[79] Mit dem Zerfall der Sowjetunion haben sich jedoch neue Perspektiven eröffnet. Der durch die Reformpolitik eingeleitete Umstrukturierungsprozeß führt, vergleichbar der durch die Wiedervereinigung ausgelösten Entwicklung in der ehemaligen DDR, zu einem erheblichen

---

[76] Vgl. o.V.: Wirtschaftsreform CSFR - Anfang gemacht, in: Informationsdienst des Instituts der deutschen Wirtschaft, 17. Jg., Heft 30, 1991, S. 6 f.

[77] Vgl. Tarafas, I.: Ungarns Reformen: Vergangenheit und Gegenwart, in: Finanzierung & Entwicklung, 28. Jg., Heft 1, 1991, S. 12.

[78] Vgl. Jahresgutachten 1990/91 des Sachverständigenrates zur Begutachtung der gesamtwirtschaftlichen Entwicklung, S. 42 Tz 49, siehe auch o.V.: Osteuropa / Währungspolitik, in: Informationsdienst des Instituts der deutschen Wirtschaft, 17. Jg., Heft 39, 1991, S. 3.

[79] Vgl. Fels, G.: Wohlstand, Armut und Eigentum, in: Informationsdienst des Instituts der deutschen Wirtschaft, 17. Jg., Heft 1, 1991, S. 2 f.

Anpassungsdruck. Die Umstellung des RGW - Handels auf Weltmarktpreise und Hartwährungsbasis hat diesen Druck noch verstärkt. Diese Umstellung leitete gleichzeitig die Auflösung des östlichen Wirtschaftsbündnisses ein.[80]

Bei der Beurteilung der Erfolgsaussichten der Reformbestrebungen erscheint vorsichtiger Optimismus angebracht. Zwar ist mit einer Umkehr der Wirtschaftspolitik zurück zur zentral gelenkten Planwirtschaft nicht mehr zu rechnen, doch bedürfen die Staaten Osteuropas in ihrer gegenwärtigen Situation des wirtschaftlichen Abschwungs einer besonderen Unterstützung der westlichen Industrienationen. Dabei steht neben finanzieller Hilfe insbesondere der Know - How Transfer im Vordergrund. Mit Investitionen westlicher Unternehmen in Osteuropa wäre automatisch auch ein Know - How Transfer verbunden, daher ist es von besonderer Bedeutung, daß die Staaten Osteuropas den Reformprozeß weiter vorantreiben und somit die Rahmenbedingungen für Investitionen verbessern.

2. Chancen und Risiken für Betriebe

In einem ersten Schritt eröffnen sich für viele Unternehmen insbesondere der Konsumgüterindustrie in der ehemaligen DDR und den Reformstaaten Osteuropas neue Absatzmärkte, da die über Jahre hinweg aufgestauten Konsumwünsche der Bevölkerung der osteuropäischen Länder jetzt abgebaut werden können.[81] Der damit verbundene Aufbau von Vertriebsnetzen räumt auch Handelsunternehmen hervorragende Chancen ein. Ein zusätzlicher Vorteil für Konsumgüterindustrie und Handel ist darin zu sehen, daß teilweise schon bestehende Vetriebsstätten, die nun im Zuge der Privatisierungsmaßnahmen veräußert werden, günstig erworben werden können.

---

80 Vgl. o.V.: Osteuropa, in: Informationsdienst des Instituts der deutschen Wirtschaft, 17. Jg., Heft 16, 1991, S. 4 f.

81 Vgl. Jahresgutachten 1990/91 des Sachverständigenrates zur Begutachtung der gesamtwirtschaftlichen Entwicklung, S. 153 Tz. 242 und S. 45 Tz. 58.

Danach ergeben sich, ausgelöst durch die Maßnahmen zur Umstrukturierung der Wirtschaft, in einem zweiten Schritt besondere Möglichkeiten für die Bauwirtschaft, für Dienstleister wie Banken, Versicherungen, Beratungs- und Kommunikationsdienste und für den Anlagen- und Maschinenbau. Dabei stellt sich den internationalen Investoren die Frage, ob der neue osteuropäische Markt von Standorten außerhalb dieser Länder bedient wird oder ob auch für die Produktion ein Standort innerhalb dieses Marktes gewählt werden soll.

Vorteile von Investitionen in den fünf neuen Bundesländern sind im System der sozialen Marktwirtschaft und der bewährten Rechtsordnung der Bundesrepublik Deutschland zu sehen. Dazu kommen die Nähe zum osteuropäischen Markt und die Sprach- und Marktkenntnisse der Bürger der ehemaligen DDR. Wobei das Argument Marktkenntnis einzuschränken ist, da der RGW - Handel "geplant" war und nicht unter marktwirtschaftlichen Bedingungen vonstatten ging.

Andererseits beeinträchtigt das bundesdeutsche Rechtssystem aber auch die Investitionsbedingungen in den fünf neuen Bundesländern, da z.B. der Kündigungsschutz die unternehmerische Flexibilität beeinflußt. Zudem ist zu berücksichtigen, daß das ostdeutsche Lohnniveau in absehbarer Zeit dem westdeutschen Stand angeglichen wird, obgleich die Produktivität der dort vorhandenen Betriebe im Durchschnitt etwa nur ein Drittel des westdeutschen Niveaus beträgt.[82]

Im Gegensatz dazu sind die ostdeutschen Staaten Niedriglohnländer, die möglicherweise Pionierunternehmern erhebliche Chancen in ihren neu entstandenen dynamischen Märkten anbieten. Doch bestehen hier nach wie vor erhebliche Unsicherheiten und Risiken, da die Erfolgsaussichten der Wirtschaftsreformen nur schwer einzuschätzen sind. Vor allem interessiert die

---

[82] Vgl. Klemmer, P.: Strukturprobleme der neuen Bundesländer und ökonomische Auswirkungen der Wiedervereinigung auf Nordrhein - Westfalen, in: Rheinisch - Westfälisches Institut für Wirtschaftsforschung (Hrsg.): RWI - Papiere, Nr. 24, Essen 1991, S. 8.

Frage, wann die Reformen erste Verbesserungen für die gesamtwirtschaftliche Entwicklung zeigen werden.

Die Unternehmensberatung Boston Consulting Group sieht in den verschiedenen Ländern Osteuropas für die folgenden Bereiche gute Investitionsbedingungen:[83]

In Polen empfehlen sich Investitionen in den Bereichen Logistik und Vertrieb, da Polen schon heute im Ost - West - Handel eine wichtige Rolle spielt. Darüberhinaus bieten die niedrigen Arbeitskosten auch gute Möglichkeiten für die Ansiedlung von Produktionsbetrieben.

Die CSFR bietet aussichtsreiche Investitionsmöglichkeiten im Dienstleistungssektor. Dies gilt vor allem für Lebensmittelketten, Kaufhäuser, Hotels und Touristikunternehmen. In Ungarn sind nach dieser Studie die Investitionsbedingungen insgesamt günstig. Doch gerade der Produktionsbereich erscheint wegen steuerlicher Anreize für ausländische Investoren besonders attraktiv.

Für die UdSSR ergeben sich gute Chancen für Unternehmen, die sich im Ausbau der sowjetischen Infrastruktur engagieren, da dieser Bereich durch westliche Finanzhilfen unterstützt wird. Darüberhinaus werden vor dem Hintergrund der schlechten Versorgungslage Investitionen im Bereich Maschinenbau, insbesondere Nahrungsmittelmaschinen, empfohlen.

3. Bedeutung für den Standort Bundesrepublik Deutschland

Die Wiedervereinigung der beiden Teile Deutschlands eröffnet für die Diskussion um die Attraktivität des Industriestandortes Bundesrepublik Deutschland eine neue Dimension. Der neue, größere Standort Bundesrepublik Deutschland setzt sich

[83] Vgl. Müller, E.: Osteuropa - Journal, Wirtschaftsumbruch in Polen, der CSFR und Ungarn, in: Capital, 30. Jg., Heft 9, 1991, S. 258 - 272.

aus zwei stark unterschiedlichen Wirtschaftsregionen zusammen, da sich in den fünf neuen Bundesländern ein grundlegender Umstrukturierungsprozeß vollzieht. Vom Erfolg dieses Prozesses wird die zukünftige Qualität des deutschen Standortes stark abhängen.

Durch die Reformen und den Prozeß der wirtschaftlichen Öffnung der Staaten Osteuropas verbessert sich die Lagegunst der Bundesrepublik Deutschland erheblich. Sollte die Integration der Länder Osteuropas in das System der internationalen Arbeitsteilung gelingen, so würden Ost - West - Handelsbeziehungen entstehen, die die vormalige geographische Randlage Deutschlands in eine zentrale Lage transformieren.[84]

Für bundesdeutsche und internationale Unternehmen eröffnen sich durch die Wiedervereinigung und die Reformen Osteuropas zunächst neue Absatzmärkte. Daher stellt sich die Frage, von welchem Standort aus diese Märkte bedient werden sollen, also ob neben dem Aufbau von Vertriebsnetzen auch die Produktion bzw. ein Teil der Produktion in diese Regionen verlegt werden soll.

Für Investoren, die sich entschließen, auch für ihre Fertigung einen Standort in geographischer Nähe zu den neuen Märkten zu wählen, stellen sich mit zunehmendem Risiko zwei Alternativen. Liegen die Präferenzen eines Investors auf zuverlässigen Rahmenbedingungen, so bietet sich als Standort die Bundesrepublik Deutschland an. Dabei könnten Nachteile der fünf neuen Bundesländer, z.B. bezüglich der Infrastruktur, gegebenenfalls durch Fühlungsvorteile (direkte Nachbarschaft, frühere Geschäftskontakte usw.) zu den Märkten Osteuropas ausgeglichen werden. Diese Überlegung zeigt, daß durch die Wiedervereinigung und die Öffnung Osteuropas die Attraktivität des Industriestandortes Bundesrepublik Deutschland gestiegen ist.

---

84 Vgl. Klemmer, P., Strukturprobleme der neuen Bundesländer, S. 3 und 13 - 17, siehe auch Hamm, R. / Heilmann, U.: Folgen der deutschen Vereinigung für die nordrhein - westfälische Wirtschaft, in: Rheinisch - Westfälisches Institut für Wirtschaftsforschung (Hrsg.): RWI - Papiere, Nr. 21, Essen 1991, S. 16 - 20.

Andererseits nimmt aber gleichzeitig die internationale Standortkonkurrenz zu, da sich Investoren, wenn sie bei ihrer Standortentscheidung größeren Wert auf die Präsenz im jeweiligen Markt legen, für die osteuropäischen Standorte entscheiden werden. Insofern steht also dem Zugewinn an Attraktivität des deutschen Standortes die Intensivierung des internationalen Standortwettbewerbs gegenüber.

Problematisch für den Standort Bundesrepublik Deutschland bleibt die Frage, ob es rasch gelingt, die Anpassungskrise in den fünf neuen Bundesländern zu überwinden. Sollte dies nicht gelingen, so würde die Finanzierung der Investitionen des Gemeinschaftswerks Aufschwung Ost eine erhebliche Belastung der deutschen Wirtschaft bedeuten und folglich die Attraktivität des Standortes Bundesrepublik stark beeinträchtigen. Gegen diese Befürchtungen spricht aber, daß gerade durch die Öffnung Osteuropas auch das Interesse internationaler Investoren an den fünf neuen Bundesländern gestiegen ist.

E. Zusammenfassung der Hintergründe und Auslöser

Die Untersuchungen in diesem Kapitel haben gezeigt, daß sich durch die Entwicklung zum europäischen Binnenmarkt und die Dynamik des pazifischen Wirtschaftsraums neue Absatz- und Beschaffungsmärkte eröffnen. Damit bietet sich für viele Unternehmen die Chance, ihre Wettbewerbsfähigkeit zu verbessern. Dieser Chance steht aber auch das Risiko gegenüber, das sich aus der gleichzeitigen Intensivierung des Internationalen Wettbewerbs ergibt.

Die Verschärfung des Wettbewerbs zwingt die Unternehmen alle sich bietenden komparativen Vorteile zu nutzen, um ihre Konkurrenzfähigkeit zu steigern. Solche komparativen Vorteile können auch in der Wahl des geeigneten Standortes liegen. Folglich stellt sich die Frage, ob die Rahmenbedingungen des Industriestandortes Bundesrepublik Deutschland den veränderten

Anforderungen eines intensiver gewordenen internationalen Wettbewerbs genügen oder ob andere Standorte attraktiver sind.

Die Wiedervereinigung der beiden Teile Deutschlands und die wirtschaftspolitische Öffnung Osteuropas hat das Profil des Standortes Bundesrepublik Deutschland und seine Lagegunst erheblich verändert. Dies bedeutet für die Bundesrepublik wegen ihrer neuen zentralen Lage, der Nähe und der Fühlungsvorteile zu den sich öffnenden Märkten Osteuropas einen Zugewinn an Attraktivität. Gleichzeitig verschärft sich aber auch der internationale Standortwettbewerb, da sich mit den osteuropäischen Reformstaaten neue Industriestandorte anbieten.

Vor dem Hintergrund dieser Veränderungen der weltwirtschaftlichen Rahmenbedingungen wurde die Diskussion um die Attraktivität des Industriestandortes Bundesrepublik Deutschland ausgelöst, deren inhaltliche Überprüfung in den nachstehenden Kapiteln erfolgt.

IV. Indikatoren zur Messung von Standortqualität

A. Vorüberlegungen

Der Versuch, die Qualität von Industriestandorten mit Hilfe bestimmter Indikatoren zu beurteilen, weist Parallelen zur betriebswirtschaftlichen Bilanzanalyse auf. Bei der Bilanzanalyse versuchen externe Analysten, die wirtschaftliche Lage und Entwicklung eines Unternehmens zu beurteilen, indem sie aus dem Bilanzmaterial Kennziffern bilden und diese mit Zahlen früherer Jahre oder innerhalb einer Branche vergleichen.[1]

Ähnlich wird bei der Beurteilung der Attraktivität von Industriestandorten verfahren. Es werden bestimmte Indikatoren berechnet, die dann im internationalen Vergleich und im Zeitvergleich Aufschluß darüber geben sollen, wie sich die Attraktivität des betrachteten Standortes entwickelt hat.

Direktinvestitionen, Investitionen, Wachstum, Beschäftigung, Exporte und realer Außenwert der DM sind diejenigen Indikatoren, die bei der Beurteilung der Attraktivität des Industriestandortes Bundesrepublik Deutschland in den letzten Jahren in Literatur und Wirtschaftspresse[2] eine besondere Rolle gespielt haben. Dabei weichen die verschiedenen Interpretationen zu einzelnen Indikatoren teilweise erheblich voneinander ab.

In den folgenden Abschnitten dieses Kapitels werden diese Indikatoren zunächst kurz dargestellt, dann erfolgt eine Analyse der unterschiedlichen Interpretationsmöglichkeiten, um schließlich zusammenzufassen, welche Aussagekraft die betrachteten Indikatoren haben und welche Signale von ihnen hinsichtlich der Attraktivität des Standorts Bundesrepublik Deutschland ausgehen.

---

[1] Vgl. Baetge, J. / Köster, H.: Bilanzanalyse, in: Busse von Colbe, W. (Hrsg.): Lexikon des Rechnungswesens, 2. Aufl., München / Wien / Oldenburg 1991, S. 84.

[2] Auf Literatur und Quellen wird jeweils in den entsprechenden Abschnitten verwiesen.

B. Direktinvestitionen

1. Entwicklung der Direktinvestitionen

Unter Direktinvestitionen versteht man den Transfer von Mitteln ins Ausland, um Beteiligungen zu erwerben oder Betriebs- und Vertriebsstätten zu gründen und auszubauen.[3] Die Reinvestition von im Ausland erzielten Gewinnen wird nach dieser Definition nicht erfaßt.

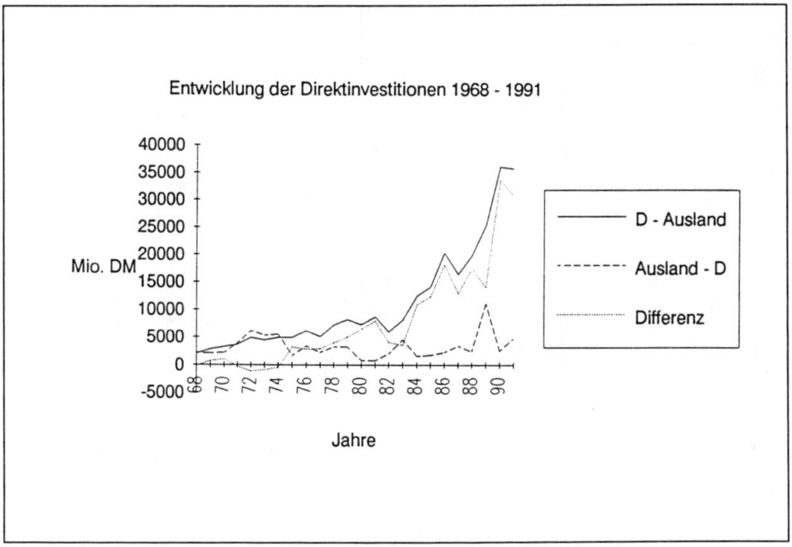

Abb. IV.1: Entwicklung der Direktinvestitionen 1968 - 1991

Eine Untersuchung über die Entwicklung der Direktinvestitionen bundesdeutscher Unternehmen im Ausland zeigt eine deutliche Zunahme des Auslandsengagements (s. Tabelle IV.1 und Abbildung IV.1). Während der Anstieg von 1968 mit 1.979 Mio. DM bis 1983 auf 8.095 Mio. DM noch relativ moderat verlief, nahm er in den

---

[3] Vgl. Swinne, A.: Die finanzielle Führung und Kontrolle von Auslandsgesellschaften, Frankfurt 1983, S. 223 f.

Jahr	1968	1969	1970	1971	1972	1973	1974	1975	1976	1977	1978	1979
D - Ausland	1.979	2.788	3.194	3.656	4.988	4.417	4.959	4.940	6.179	5.122	7.242	8.235
Ausland - D	2.163	2.067	2.176	3.905	6.157	5.324	5.495	1.690	3.378	2.249	3.270	3.194
Differenz	-184	721	1.018	-249	-1.169	-907	-536	3.250	2.801	2.873	3.972	5.041
Jahr	1980	1981	1982	1983	1984	1985	1986	1987	1988	1989	1990	1991
D - Ausland	7.281	8.727	6.020	8.095	12.492	14.142	20.299	16.364	19.820	25.294	36.077	35.737
Ausland - D	771	770	1.988	4.533	1.573	1.759	2.221	3.417	2.405	11.157	2.471	4.844
Differenz	6.510	7.957	4.032	3.562	10.919	12.383	18.078	12.947	17.415	14.137	33.606	30.893

Tab. IV.1: Entwicklung der Direktinvestitionen 1968 - 1991[4]

[4] Vgl. Deutsche Bundesbank (Hrsg.): 40 Jahre Deutsche Mark - Monetäre Statistiken 1948 - 1987, Frankfurt a.M. 1988, S. 274 ff. und Deutsche Bundesbank (Hrsg.): Monatsberichte der Deutschen Bundesbank, mehrere Jahrgänge.

folgenden Jahren bis 1989 auf 25.294 Mio. DM und 1990 auf 36.077 Mio. DM noch einmal sprunghaft zu.[5]

Gleichzeitig läßt sich feststellen, daß die Direktinvestitionen ausländischer Unternehmen in der Bundesrepublik Deutschland mit einigen Schwankungen auf eher niedrigem Niveau konstant geblieben sind. Ausnahmen bilden die Jahre 1972 bis 1974 mit etwas höheren Direktinvestitionen und der extreme Anstieg auf 11.157 Mio. DM im Jahre 1989.

Zusammengefaßt zeigt sich ein Netto - Kapitalexport, der im Laufe der Jahre zugenommen hat und Spitzen in den Jahren 1986 und 1990 mit 18.078 Mio. DM und 33.606 Mio. DM aufweist.

2. Interpretation der Entwicklung

Die im vorherigen Abschnitt dargestellte Entwicklung, so interpretieren zahlreiche Autoren, beweise, daß der Standort Bundesrepublik Deutschland an Attraktivität verloren habe. Der zunehmende Netto - Kapitalexport sei ein eindeutiges Anzeichen dafür, daß die Rahmenbedingungen anderer Länder den Anforderungen der Unternehmen besser entsprächen als die Rahmenbedingungen der Bundesrepublik. Insbesondere wird auf zu hohe Lohnkosten, aber auch auf eine überdurchschnittliche Steuerbelastung der Unternehmen verwiesen.[6]

Im folgenden soll nun überprüft werden, inwieweit dieser Argumentation zu folgen ist oder ob sie einer Relativierung bedarf.

---

[5] Ab dem 2. Halbjahr 1990 sind auch die Transaktionen des Gebietes der ehemaligen DDR mit dem Ausland enthalten.

[6] Vgl. Willemsen, A.: Der Standort Bundesrepublik: Die Sicht der Wirtschaft, in: Dierkes, M. / Zimmermann, K. (Hrsg.): Wirtschaftsstandort Bundesrepublik, Frankfurt / New York 1990, S. 111 f. Siehe auch Beyfuß, J. / Busch, B. / Fröhlich, H.-P. u.a.: Schwerpunkt: Standort Bundesrepublik Deutschland, in: Institut der deutschen Wirtschaft (Hrsg.): iw - trends, Köln 1988, S. 42 - 44 und Handelsblatt Nr. 251/52 vom 30./31.12.1989, mit zahlreichen Artikeln zum Thema Standort Bundesrepublik Deutschland.

Betrachtet man die Entwicklung der Ausrüstungsinvestitionen der Unternehmen in Deutschland, also die Investitionen ohne

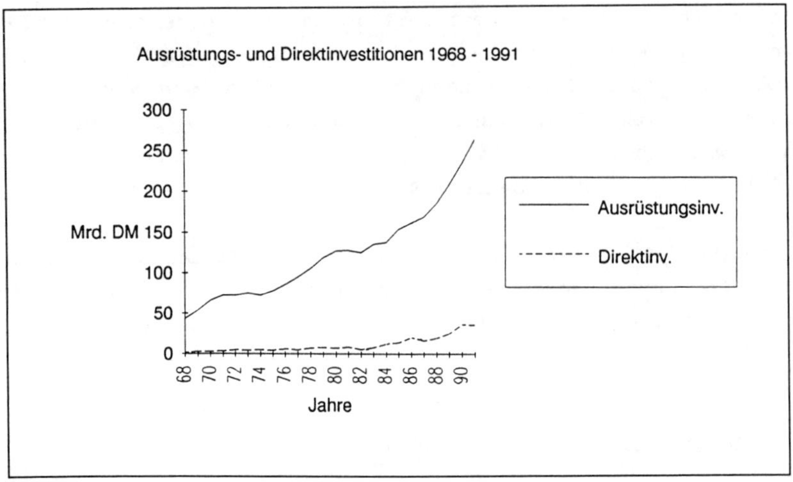

Abb. IV.2: Ausrüstungs- und Direktinvestitionen 1968 - 1991

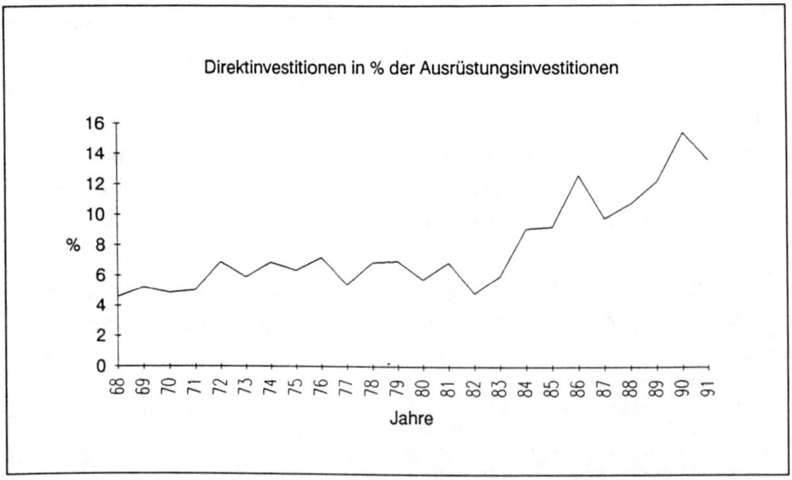

Abb. IV.3: Direktinvestitionen in % der Ausrüstungsinvestitionen

Jahr	1968	1969	1970	1971	1972	1973	1974	1975	1976	1977	1978	1979
Ausrüstungsinv.	43,1	53,6	65,9	72,7	72,7	75,3	72,4	78,1	86,1	95,3	105,8	119,0
Direktinv.	1,979	2,788	3,194	3,656	4,988	4,417	4,959	4,94	6,179	5,122	7,242	8,235
Dirinv. in % der Ausrinv.	4,59	5,20	4,85	5,03	6,86	5,87	6,85	6,33	7,18	5,37	6,84	6,92
Jahr	1980	1981	1982	1983	1984	1985	1986	1987	1988	1989	1990	1991
Ausrüstungsinv.	127,3	127,7	124,9	135,6	137,6	153,9	161,4	168,7	184,9	207,6	234,5	263,8
Direktinv.	7,281	8,727	6,02	8,095	12,492	14,142	20,299	16,48	19,82	25,294	36,077	35,737
Dirinv. in % der Ausrinv.	5,72	6,83	4,82	5,97	9,08	9,19	12,58	9,77	10,72	12,18	15,38	13,55

Tab. IV.2: Ausrüstungs- und Direktinvestitionen 1968 - 1991[7]

[7] Vgl. Deutsche Bundesbank (Hrsg.): 40 Jahre Deutsche Mark - Monetäre Statistiken 1948 - 1987, Frankfurt a.M. 1988, S. 274 ff. und Deutsche Bundesbank (Hrsg.): Monatsberichte der Deutschen Bundesbank, mehrere Jahrgänge.

Staats-, Bau- und Vorratsinvestitionen, so läßt sich feststellen, daß auch diese in den letzten Jahren deutlich angestiegen sind (s. Tabelle IV.2 , Abbildung IV.2 und Abbildung IV.3). Daher könnte der Anstieg der Direktinvestitionen deutscher Unternehmen eventuell schon mit einer allgemeinen Zunahme der Investitionstätigkeit erklärt werden.

Tabelle IV.2 zeigt, daß das Verhältnis von Direktinvestitionen zu Ausrüstungsinvestitionen der Unternehmen in den Jahren von 1968 bis 1983 mit ca. 6 % in etwa gleich geblieben ist. Folglich könnte festgestellt werden, daß die Entwicklung der Direktinvestitionen bis 1983 durchaus dem üblichen Investitionsverhalten der Unternehmen entspricht. Erst ab 1984 zeigt sich eine Niveauverschiebung des Verhältnisses von Direktinvestitionen zu Anlageinvestitionen auf einen Wert von durchschnittlich 11,6 %. Es zeigt sich also ein gleich-mäßiger Anstieg der Direktinvestitionen in Relation zu den Ausrüstungsinvestitionen mit einem Niveausprung im Jahre 1984.

Es muß nun untersucht werden, ob ein Verhältnis Direktinvestitionen zu Anlageinvestitionen von ca. 11,6 % als ein Anzeichen für mangelnde Attraktivität des Standortes Bundesrepublik Deutschland zu deuten ist oder ob dies nicht für ein exportorientiertes Land wie die Bundesrepublik als normal anzusehen ist.[8] Dafür spricht, daß in den letzten Jahren die außenwirtschaftlichen Verflechtungen der Bundesrepublik deutlich zugenommen haben.[9] Zusätzlich ist die Entwicklung der Anteile der einzelnen Länder am Weltexport zu berücksichtigen. Auch hier zeigt sich, daß der Anteil der Bundesrepublik seit 1950 deut-

---

[8] Vgl. Rheinisch- Westfälisches Institut für Wirtschaftsforschung (Hrsg.): Analyse der strukturellen Entwicklung der deutschen Wirtschaft - RWI - Strukturberichterstattung, Schwerpunktthema 1988: Standort Bundesrepublik Deutschland und Veränderung der Standortfaktoren im sektoralen Strukturwandel, Essen 1989, S. 25, wobei hier allerdings neben den Ausrüstungsinvestitionen auch die Bauinvestitionen (ohne Wohnungsbau) berücksichtigt werden.

[9] Vgl. Deutsche Bundesbank (Hrsg.): 40 Jahre Deutsche Mark - Monetäre Statistiken 1948 - 1987, Frankfurt a.M. 1988, S. 274 ff. und Deutsche Bundesbank (Hrsg.): Monatsberichte der Deutschen Bundesbank, mehrere Jahrgänge.

lich angestiegen ist und 1986 zum ersten Mal die USA als Spitzenreiter übertroffen wurden.[10]

Vor dem Hintergrund der ausgeprägten Exportorientierung ist allerdings auch eine Zunahme der deutschen Investitionen im Ausland plausibel, wenn diese Investitionen getätigt werden, um auf den internationalen Märkten präsent zu sein. So können Direktinvestitionen, z.B. durch den Aufbau von Vertriebsstätten, der Erschließung neuer Märkte dienen. Darüber hinaus können Direktinvestitionen zur Marktsicherung getätigt werden, um z.B. protektionistische Maßnahmen einzelner Länder zu umgehen oder um durch den Aufbau eines internationalen Servicenetzes einen optimalen Kundendienst gewährleisten zu können.[11] Daß die zuvor angestellten Plausibilitätsüberlegungen auch der unternehmerischen Praxis entsprechen, bestätigte Edzard Reuter in seiner Eröffnungsansprache anläßlich des 43. Deutschen Betriebswirtschafter - Tages am 16.10.1989 in Berlin.[12]

Ein weiterer Aspekt für Direktinvestitionen ergibt sich aus Wechselkursschwankungen, die für Unternehmen ein erhebliches Risiko darstellen können. Betrachtet man beispielsweise den riesigen Absatzmarkt USA, so zeigt sich, daß ein deutscher Exporteur in den Jahren der Dollarhausse hier wechselkursbedingt preisliche Vorteile hatte. Während die darauffolgende Dollarbaisse die Produkte des deutschen Exporteurs aus Sicht der Amerikaner verteuerte, ohne daß sich in der Bundesrepublik bedeutende Standortbedingungen geändert hätten. In dieser Situation böte es sich für den deutschen Exporteur an, seine Produktion in die USA zu verlagern, damit er seine Konkurrenzfähigkeit in diesem Markt erhalten kann. Allgemein läßt sich aus

---

[10] Vgl. Beyfuß, J. / Busch, B. / Fröhlich, H.-P. u.a., Standort Bundesrepublik Deutschland, S. 24 f.

[11] Vgl. Bundesministerium für Wirtschaft (Hrsg.), Kritische Reflexionen, S. 24, siehe auch Rheinisch- Westfälisches Institut für Wirtschaftsforschung (Hrsg.), Standort Bundesrepublik Deutschland, S. 24 f.

[12] Vgl. Reuter, E.: Auslandsinvestitionen zur Marktanteilssicherung und zur Sicherung des Produktionsstandortes Bundesrepublik Deutschland, in: Zeitschrift für betriebswirtschaftliche Forschung, 42. Jg., Heft 10, 1990, S. 823.

diesem Beispiel ableiten, daß Direktinvestitionen auch getätigt werden können, um Wechselkursrisiken auszuschalten.[13]

Schließlich soll an dieser Stelle eine Analyse der Zielländer der bundesdeutschen Direktinvestitionen vorgenommen werden.

Zunächst läßt sich feststellen, daß die Investitionstätigkeit deutscher Unternehmen in den Entwicklungsländern bis auf einen geringfügigen Anteil abgenommen hat.[14] Insgesamt zeigt eine Betrachtung der Zielländer bundesdeutscher Direktinvestitionen, daß geordnet nach dem Umfang der Investitionen die sogenannten Billiglohnländer wie Argentinien, Mexico oder Nigeria erst ab Rang 16 folgen. Eine Ausnahme bildet Brasilien auf Platz fünf, was sich aber mit seinem Rohstoffreichtum und seiner Funktion als Brückenkopf für das Südamerikageschäft erklären läßt.[15]

Dies legt die Vermutung nahe, daß hohe Lohnkosten allein nicht der bedeutendste Grund für die Entwicklung der Direktinvestitionen sein können, da das Auslandsengagement deutscher Unternehmen in den Niedriglohnländern rückläufig ist. Allerdings muß bedacht werden, daß Lohnkostenunterschiede auch gegenüber den USA und verschiedenen Industrieländern Europas bestehen.[16] Trotzdem läßt sich vermuten, daß Argumente wie Nähe zu den Absatzmärkten, Protektionismusbestrebungen einzelner Länder oder

---

[13] Vgl. Bierich, M.: Fertigungsstandorte im internationalen Vergleich, in: Fakultät für Wirtschaftswissenschaften der Ruhr - Universität Bochum (Hrsg.): Festschrift zum 60. Geburtstag von Herrn Prof. Dr. Dr. h.c. Walther Busse von Colbe, Bochum 1988, S. 31 f. und Stiehl, H. P.: Unternehmerische Standortstrategien für die neunziger Jahre, in: Fels, G. (Hrsg.): Standort D - Nach der Vereinigung - vor dem Binnenmarkt, Köln 1992, S. 31.

[14] Vgl. Jahresgutachten 1988/89 des Sachverständigenrates zur Begutachtung der gesamtwirtschaftlichen Entwicklung, Bonn 1988, S. 165 Tz. 159.

[15] Vgl. Reuter, E., Auslandsinvestitionen zur Marktanteilssicherung, S. 824. Siehe auch Löbbe, K., Standort Deutschland, S. 64.

[16] Vgl. Beyfuß, J.: Indikator: Auslandsinvestitionen, in: Institut der deutschen Wirtschaft (Hrsg.): iw - trends, 19. Jg., Heft 2, 1992, Schwerpunkt: Standort Bundesrepublik Deutschland, Köln 1992, S. 63 u. 67.

Verminderung des Wechselkursrisikos bei der unternehmerischen Investitionsentscheidung eine gewichtigere Rolle spielen.[17]

Auch das Argument, die hohen Direktinvestitionen deutscher Unternehmen seien schon deshalb bedenklich, weil sie zu einem Export von Arbeitsplätzen führen, kann nicht überzeugen. Zwar werden durch Investitionen im Ausland dort tatsächlich Arbeitsplätze geschaffen oder gesichert, doch führen gerade Markterschließungsinvestitionen der Unternehmen in aller Regel zu einer Verbesserung ihrer Wettbewerbsposition und bewirken damit gleichzeitig auch die Schaffung bzw. Sicherung inländischer Arbeitsplätze.[18]

Jahre	1976	1980	1986
Insgesamt	100	100	100
Industrieländer	80	82,8	87,2
EG - Länder	36,5	36,2	39,5
OPEC	4,2	2,9	1,4
sonst. Entwicklungsländer	15,8	14,2	11,3
USA	12,3	20,9	28,2
Frankreich	10,4	11,1	8,1
Niederlande	9	6,3	7,7
Schweiz	11,4	8,9	7,5
Luxemburg	4,9	6,6	5,4
Brasilien	8,4	6	5,2
Großbritannien	2,9	4,1	4,9
Belgien	5,7	3,9	4,2
Italien	2,3	2,7	3,8
Kanada	4,6	3,7	3,5
Spanien	3,9	3,2	3,5
Österreich	4,4	3,6	3,3
Japan	1,1	1,3	1,6

Tab. IV.3: Regionalstruktur der deutschen Direktinvestitionen in %[19]

---

17 Vgl. Beyfuß, J. / Busch, B. / Fröhlich, H.-P. u.a., Standort Bundesrepublik Deutschland, S. 40 - 42.

18 Vgl. Reuter, E., Auslandsinvestitionen zur Marktanteilssicherung, S. 822.

19 Vgl. Beyfuß, J. / Busch, B. / Fröhlich, H.-P. u.a., Standort Bundesrepublik Deutschland, S. 41.

Darüber hinaus dürfte der bevorstehende europäische Binnenmarkt den Anstieg der Direktinvestitionen deutscher Unternehmen beeinflußt haben.[20] Einen Überblick über die regionale Struktur bietet Tabelle IV.3.

Im weiteren muß nun untersucht werden, ob die, wie eingangs gezeigt, auf niedrigem Niveau verharrende Investitionstätigkeit ausländischer Unternehmen in der Bundesrepublik Deutschland ein Signal für eine Standortschwäche der Bundesrepublik sein könnte. Dafür spricht, daß trotz zunehmender Internationalisierung der Handelsbeziehungen und des bevorstehenden europäischen Binnenmarktes die ausländischen Direktinvestitionen in der Bundesrepublik nicht angestiegen sind.[21] Berücksichtigt man gleichzeitig die verstärkte Investitionstätigkeit der USA und Japans im EG - Raum, von der insbesondere Großbritannien und die Niederlande profitieren, so wird diese Annahme unterstützt.[22]

Folglich läßt sich vermuten, daß die Anziehungskraft der Bundesrepublik für ausländisches Kapital geringer ist als die anderer Länder.[23] Zu untersuchen ist jedoch, mit welchen Eigenschaften der verschiedenen Standorte diese Standortentscheidungen zusammenhängen.

Wenn, wie zu Beginn dieses Abschnittes ausgeführt, ein Grund für die Vornahme von Direktinvestitionen im Ausland in protektionistischen Handelsbeschränkungen zu sehen ist, so kann dies

---

[20] Vgl. o.V.: Auslandsinvestitionen - Kräftiger Kapitalabfluß, in: Informationsdienst des Instituts der deutschen Wirtschaft, 15. Jg., Heft 8, 1989, S. 7.

[21] Vgl. Jahresgutachten 1988/89 des Sachverständigenrates zur Begutachtung der gesamtwirtschaftlichen Entwicklung, S. 164 Tz. 158.

[22] Vgl. o.V.: Direktinvestitionen, in: Informationsdienst des Instituts der deutschen Wirtschaft, 15. Jg., Heft 45, 1989, S. 7, siehe auch Jahresgutachten 1988/89 des Sachverständigenrates zur Begutachtung der gesamtwirtschaftlichen Entwicklung, S. 168 f. mit statistischem Material zur Investitionstätigkeit der USA und Japans in verschiedenen EG - Staaten.

[23] Vgl. Jahresgutachten 1988/89 des Sachverständigenrates zur Begutachtung der gesamtwirtschaftlichen Entwicklung, S. 170 Tz. 160.

die auf niedrigem Niveau stagnierenden ausländischen Direktinvestitionen erklären, da der Absatzmarkt Bundesrepublik Deutschland wenig geschützt ist. Ausländische Unternehmen müssen also zur Erschließung des deutschen Marktes nicht erst in der Bundesrepublik investieren, um Handelsschranken zu umgehen.[24]

Weiterhin ist zu untersuchen, ob es Gründe dafür gibt, abgesehen von Lohnkosten und Steuerfragen, Investitionen z.B. in Großbritannien oder den Niederlanden eher vorzunehmen als in der Bundesrepublik.

Für Großbritannien spricht, daß hier insbesondere für Amerikaner aber auch für Japaner keine Sprachbarriere besteht, da Englisch die im internationalen Handel weitverbreitetste Sprache ist. Ein weiterer Grund für Investitionen in Großbritannien war, daß hier viele Unternehmen, die vom Konkurs bedroht waren, günstig erworben werden konnten.[25]

Insofern müssen die geringen ausländischen Direktinvestitionen nicht unbedingt ein Zeichen geringer Standortattraktivität sein, sie könnten auch auf die Wettbewerbsstärke der deutschen Industrie deuten, die in der Lage ist, sich vor Übernahmen (feindliche und freundliche) durch ausländische Unternehmen zu schützen.[26] Wenn die bundesdeutschen Unternehmen aber ihre Wettbewerbsfähigkeit nicht durch offene oder versteckte Subventionen erlangt haben, dann könnten die geringen ausländischen Investitionen in diesem Zusammenhang sogar auf eine hohe Attraktivität des deutschen Standortes hinweisen.

---

[24] Vgl. Bundesministerium für Wirtschaft (Hrsg.), Kritische Reflexionen, S. 24.

[25] Vgl. o.V.: Direktinvestitionen, in: Informationsdienst des Instituts der deutschen Wirtschaft, 15. Jg., Heft 45, 1989, S. 7.

[26] Vgl. IFO - Institut für Wirtschaftsforschung (Hrsg.): Zum Standort Deutschland - Antworten zur Anfrage der CDU / CSU - Bundestagsfraktion, München 1992, S. 5.

Eine Sprachbarriere besteht auch gegenüber den Niederlanden nicht, die für ihre Sprachgewandtheit und Weltoffenheit bekannt sind.[27]

Weiterhin ist zu berücksichtigen, daß zwar die Neuinvestitionen amerikanischer Unternehmen in der Bundesrepublik gering sind, jedoch schon zahlreiche Unternehmen im deutschen Markt vertreten sind und und diese Unternehmen z.T. beträchtliche Nettoinvestitionen selbstfinanzieren (Selbstfinanzierung aus Gewinnen). Ein Zusammenhang, den die Direktinvestitionsstatistik nicht widerspiegelt.[28]

3. Beurteilung der Entwicklung

Eine Zusammenfassende Analyse des Anstiegs deutscher Direktinvestitionen im Ausland zeigt, daß hierin kein sicheres Anzeichen für eine Verschlechterung der Attraktivität des Industriestandortes Bundesrepublik Deutschland zu sehen ist. Diese Beurteilung basiert auf den Überlegungen, daß sich zum einen die Auslandsinvestitionen im Rahmen der normalen Investitionstätigkeit der Unternehmen bewegen und daß insbesondere in Anbetracht der Exportorientierung der deutschen Wirtschaft die Argumente Markterschließung und Marktsicherung das Auslandsengagement schlüssig erklären können, da Di-rektinvestitionen nicht nur helfen, protektionistische Maßnahmen einzelner Länder zu umgehen, sondern auch bei der Eindämmung von Wechselkursrisiken nützlich sind.

Problematischer scheint eine Beurteilung der Entwicklung der Direktinvestitionen von ausländischen Unternehmen im Inland. Zwar helfen Argumente wie Sprachbarrieren, die Wettbewerbsstärke deutscher Unternehmen oder die Abwesenheit von umfangreichen Handelsschranken diese Entwicklung zu erklären, können

---

27 Vgl. o.V.: Direktinvestitionen, in: Informationsdienst des Instituts der deutschen Wirtschaft, 15. Jg., Heft 45, 1989, S. 7.

28 Vgl. o.V.: Standort D - Investieren in Deutschland 7, in: Frankfurter Allgemeine Zeitung, Nr. 65, 20.2.1992, S. 16.

aber nicht abschließend überzeugen. Zumal eine zunehmende Globalisierung nicht nur vermehrte deutsche Direktinvestitionen erklärt, sondern auch Grund für verstärkte Direktinvestitionen ausländischer Unternehmen ist. Dies gilt umso mehr, als der deutsche Markt durch die Wiedervereinigung und die Reformen in Osteuropa an strategischer Bedeutung gewonnen hat.[29]

Insofern muß das Stagnieren der Direktinvestitionen ausländischer Anleger als Warnsignal verstanden werden[30] und die Attraktivität des Industriestandortes Bundesrepublik Deutschland überprüft werden.

In der aktuellen Diskussion wird diese Entwicklung oft überspitzt dargestellt, indem sogar von abnehmenden ausländischen Direktinvestitionen gesprochen wird.[31] Dies entspricht nicht der Realität, wie die Tabelle unter Punkt 1 dieses Abschnittes veranschaulicht. Hier hat sich gezeigt, daß die ausländische Investitionstätigkeit in der Bundesrepublik ,nominell betrachtet, um ein niedriges Niveau schwankt, ohne daß eine bestimmte Tendenz eindeutig zu erkennen wäre.

Schließlich ist zu überlegen, welche Auswirkungen die Wiedervereinigung mit der ehemaligen DDR auf das Investitionsverhalten deutscher und internationaler Anleger hat. Durch das Gemeinschaftswerk Aufschwung Ost werden sich die Investitionsbedingungen in den fünf neuen Bundesländern innerhalb der nächsten Jahre deutlich verbessern. Zudem bestehet in der ehemaligen DDR und in den Reformstaaten Osteuropas neben dem Nachholbedürfnis im Konsumbereich auch ein enormer Kapitalbedarf. Die Kaufkraft dieser Regionen ist zwar noch gering, doch kann trotzdem davon ausgegangen werden, daß die Investitionen west-

---

29 Vgl. Beyfuß, J., Indikator: Auslandsinvestitionen, S. 64.
30 Vgl. Rheinisch- Westfälisches Institut für Wirtschaftsforschung (Hrsg.), Standort Bundesrepublik Deutschland, S. 25.
31 Vgl. Willemsen, A., Der Standort Bundesrepublik, S. 111, siehe auch Handelsblatt Nr. 251/52 vom 30./31.12.1989, mit zahlreichen Artikeln zum Thema Standort Bundesrepublik.

deutscher und internationaler Unternehmen in den nächsten Jahren zunehmen werden.[32]

Damit könnte aber durch vermehrte Investitionen westdeutscher Unternehmen in den fünf neuen Bundesländern der Anstieg deutscher Direktinvestitionen im Ausland gebremst werden. Erhöht sich gleichzeitig auch das Engagement ausländischer Investoren in der Bundesrepublik, so würde der Indikator Direktinvestitionen auf eine Steigerung der Attraktivität des Industriestandortes Bundesrepublik Deutschland hinweisen. Damit besteht aber dann die Gefahr, daß diese Entwicklung das gegenwärtig geringe Interesse ausländischer Investoren an den Standorten im alten Bundesgebiet verschleiert und somit der Indikator einen Teil seiner Eigenschaft als Frühwarnsignal für diesen Teil der Bundesrepublik zumindest vorübergehend einbüßen könnte.

C. Investitionen, Wachstum und Beschäftigung

1. Entwicklungen von Investitionen, Wachstum und Beschäftigung

Im ersten Schritt soll untersucht werden, wie sich die Investitionen, also der Einsatz von Mitteln zur Erhaltung, Erweiterung und Umgestaltung der Produktion, in den letzten Jahren in der Bundesrepublik Deutschland entwickelt haben. Dazu sollen die Veränderungen der Bruttoanlageinvestitionen, also der Ausrüstungsinvestitionen (Maschinen, Anlagen, Fahrzeuge usw.) und der Bauinvestitionen (Wohn-, Verwaltungsbauten, Straßen usw.) betrachtet werden.[33]

---

[32] Vgl. o.V.: Kapitalmärkte - Interesse an Deutschland, in: Informationsdienst des Instituts der deutschen Wirtschaft, 16. Jg., Heft 12, 1990, S. 2. Siehe auch Wortmann, M.: Produktionsverlagerung aus der Bundesrepublik Deutschland an die europäische Peripherie, in: Vierteljahresberichte / Friedrich - Ebert - Stiftung, Nr. 122, 1990, S. 389 - 391.

[33] Vgl. Woll, A. (Hrsg.): Wirtschaftslexikon, 5. Aufl., München / Wien / Oldenburg 1991, S. 357 f.

Jahr	Bruttoanlageinv. in Mrd. DM	in Wachstumsraten in %
1980	380,79	
1981	362,21	-4,88
1982	343,13	-5,27
1983	354,59	3,34
1984	355,70	0,31
1985	355,81	0,03
1986	368,49	3,56
1987	376,22	2,10
1988	393,68	4,64
1989	421,38	7,04
1990	458,64	8,84

Tab. IV.4: Bruttoanlageinvestitionen absolut und in Wachstumsraten in Preisen von 1985[34]

Tabelle IV.4 zeigt, daß die jährlichen Bruttoanlageinvestitionen zunächst von 380,79 Mrd. DM 1980 auf 343,13 Mrd. DM 1982 zurückgegangen sind, dann aber bis 1990 auf 458,64 Mrd. DM anstiegen. Dies entspricht einem Wachstum von 20,4 %. Durchschnittlich sind die Bruttoanlageinvestitionen um 1,97 % gewachsen. Vernachlässigt man die Jahre 1981 und 1982 mit ihren negativen Wachstumsraten, so ergibt sich ein durchschnittliches Wachstum von 3,73 %. Besonders bemerkenswert ist der Anstieg der Wachstumsrate in den Jahren 1989 auf 7,04 % und 1990 auf 8,84 %, während sie in den anderen Jahren zwischen 0,03 und 4,64 % liegt.

---

34 Vgl. Jahresgutachten 1991/92 des Sachverständigenrates zur Begutachtung der gesamtwirtschaftlichen Entwicklung, S. 293 und eigene Berechnungen.

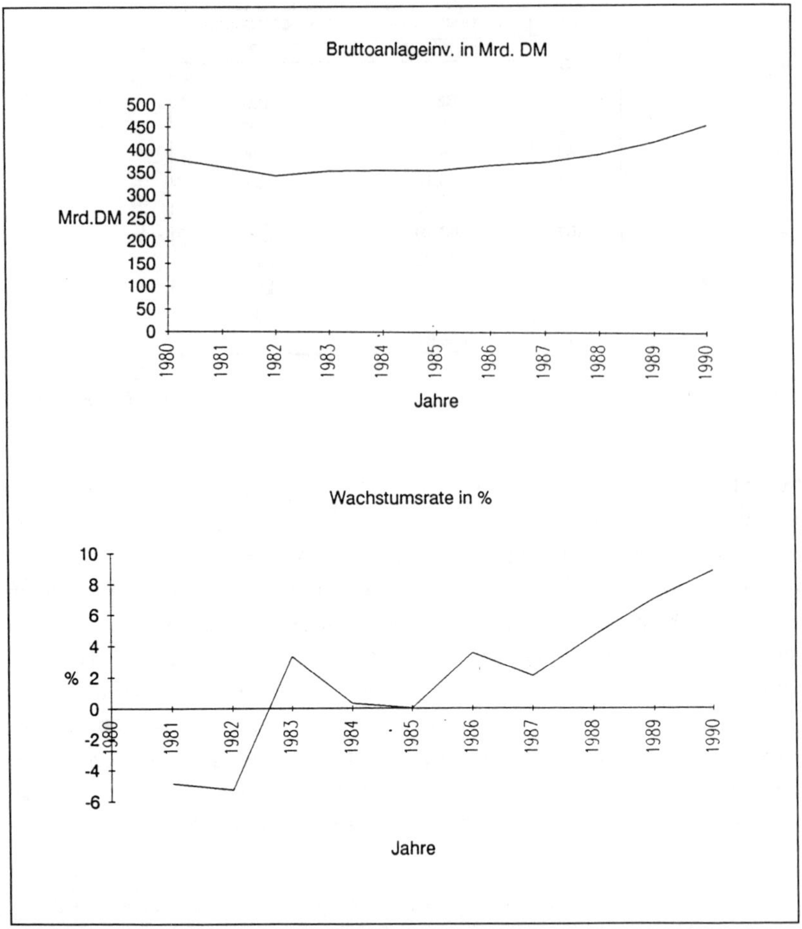

Abb. IV.4: Bruttoanlageinvestitionen absolut und in Wachstumsraten in Preisen von 1985

Zur Messung des wirtschaftlichen Wachstums einer Volkswirtschaft wird in der Regel die Entwicklung des Sozialproduktes untersucht.[35] Aus Tabelle IV.5 läßt sich ersehen, daß das BIP (in Preisen von 1985) im Untersuchungszeitraum von 1.727,51 Mrd. DM 1980 auf 2.119,73 Mrd. DM 1990 um 22,7 % gewachsen ist. Lediglich 1982 hat sich das BIP im Vergleich zum Vorjahr

---

35 Vgl. Woll, A. (Hrsg.), Wirtschaftslexikon, S. 751.

geringfügig verringert. Auch für eine Berechnung des BIP pro Kopf zeigt sich diese Entwicklung.

Jahr	BIP in Mrd. DM	in Wachstumsraten in %	Bevölkerung in Tsd.	BIP / Kopf in DM	in Wachstumsraten in%
1980	1.727,51		61.566	28.059	
1981	1.730,52	0,17	61.682	28.056	-0,01
1982	1.714,14	-0,95	61.638	27.810	-0,88
1983	1.740,90	1,56	61.423	28.343	1,92
1984	1.789,35	2,78	61.175	29.250	3,20
1985	1.823,18	1,89	61.024	29.876	2,14
1986	1.863,77	2,23	61.066	30.521	2,16
1987	1.890,28	1,42	61.077	30.949	1,40
1988	1.960,51	3,72	61.449	31.905	3,09
1989	2.024,16	3,25	62.063	32.615	2,23
1990	2.119,73	4,72	63.120	33.583	2,97

Tab. IV.5: Bruttoinlandsprodukt absolut und pro Kopf in Preisen von 1985[36]

Eine Betrachtung der Wachstumsraten verdeutlicht, daß im Untersuchungszeitraum das absolute BIP um durchschnittlich real

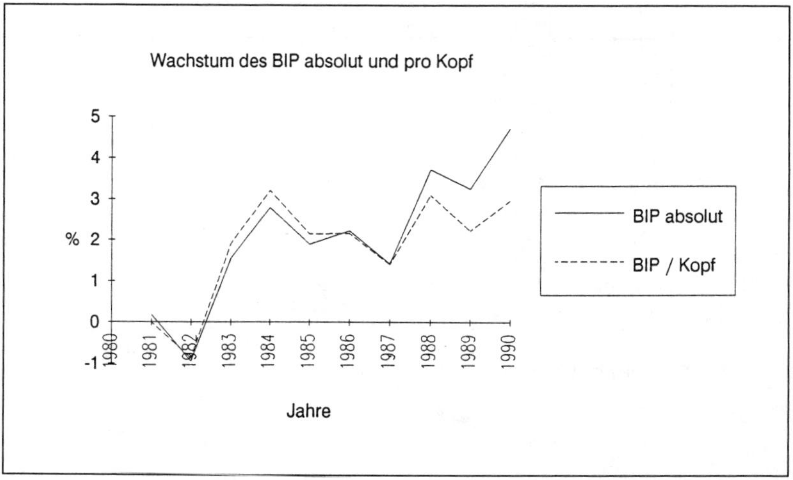

Abb. IV.5: Bruttoinlandsprodukt absolut und pro Kop in Wachstumsraten

36 Vgl. Jahresgutachten 1991/92 des Sachverständigenrates zur Begutachtung der gesamtwirtschaftlichen Entwicklung, S. 285 u. 287 und eigene Berechnungen.

2,1 % gewachsen ist, während das Pro - Kopf BIP eine etwas niedrigere Wachstumsrate von durchschnittlich real 1,8 % aufweist.

Schließlich soll die Entwicklung der Beschäftigung in der alten Bundesrepublik Deutschland skizziert werden. In volkswirtschaftlicher und arbeitsmarktpolitischer Sicht wird die Summe aller in einem Arbeitsverhältnis stehenden abhängigen Erwerbstätigen als Beschäftigung bezeichnet.[37] Die folgende Tabelle stellt die Entwicklung der Beschäftigung anhand der Erwerbstätigen dar.

Es zeigt sich, daß die Beschäftigung in den alten Bundesländern von 26.528 Tsd. 1980 zunächst um 719 Tsd. auf 25.809 Tsd. 1983 abgenommen, dann aber wieder um 2.156 Tsd. auf 27.965 Tsd. 1990 zugenommen hat. Diese Entwicklung drückt sich auch in den Wachstumsraten aus, die anfangs bei durchschnittlich -0,91 % und später bei durchschnittlich 1,15 % liegen.

Jahr	Erwerbstätige in Tsd.	in Wachstumsraten in %
1980	26.528	
1981	26.498	-0,11
1982	26.193	-1,15
1983	25.809	-1,47
1984	25.869	0,23
1985	26.062	0,75
1986	26.431	1,42
1987	26.627	0,74
1988	26.836	0,78
1989	27.210	1,39
1990	27.965	2,77

Tab. IV.6: Erwerbstätige[38]

37 Vgl. Woll, A. (Hrsg.), Wirtschaftslexikon, S. 68.
38 Vgl. Jahresgutachten 1991/92 des Sachverständigenrates zur Begutachtung der gesamtwirtschaftlichen Entwicklung, S. 285 und eigene Berechnungen.

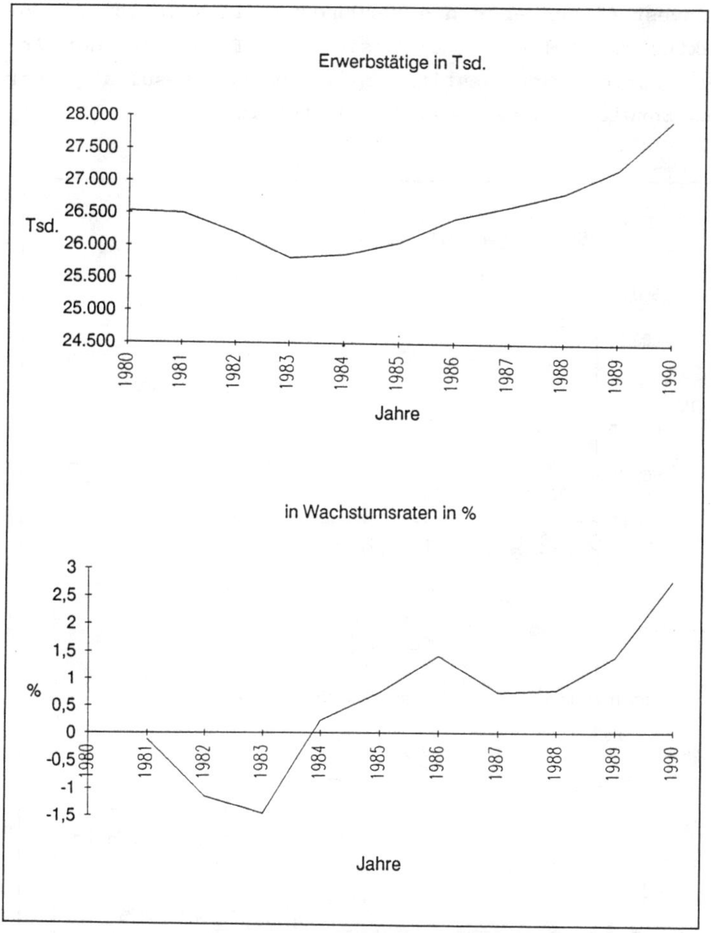

Abb. IV.6: Erwerbstätige in Tsd. und in Wachstumsraten

2. Interpretation der Entwicklungen

Im vorherigen Abschnitt wurde gezeigt, daß die Bruttoanlageinvestitionen in den letzten Jahren zugenommen haben. Dies könnte den Schluß zulassen, daß der Standort Bundesrepublik Deutschland aus Sicht der Investoren an Attraktivität gewonnen hat. Da Investitionen aber die Verwendung eines Teils des Sozialproduktes darstellen, stellt sich die Frage, ob der Anstieg der Bruttoanlageinvestitionen nicht nur Resultat einer parallelen Entwicklung des Sozialproduktes ist.

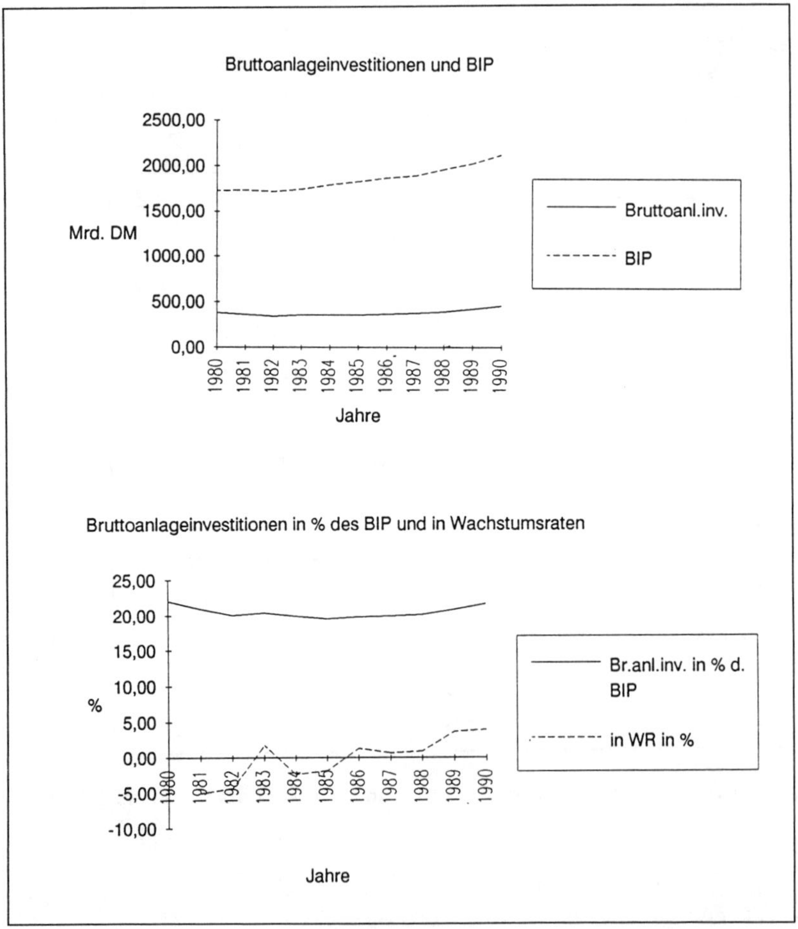

Abb. IV.7: Bruttoinlandsprodukt, Bruttoanlageinvestitionen und Bruttoanlageinvestitionen in % des Bruttoinlandsprodukts

Tabelle IV.7 verdeutlicht, daß der Anteil der Bruttoanlageinvestitionen am BIP im Untersuchungszeitraum mit ungefähr 20 % annähernd stabil geblieben ist, wenn der Anteil von 22,04 % 1980 vernachlässigt wird. Insofern kann also nicht davon gesprochen werden, daß sich die Attraktivität des Standortes Bundesrepublik verbessert hätte.

Jahr	Bruttoanlageinv. in Mrd. DM	BIP in Mrd. D	Bruttoanlageinv. in % des BIP	in Wachstumsraten in %
1980	380,79	1.727,51	22,04	
1981	362,21	1.730,52	20,93	-5,04
1982	343,13	1.714,14	20,02	-4,36
1983	354,59	1.740,90	20,37	1,75
1984	355,70	1.789,35	19,88	-2,40
1985	355,81	1.823,18	19,52	-1,83
1986	368,49	1.863,77	19,77	1,31
1987	376,22	1.890,28	19,90	0,67
1988	393,68	1.960,51	20,08	0,89
1989	421,38	2.024,16	20,82	3,67
1990	458,64	2.119,73	21,64	3,94

Tab. IV.7: Bruttoanlageinvestitionen in % des Bruttoinlandsprodukts in Preisen von 1985[39]

Tabelle IV.8 verdeutlicht, daß eine Investitionsquote (Anteil der Bruttoanlageinvestitionen am BIP) von ungefähr 20 % für Industriestaaten durchaus üblich ist.[40] Japan fällt allerdings mit einer deutlich höheren Quote von zuletzt über 30 % auf, während die Quote der USA bei 15 % liegt. Auch die Investitionsquote Großbritanniens liegt zu Beginn des Untersuchungszeitraumes nur bei gut 15 %, erreicht später jedoch ebenfalls annähernd 20 %.

---

39 Vgl. Jahresgutachten 1991/92 des Sachverständigenrates zur Begutachtung der gesamtwirtschaftlichen Entwicklung, S. 287 u. 293 und eigene Berechnungen.

40 Vgl. Rheinisch - Westfälisches Institut für Wirtschaftsforschung(Hrsg.), Standort Bundesrepublik Deutschland, S. 25 - 29, siehe auch Biedenkopf, K. / Miegel, M.: Investieren in Deutschland, Landsberg am Lech 1989, S. 41 f.

Jahr		1980	1981	1982	1983	1984	1985	1986	1987	1988	1989	1990
D	Bruttoanl.inv. in % desBIP	22,04	20,93	20,02	20,37	19,88	19,52	19,77	19,90	20,08	20,82	21,64
	in Wachstumsraten in %		-5,04	-4,35	1,75	-2,41	-1,81	1,28	0,66	0,90	3,69	3,94
F	Bruttoanl.inv. in % desBIP	22,14	21,46	20,64	19,77	19,01	19,26	19,63	20,13	20,99	21,71	21,82
	in Wachstumsraten in %		-3,07	-3,82	-4,22	-3,84	1,32	1,92	2,55	4,27	3,43	0,51
GB	Bruttoanl.inv. in % desBIP	16,49	15,07	15,65	15,88	16,87	16,94	16,62	17,47	19,18	19,60	19,04
	in Wachstumsraten in %		-8,61	3,85	1,47	6,23	0,41	-1,89	5,11	9,79	2,19	-2,86
I	Bruttoanl.inv. in % desBIP	23,26	22,31	21,09	20,66	20,95	20,70	20,50	21,05	21,58	22,02	22,12
	in Wachstumsraten in %		-4,08	-5,47	-2,04	1,40	-1,19	-0,97	2,68	2,52	2,04	0,45
J	Bruttoanl.inv. in % desBIP	29,59	29,30	28,29	27,26	27,35	27,38	27,95	29,36	30,93	32,17	33,76
	in Wachstumsraten in %		-0,98	-3,45	-3,64	0,33	0,11	2,08	5,04	5,35	4,01	4,94
USA	Bruttoanl.inv. in % desBIP	14,95	14,81	13,74	14,33	15,64	15,90	15,59	15,34	15,51	15,38	15,22
	in Wachstumsraten in %		-0,94	-7,22	4,29	9,14	1,66	-1,95	-1,60	1,11	-0,84	-1,04

Tab. IV.8: Bruttoanlageinvestitionen in % des Bruttoinlandsprodukts ausgewählter Länder[41]

[41] Vgl. Jahresgutachten 1991/92 des Sachverständigenrates zur Begutachtung der gesamtwirtschaftlichen Entwicklung, S. 287 u. 293 und eigene Berechnungen.

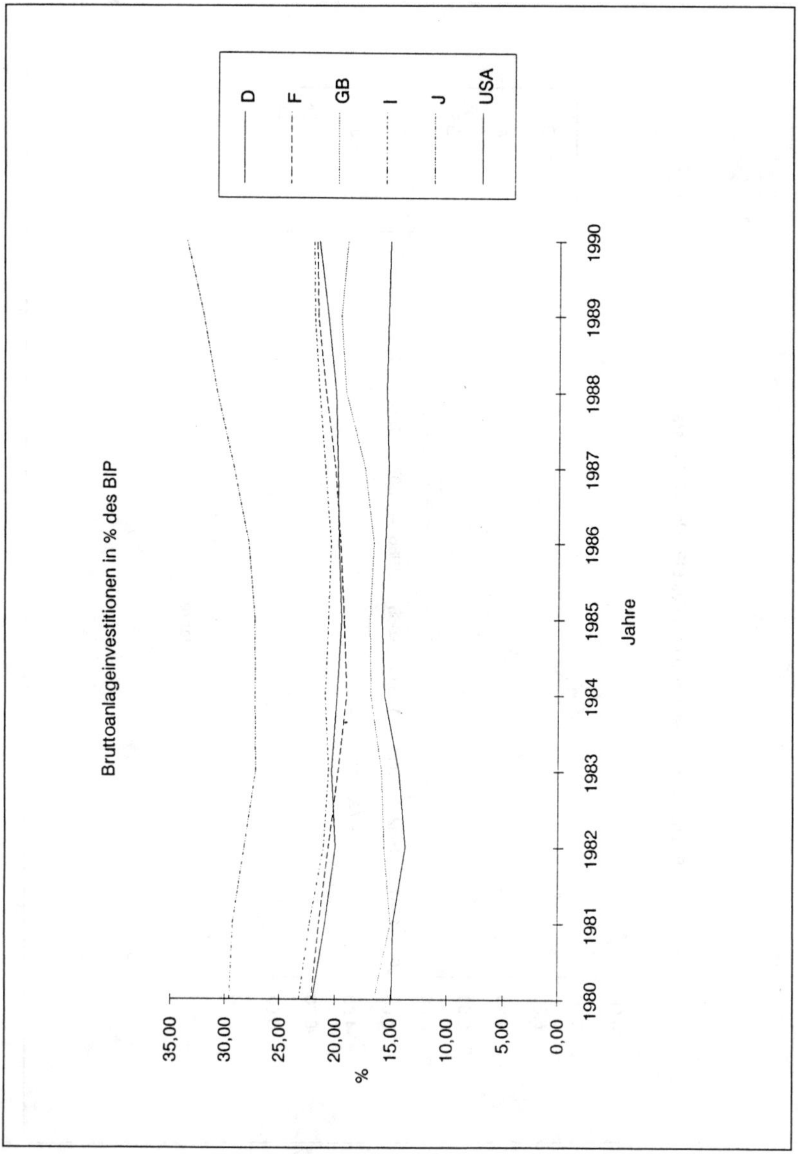

Abb. IV.8a: Bruttoanlageinvestitionen in % des Bruttoinlandsprodukts in Preisen von 1985 für ausgewählte Länder

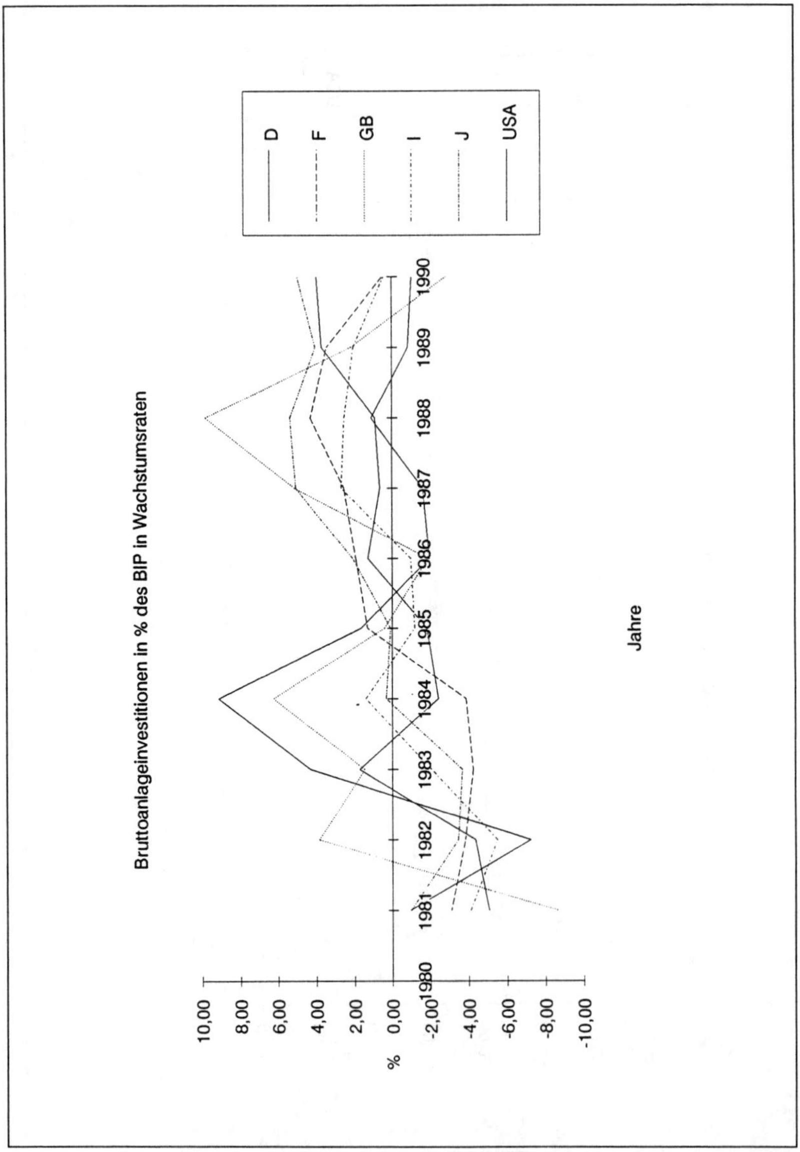

Abb. IV.8b: Bruttoanlageinvestitionen in % des Bruttoinlandsprodukts in Preisen von 1985 in Wachstumsraten für ausgewählte Länder

Wichtige Voraussetzung für Wachstum und Beschäftigungsanstieg eines Standortes kann die Investitionstätigkeit sein.[42] Aus Tabelle IV.8 ergibt sich, daß die Bundesrepublik Deutschland in etwa vergleichbar mit Frankreich, hinter Japan und Italien, jedoch vor den USA und Großbritannien eine mittlere Position einnimmt.

Betrachtet man die Investitionsdynamik, also das Wachstum der Investitionsquoten im Untersuchungszeitraum, so ergibt sich das folgende Bild: Japan hebt sich mit einem Anstieg der Investitionsquote um 5,35 % 1988 deutlich von den anderen Ländern der Untersuchung ab. Im Vergleich zu Japan muß den übrigen Ländern eine eher geringe Investitionsdynamik bescheinigt werden. Eine Ausnahme stellt Großbritannien mit einer extrem sprunghaften Entwicklung der Investitionsdynamik dar.

Gerade für die Bundesrepublik war eine Investitionsschwäche zu erkennen, da die Entwicklung ihrer Investitionsquote leicht hinter den übrigen Ländern zurückblieb.[43] In den letzten Jahren des Untersuchungszeitraums hat sich diese Situation jedoch verbessert.

Fraglich ist aber, ob aus dieser Investitionsschwäche eine Standortschwäche der Bundesrepublik Deutschland abgeleitet werden kann. Dagegen spricht, wie vorher gezeigt, daß eine Investitionsquote von ungefähr 20 % für entwickelte Industrieländer als normal angesehen werden kann. Hinzu kommt ein steigendes Umweltbewußtsein in den entwickelten Industrieländern, das dazu führt, daß zumindest solche Investitionen, die zu einer weiteren Zersiedelung und Belastung der Infrastruktur führen würden, kritischer betrachtet werden.[44]

---

[42] Vgl. Jahresgutachten 1988/89 des Sachverständigenrates zur Begutachtung der gesamtwirtschaftlichen Entwicklung, S. 171 - 173 Tz. 164 f.

[43] Vgl. Jahresgutachten 1988/89 des Sachverständigenrates zur Begutachtung der gesamtwirtschaftlichen Entwicklung, S. 172 Tz. 165.

[44] Vgl. Bundesministerium für Wirtschaft (Hrsg.), Kritische Reflexionen, S. 25 f.

Bei Untersuchungen zur internationalen Wettbewerbsfähigkeit wird auch überprüft, inwieweit einzelne Länder wichtige wirtschaftspolitische Ziele erreichen. Für die Bundesrepublik Deutschland ergeben sich aus dem Stabilitätsgesetz (StabG) die Ziele Geldwertstabilität, stetiges angemessenes Wirtschaftswachstum und Vollbeschäftigung.[45] In Abschnitt 1 wurde gezeigt, daß das reale BIP der Bundesrepublik Deutschland sowohl absolut als auch pro Kopf seit Mitte der achtziger Jahre angestiegen ist. Folglich wäre das wirtschaftspolitische Wachstumsziel erfüllt und dem Standort Bundesrepublik internationale Wettbewerbsfähigkeit zu bescheinigen. Problematisch bleibt aber die Frage, ob das nationale Wirtschaftswachstum nicht im internationalen Vergleich begutachtet werden muß.

Ein internationaler Vergleich des Wachstum des absoluten realen BIP zeigt (siehe Tabelle IV.9), daß die Bundesrepublik Deutschland knapp vor Frankreich, aber hinter Großbritannien und Italien und deutlich hinter den USA und Japan liegt. Seit 1988 kann die Bundesrepublik jedoch leicht aufholen. Das gleiche bestätigt sich bei einer Betrachtung des Pro - Kopf - BIP. Hier fällt allerdings auf, daß die USA im Vergleich zur Entwicklung des absoluten BIP zurückfallen.

Die Bundesrepublik weist zwar ein positives Wirtschaftswachstum auf, doch ist dieses im internationalen Vergleich relativ gering. Dies könnte ein Hinweis dafür sein, daß sich die deutsche Position im internationalen Standortwettbewerb zumindest relativ verschlechtert hat.[46]

Die Aussagekraft dieser Beurteilung ist jedoch einzuschränken, da sie vorrangig das Wachstumsziel verfolgt und gerade in den letzten Jahren ein Abrücken von einem reinen Wachstumsdenken zu beobachten ist. Gerade aus umweltpolitischer Sicht wird

---

[45] Vgl. § 1 StabG, siehe auch Jahresgutachten 1988/89 des Sachverständigenrates zur Begutachtung der gesamtwirtschaftlichen Entwicklung, S. 155 Tz. 151.

[46] Vgl. Jahresgutachten 1988/89 des Sachverständigenrates zur Begutachtung der gesamtwirtschaftlichen Entwicklung, S. 155 Tz. 152.

Jahr		1981	1982	1983	1984	1985	1986	1987	1988	1989	1990
D	BIP absolut in WR in %	0,71	-0,95	1,56	2,78	1,89	2,23	1,42	3,72	3,25	4,72
	BIP / Kopf in WR in %	-0,01	-0,88	1,92	3,20	2,14	2,16	1,40	3,09	2,23	2,97
F	BIP absolut in WR in %	1,18	2,55	0,69	1,31	1,88	2,52	2,25	4,18	3,93	2,85
	BIP / Kopf in WR in %	0,61	1,98	0,24	0,91	1,47	2,11	1,82	3,71	3,42	2,35
GB	BIP absolut in WR in %	-1,03	1,48	3,52	2,03	3,68	3,83	4,63	4,21	1,86	0,57
	BIP / Kopf in WR in %	-1,15	1,56	3,44	1,82	3,44	3,56	4,32	3,96	1,56	0,27
I	BIP absolut in WR in %	0,96	0,33	1,12	3,01	2,63	2,54	3,04	4,11	3,04	1,96
	BIP / Kopf in WR in %	0,83	0,09	0,78	2,71	2,38	2,35	2,86	4,01	2,78	1,89
J	BIP absolut in WR in %	3,39	3,41	2,79	4,33	5,18	2,64	4,34	6,24	4,72	5,63
	BIP / Kopf in WR in %	2,65	2,71	2,09	3,67	4,54	2,02	3,82	2,45	7,69	5,34
USA	BIP absolut in WR in %	1,98	-2,47	3,74	7,00	3,60	2,95	3,60	4,41	2,48	0,92
	BIP / Kopf in WR in %	0,92	-3,47	2,73	6,01	2,61	1,95	2,61	3,41	1,47	-0,13

Tab. IV.9: Bruttoinlandsprodukt absolut und pro Kopf ausgewählter Länder in Wachstumsraten[47]

[47] Vgl. Jahresgutachten 1991/92 des Sachverständigenrates zur Begutachtung der gesamtwirtschaftlichen Entwicklung, S. 285 u. 287 und eigene Berechnungen.

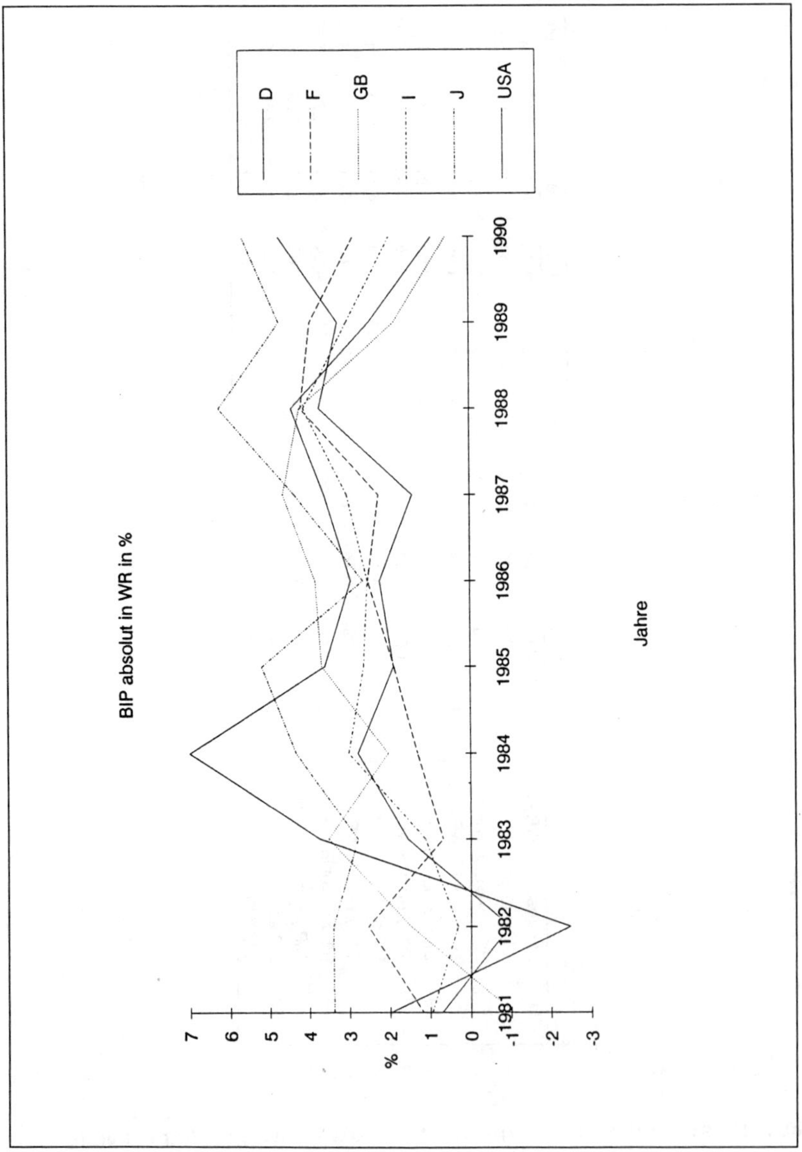

Abb. IV.9a: Bruttoinlandsprodukt absolut in Wachstumsraten ausgewählter Länder

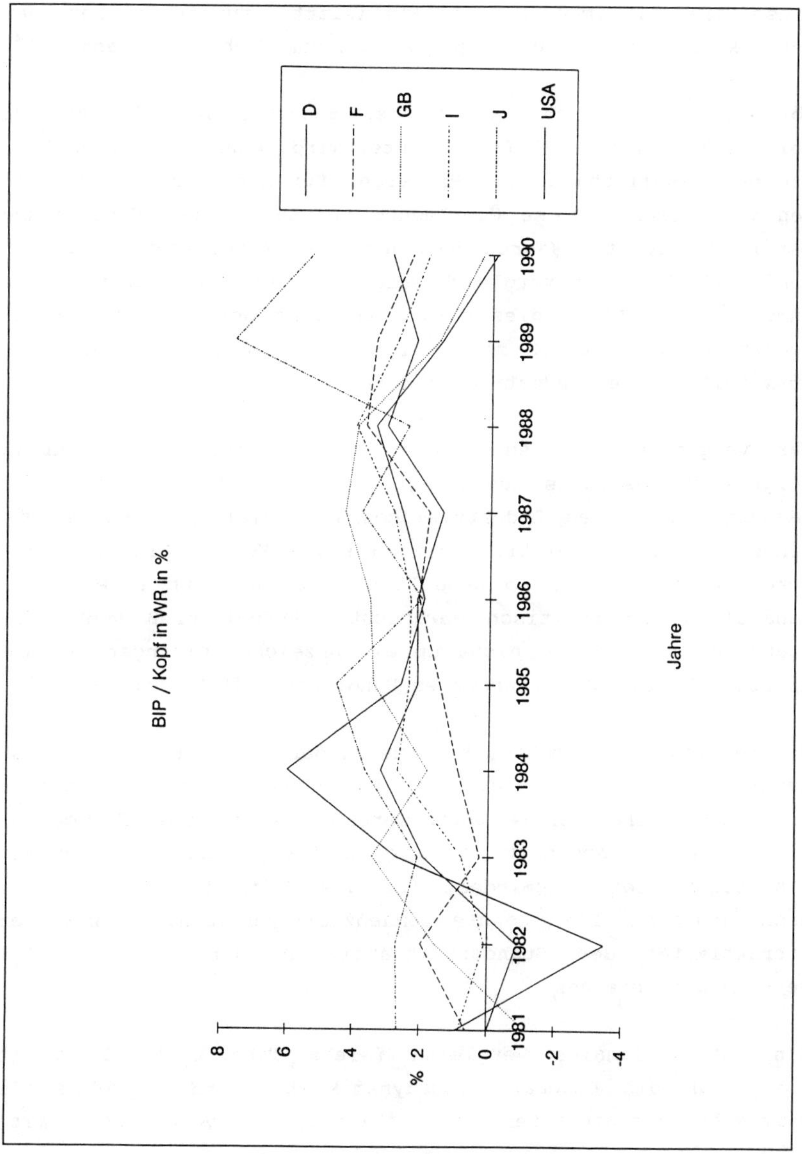

Abb. IV.9b: Bruttoinlandsprodukt pro Kopf in Wachstumsraten ausgewählter Länder

diese Strategie immer stärker kritisiert, und die Überlegungen entwickeln sich hin zu einem qualitativen Wachstumsgedanken.[48]

Vorstellbar ist auch, daß in der Bundesrepublik bewußt auf weitere Zuwächse des BIP verzichtet wird, wenn in breiten Teilen der Gesellschaft eine Präferenz für Arbeitszeitverkürzungen vorherrscht. Diese Überlegung könnte vor dem Hintergrund der in den letzten Jahren durchgesetzten Arbeitszeitverkürzungen einen Teil des vergleichsweise niedrigen deutschen Wachstums erklären.[49] In diesem Fall verliert der Indikator Wirtschaftswachstum jedoch seine Eignung als Maßstab für die Attraktivität eines Industriestandortes.

Das vergleichsweise schwächere Wachstum der Bundesrepublik zeigt sich besonders ausgeprägt gegenüber einigen Schwellenländern bzw. Neuen Industrieländern. Erzielen jedoch solche Länder mit einem relativ geringen Pro - Kopf - Einkommen höhere Wachstumsraten, so handelt es sich hier um einen wirtschaftlich und politisch gewünschten Aufholprozeß von Wohlstandsrückständen und nicht um ein Anzeichen geringer Attraktivität des Industriestandortes Bundesrepublik Deutschland.[50]

Wie bereits angesprochen, kann neben der Erreichung des Wachstums- auch die Erreichung des Beschäftigungsziels Aufschluß über die internationale Wettbewerbsfähigkeit eines Standortes geben. Die im Abschnitt 1 dargestellte Entwicklung der Beschäftigung zeigt zumindest für die Zeit ab 1984 positive Wachstumsraten. Dies könnte tendenziell für eine Zunahme der Attraktivität der Standortattraktivität der Bundesrepublik Deutschland sprechen.

Ein internationaler Vergleich (siehe Tabelle IV.10) zeigt aber, daß die Beschäftigungsdynamik der Bundesrepublik als eher schwach einzustufen ist. Sie ist in etwa vergleichbar mit

---

[48] Vgl. Bundesministerium für Wirtschaft (Hrsg.), Kritische Reflexionen, S. 11 f.

[49] Vgl. Zeppernick, R.: Die Diskussion um die Standortqualität der Bundesrepublik Deutschland, in: Wirtschaftsdienst, 70. Jg., Heft 1, 1990, S. 52 f.

[50] Vgl. Löbbe, K., Standort Deutschland, S. 61 - 63.

Jahr		1980	1981	1982	1983	1984	1985	1986	1987	1988	1989	1990
D	Erwerbstätige in Tsd.	26.528	26.498	26.193	25.809	25.869	26.062	26.431	26.627	26.836	27.210	27.965
	in Wachstumsraten in %		-0,11	-1,15	-1,47	0,23	0,75	1,42	0,74	0,78	1,39	2,77
F	Erwerbstätige in Tsd.	21.334	21.203	21.240	21.168	20.981	20.922	20.955	21.023	21.180	21.439	21.712
	in Wachstumsraten in %		-0,61	0,17	-0,34	-0,88	-0,28	0,16	0,32	0,75	1,22	1,27
GB	Erwerbstätige in Tsd.	25.004	24.010	23.583	23.302	23.909	24.213	24.246	24.764	25.598	26.376	26.578
	in Wachstumsraten in %		-3,98	-1,78	-1,19	2,60	1,27	0,14	2,14	3,37	3,04	0,77
I	Erwerbstätige in Tsd.	20.313	20.361	20.297	20.350	20.418	20.508	20.614	20.684	20.815	20.833	21.123
	in Wachstumsraten in %		0,24	-0,31	0,26	0,33	0,44	0,52	0,34	0,63	0,09	1,39
J	Erwerbstätige in Tsd.	55.360	55.810	56.380	57.330	57.660	58.070	58.530	59.110	60.110	61.280	62.490
	in Wachstumsraten in %		0,81	1,02	1,68	0,58	0,71	0,79	0,99	1,69	1,95	1,97
USA	Erwerbstätige in Tsd.	99.303	100.397	99.526	100.834	105.005	107.150	109.597	112.440	114.968	117.342	117.914
	in Wachstumsraten in %		1,10	-0,87	1,31	4,14	2,04	2,28	2,59	2,25	2,06	0,49

Tab. IV.10: Erwerbstätige in ausgewählten Ländern[51]

---

[51] Vgl. Jahresgutachten 1991/92 des Sachverständigenrates zur Begutachtung der gesamtwirtschaftlichen Entwicklung, S. 285 und eigene Berechnungen.

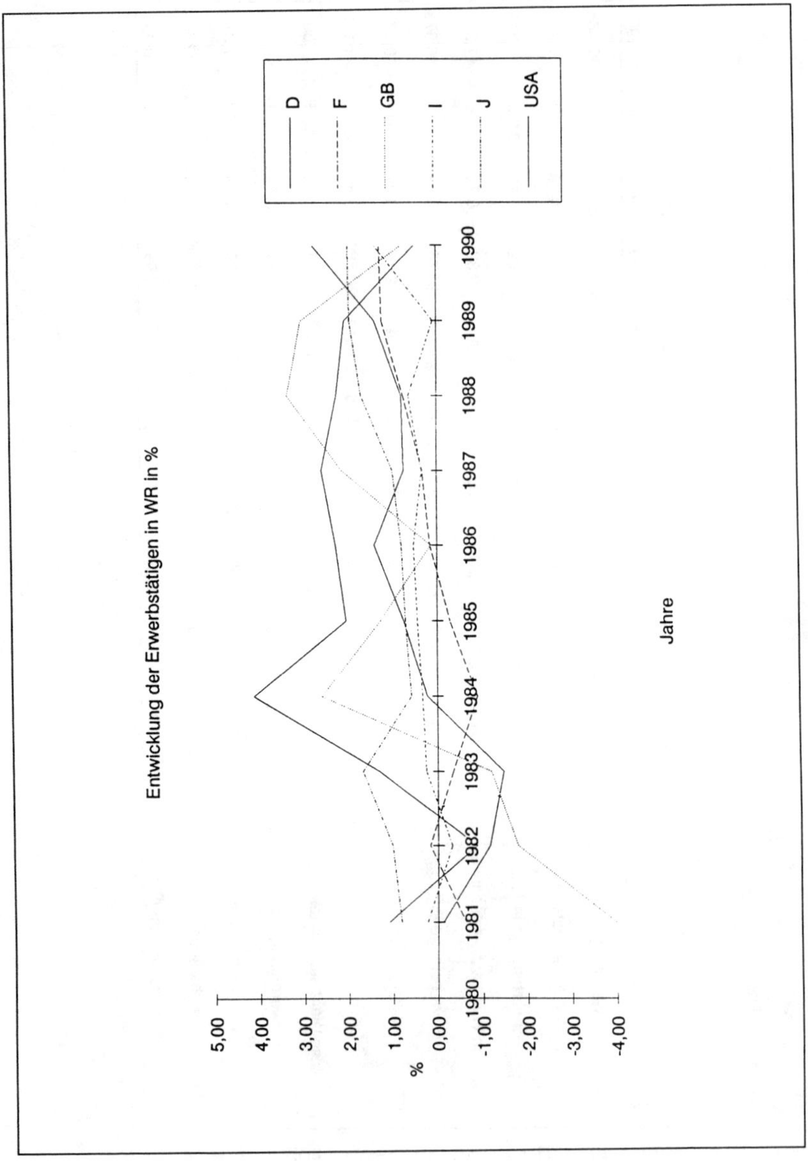

Abb. IV.10: Entwicklung der Erwerbstätigen in % in ausgewählten Ländern

den Entwicklungen in Frankreich und Italien, fällt aber gegenüber Großbritannien, Japan und insbesondere den USA zurück. Seit 1989 zeichnet sich jedoch eine deutliche Verbesserung der deutschen Beschäftigungsdynamik ab.

Es muß aber bedacht werden, daß die Entwicklung der Beschäftigung stark durch demographische Faktoren beeinflußt wird. Die Entwicklung der Zahl der Erwerbsfähigen, also der 15- bis 65jährigen, ist hier von Bedeutung. Da aber die Gruppe der Erwerbsfähigen in den letzten Jahren (1984 - 1989) in den USA mit 5 % stärker gewachsen ist als in der Bundesrepublik (2 %), muß die vorher getroffene Aussage zumindest relativiert werden.[52] Daher ist es zweifelhaft, ob die vergleichsweise geringe Beschäftigungsdynamik der Bundesrepublik Deutschland Anzeichen einer nachlassenden internationalen Wettbewerbsfähigkeit ist.

Neben der Entwicklung der Beschäftigung muß für eine Untersuchung über die Erreichung des Vollbeschäftigungszieles auch die Entwicklung der Arbeitslosigkeit betrachtet werden. Zur Messung der Arbeitslosigkeit wird mit der Arbeitslosenquote gearbeitet, die den Anteil der Arbeitslosen an den Erwerbspersonen widerspiegelt.[53]

Ein internationaler Vergleich der Arbeitslosenquoten (siehe Tabelle IV.11) ergibt folgendes Bild: Die mit Abstand niedrigsten Arbeitslosenquoten weist Japan auf, gefolgt von der Bundesrepublik. Höhere Quoten haben Frankreich, Großbritannien und Italien. Die USA hatten zwar zu Beginn des Untersuchungszeitraums höhere Arbeitslosenquoten als die Bundesrepublik, doch erreichten sie ab 1984 ein etwas niedrigeres aber vergleichbares Niveau. Auffällig ist auch der starke Rückgang der Arbeitslosenquoten Großbritanniens während der letzten Jahre.

---

[52] Vgl. Biedenkopf, K. / Miegel, M., Investieren in Deutschland, S. 30 f. und Statistisches Bundesamt (Hrsg.): Statistisches Jahrbuch 1991 für das Ausland, Wiesbaden 1991, S. 185 f. u. Statistisches Bundesamt (Hrsg.): Statistisches Jahrbuch 1986 für die Bundesrepublik Deutschland, Wiesbaden 1986, S. 647 f.

[53] Vgl. Woll, A. (Hrsg.), Wirtschaftslexikon, S. 36.

Jahr		1980	1981	1982	1983	1984	1985	1986	1987	1988	1989	1990
D	Erwerbstätige in Tsd.	26.528	26.498	26.193	25.809	25.869	26.062	26.431	26.627	26.836	27.210	27.965
	Arbeitslose in Tsd.	889	1.272	1.833	2.258	2.266	2.304	2.228	2.229	2.242	2.038	1.883
	Arbeitslosenquote	3,35	4,80	7,00	8,75	8,76	8,84	8,43	8,37	8,35	7,49	6,73
	in Wachstumsraten in %		43,24	45,78	25,02	0,12	0,92	-4,65	-0,69	-0,20	-10,35	-10,10
F	Erwerbstätige in Tsd.	21.334	21.203	21.240	21.168	20.981	20.922	20.955	21.023	21.180	21.439	21.712
	Arbeitslose in Tsd.	1.467	1.750	1.923	1.974	2.323	2.442	2.489	2.532	2.410	2.281	2.196
	Arbeitslosenquote	6,88	8,25	9,05	9,33	11,07	11,67	11,88	12,04	11,38	10,64	10,11
	in Wachstumsraten in %		20,03	9,69	3,00	18,73	5,42	1,76	1,40	-5,52	-6,50	-4,94
GB	Erwerbstätige in Tsd.	25.004	24.010	23.583	23.302	23.909	24.213	24.246	24.764	25.598	26.376	26.578
	Arbeitslose in Tsd.	1.513	2.395	2.770	2.984	3.030	3.179	3.229	2.905	2.341	1.743	1.556
	Arbeitslosenquote	6,05	9,98	11,75	12,81	12,67	13,13	13,32	11,73	9,15	6,61	5,85
	in Wachstumsraten in %		64,85	17,75	9,02	-1,04	3,60	1,43	-11,92	-22,04	-27,74	-11,41
I	Erwerbstätige in Tsd.	20.313	20.361	20.297	20.350	20.418	20.508	20.614	20.684	20.815	20.833	21.123
	Arbeitslose in Tsd.	1.684	1.896	2.052	2.264	2.304	2.327	2.611	2.832	2.885	2.865	2.622
	Arbeitslosenquote	8,29	9,31	10,11	11,13	11,28	11,35	12,67	13,69	13,86	13,75	12,41
	in Wachstumsraten in %		12,32	8,57	10,04	1,43	0,56	11,63	8,10	1,23	-0,78	-9,74
J	Erwerbstätige in Tsd.	55.360	55.810	56.380	57.330	57.660	58.070	58.530	59.110	60.110	61.280	62.490
	Arbeitslose in Tsd.	1.140	1.259	1.359	1.561	1.608	1.563	1.668	1.732	1.553	1.418	1.343
	Arbeitslosenquote	2,06	2,26	2,41	2,72	2,79	2,69	2,85	2,93	2,58	2,31	2,15
	in Wachstumsraten in %		9,55	6,85	12,96	2,42	-3,48	5,88	2,82	-11,83	-10,44	-7,12
USA	Erwerbstätige in Tsd.	99.303	100.397	99.526	100.834	105.005	107.150	109.597	112.440	114.968	117.342	117.914
	Arbeitslose in Tsd.	7.637	8.273	10.678	10.717	8.539	8.312	8.237	7.425	6.701	6.528	6.874
	Arbeitslosenquote	7,69	8,24	10,73	10,63	8,13	7,76	7,52	6,60	5,83	5,56	5,83
	in Wachstumsraten in %		7,15	30,20	-0,94	-23,49	-4,61	-3,11	-12,14	-11,74	-4,55	4,79

Tab. IV.11: Arbeitslosenquoten ausgewählter Länder[54]

54 Vgl. Jahresgutachten 1991/92 des Sachverständigenrates zur Begutachtung der gesamtwirtschaftlichen Entwicklung, S. 285 f. und eigene Berechnungen.

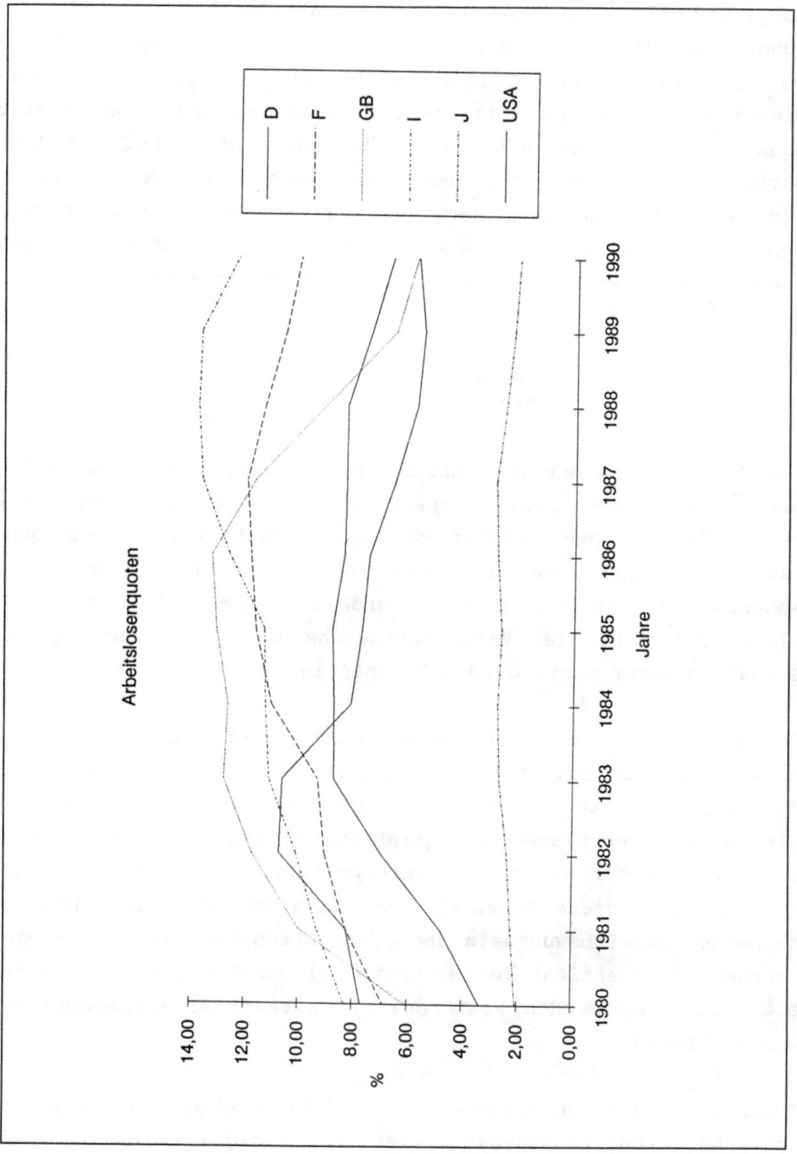

Abb. IV.11: Arbeitslosenquoten ausgewählter Länder

Folglich läßt sich aus dem Aspekt Arbeitslosigkeit für die Bundesrepublik Deutschland nach Japan eine günstigere Position im internationalen Standortwettbewerb ableiten. Trotzdem bleibt zu kritisieren, daß eine Arbeitslosenquote von zuletzt annähernd 7 % zu hoch ist, da hier öffentliche Gelder (Arbeitslosengeld/-hilfe) gebunden werden. Diese Mittel könnten besser für Investitionen oder Steuersenkungen genutzt werden, womit sicherlich eine Erhöhung der Attraktivität des Standortes Bundesrepublik Deutschland erreicht würde.

3. Beurteilung der Entwicklung

Die Untersuchung der Entwicklung der Wirkungskette Investitionen, Wachstum und Beschäftigung schien dem Standort Bundesrepublik Deutschland zunächst eine gute, sich verbessernde Qualität zu bescheinigen. Die Investitionstätigkeit als Basis des Wachstums hat in den letzten Jahren zugenommen. Auch sind positive Raten für das Wirtschaftswachstum zu verzeichnen, die Grundlage einer ansteigenden Beschäftigung sind.

Der internationale Vergleich veranschaulichte jedoch, daß die Entwicklung von Investitionstätigkeit und Wachstum in der Bundesrepublik relativ gering war und sich insofern eine vergleichsweise nachlassende Attraktivität des deutschen Standorts abzeichnet. Bei dieser Interpretation ist aber zu bedenken, daß sich diese Entwicklungen zum einem auch mit einem zunehmenden Umweltbewußtsein und einer Abkehr von einer uneingeschränkten, quantitativen Wachstumsphilosophie und zum anderen mit einer zunehmenden Präferenz für kürzere Arbeitszeiten erklären ließen.

Trotzdem sollte insbesondere die im internationalen Vergleich schwache Investitionsdynamik als ein Warnsignal verstanden und bei der Gestaltung der investiven Rahmenbedingungen in der Bundesrepublik bedacht werden, zumal auch Maßnahmen zur Verbesserung des Umweltschutzes in aller Regel Investitionen (Filtereinrichtungen, Kläranlagen usw.) erfordern.

Bei der Analyse der Entwicklung auf den Arbeitsmärkten erreicht die Bundesrepublik nach Japan eine relativ gute Position. Zwar weist sie eine eher mittelmäßige Beschäftigungsdynamik auf, doch nimmt sie beim Vergleich der Arbeitslosenquoten eine günstigere Stellung ein. Es bleibt aber zu kritisieren, daß die gegenwärtige Arbeitslosigkeit zu hoch ist und gesamtwirtschaftliche Kosten verursacht, die die Attraktivität des Standortes beeinträchtigen.

Die Vereinigung der Bundesrepublik Deutschland mit der ehemaligen DDR zeigt erhebliche Auswirkungen auf die Investitionstätigkeit, das Wachstum und die Situation auf dem Arbeitsmarkt.[55] Der wirtschaftliche Aufbau in den fünf neuen Bundesländern setzt hohe Investitionen voraus, die wiederum das Wirtschaftswachstum anregen und damit auch positive Beschäftigungseffekte haben werden. Diese Entwicklungsprognose bezieht sich jedoch auf einen Zeitraum von mehreren Jahren.

Kurzfristig zeigt sich in den alten Bundesländern eine positive Entwicklung des Wirtschaftswachstums und der Beschäftigung, während gleichzeitig die Arbeitslosenzahlen zurückgehen. Getragen wurde dieser Effekt auch durch den zusätzlichen Nachfrageschub aus den neuen Bundesländern. Dort stellt sich hingegen diese Entwicklung geradezu spiegelbildlich dar. Der enorme Wachstums- und Beschäftigungsrückgang wird von einem dramatischen Anstieg der Arbeitslosenquote und der Kurzarbeiterzahl begleitet.[56]

Sollte es nicht gelingen, diese Entwicklung möglichst bald, zumindest tendenziell, zu stoppen und umzukehren, ist mit einer nicht unerheblichen Belastung der Attraktivität des Industriestandortes Bundesrepublik Deutschland zu rechnen.

---

[55] Vgl. Jahresgutachten 1988/89 des Sachverständigenrates zur Begutachtung der gesamtwirtschaftlichen Entwicklung, S. 61 f. Tz. 86.

[56] Vgl. o.V.: Arbeitsmarkt Ost - West - Schere, in Informationsdienst des Instituts der deutschen Wirtschaft, 17. Jg., Heft 2, 1991, S. 4 f., siehe auch Jahresgutachten 1988/89 des Sachverständigenrates zur Begutachtung der gesamtwirtschaftlichen Entwicklung, S. 107 Tz. 168 und S. 67 - 69 Tz. 96.

D. Exporterfolge und realer Außenwert der DM

1. Entwicklung der Exporte und des realen Außenwertesder DM

Die Exporte der Bundesrepublik Deutschland, also die Lieferung von Waren und Dienstleistungen in das Ausland,[57] haben in den letzten Jahren deutlich zugenommen. Von 1980 bis 1990 stiegen die Ausfuhren in jeweiligen Preisen von 350,33 Mrd. DM um 292,46 Mrd. DM auf 642,79 Mrd. DM. Lediglich 1986 nahmen die Ausfuhren um zwei Prozentpunkte ab. Bemerkenswert ist auch die sprunghafte Entwicklung der Wachstumsraten in den Jahren 1981, 1984 und 1989.

Jahr	Exporte in Mrd. DM	in Wachstums-raten in %
1980	350,33	
1981	396,90	13,29
1982	427,74	7,77
1983	432,28	1,06
1984	488,22	12,94
1985	537,16	10,02
1986	526,36	-2,01
1987	527,38	0,19
1988	567,65	7,64
1989	641,04	12,93
1990	642,79	0,27

Tab. IV.12: Exportentwicklung[58]

Diese Entwicklung schlägt sich auch in den Anteilen am Weltexport nieder. Nachdem die Bundesrepublik lange Zeit hinter den USA aber vor Japan weltweit der zweitgrößte Exporteur war, konnte sie 1987 mit 12% die USA (10,3 %) zum ersten Mal überholen.[59]

---

57 Vgl. Woll, A. (Hrsg.), Wirtschaftslexikon, S. 188.

58 Vgl. Jahresgutachten 1991/92 des Sachverständigenrates zur Begutachtung der gesamtwirtschaftlichen Entwicklung, S. 372 f. und eigene Berechnungen.

59 Vgl. Beyfuß, J. / Busch, B. / Fröhlich, H.-P. u.a., Standort Bundesrepublik Deutschland, S. 24 f. und 36.

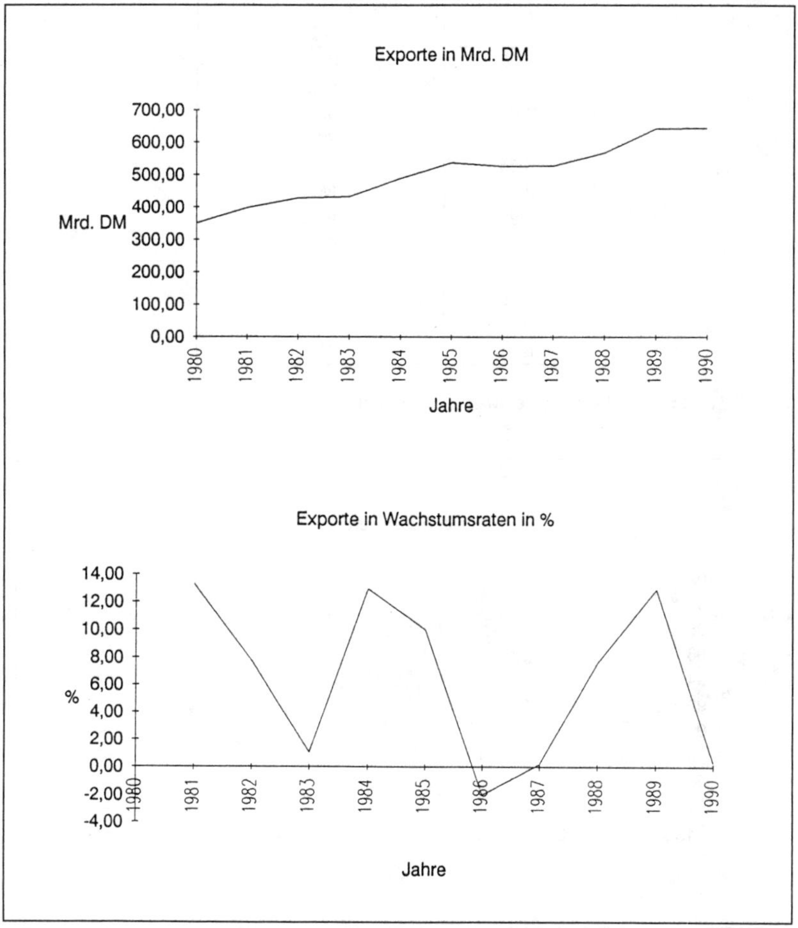

Abb. IV.12: Exportentwicklung in Mrd. DM und in Wachstumsraten

Der reale Außenwert einer Währung drückt, umgerechnet über den jeweiligen Wechselkurs, die Kaufkraft einer Währung im Ausland aus.[60] Nach der Kaufkraftparitätentheorie paßt sich der Wechselkurs (bei einem flexiblen System) den unterschiedlichen Preisniveaus der am Handel beteiligten Länder an, so daß der Außenwert einer Währung seinem Binnenwert entspricht. Da neben

60 Vgl. Gablers Wirtschaftslexikon, 12. Aufl., Wiesbaden 1988, S. 490.

Jahr	realer Außenwert der DM
1980	100,2
1981	90,5
1982	92,0
1983	92,4
1984	87,9
1985	85,4
1986	90,6
1987	93,9
1988	91,3
1989	89,0
1990	91,7
1991	89,6

Tab. IV.13: Realer Außenwert der DM[61]

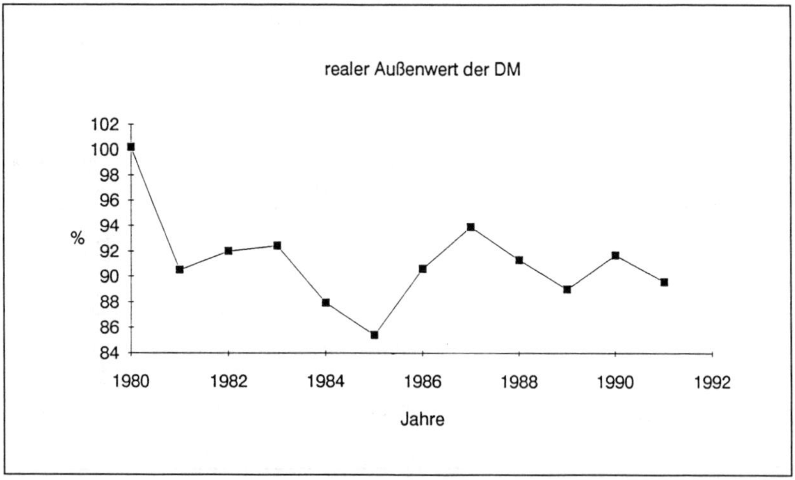

Abb. IV.13: Realer Außenwert der DM

den unterschiedlichen Preisniveaus aber auch Kapitalex- und -importe den Wechselkurs beeinflussen, muß die Aussagekraft der Kaufkraftparitätentheorie relativiert werden.[62] Folglich kann auch der reale Außenwert einer Währung deren Kaufkraft im Aus-

61 Vgl. Deutsche Bundesbank (Hrsg.): Monatsberichte der Deutschen Bundesbank, mehrere Jahrgänge.

62 Vgl. Rose, K.: Theorie der Außenwirtschaft, 10. Aufl., München 1989, S. 93 - 97.

land nur eingeschränkt widerspiegeln. Tabelle IV.13 zeigt, daß der gegenüber 18 Industrieländern gewogene reale Außenwert der DM 1980 bei 100,2 lag und seitdem um einen Wert von 90 schwankt.

2. Interpretation der Entwicklung

Die Exporterfolge der Bundesrepublik Deutschland belegen, daß sich die bundesdeutschen Produkte im internationalen Wettbewerb besonders gut behauptet haben. Dies legt den Schluß nahe, daß die Qualität des Standortes Bundesrepublik als hoch eingeschätzt werden muß.

Da die Welthandelsstatistik jedoch auf Dollarbasis geführt wird, läßt sich die hervorragende Position der Bundesrepublik Deutschland als "Exportweltmeister" zum Teil mit der Entwicklung des Dollarwechselkurses erklären. Während beispielsweise 1986 die bundesdeutschen Ausfuhren auf Dollarbasis um 32 % zunahmen, gingen sie in DM gerechnet um 2 % zurück.[63]

Trotzdem bleibt festzustellen, daß die Bundesrepublik Deutschland im Welthandel eine starke Position einnimmt. Hierin ist aber auch eine Gefahr zu sehen, da die hohe internationale Verflechtung der deutschen Wirtschaft in sich das Risiko der Anfälligkeit für außenwirtschaftliche Störungen birgt.[64] Für eine fundiertere Beurteilung der Exporterfolge der Bundesrepublik sollte die Struktur der Ausfuhren analysiert werden.

Eine Untersuchung der Gewerkschaften (s. Abbildung IV.14)von 35 einzelnen Teilmärkten kam zu einem äußerst positiven Ergebnis. 1986 war die Bundesrepublik Deutschland auf 14

---

63 Vgl. Dierkes, M. / Zimmermann, K.: Qualitätskontrolle ist Zukunftssicherung: Der Standort Bundesrepublik im Profil, in: Dierkes, M. / Zimmermann, K. (Hrsg.): Wirtschaftsstandort Bundesrepublik, Frankfurt 1989, S. 40.

64 Vgl. o.V.: Die Bundesrepublik als Exportweltmeister, in: Institut der deutschen Wirtschaft (Hrsg.): Wirtschaft und Unericht, 15. Jg., Heft 8, 1989, S. 3 f.

	D	USA	J	Größter Exporteur	Position D
Exporte insgesamt	16,7	14,1	14,4	D	①
Industriewaren	18,8	13,4	17,4	D	①
Chemische Erzeugnisse	20,9	14,9	6,2	D	①
Organische Chemikalien	20,1	14,6	8,4	D	①
Anorganische Chemikalien	16,9	20,1	4,6	USA	③
Farbstoffe, Farben	32,9	5,2	7,2	D	①
Medizinische und pharmazeutische Erzeugnisse	17,2	16,9	2,7	D	①
Parfüm, Körperpflegemittel	17,0	9,5	3,5	F	②
Chemische Düngemittel	9,7	31,2	1,8	USA	⑤
Pulver, Sprengstoff	14,3	15,9	1,6	YU	③
Kunststoffe	24,0	10,8	8,4	D	①
Sonstige chemische Erzeugnisse	23,4	18,6	5,3	D	①
Investitionsgüter	19,3	15,8	24,3	J	②
Kraftmaschinen	17,0	22,9	15,7	USA	②
Spezialmaschinen	25,2	14,4	14,2	D	①
Metallbearbeitungsmaschinen	25,7	8,9	24,6	D	①
Sonstige Industriemaschinen	25,0	11,6	14,9	D	①
Büromaschinen, Datenverarbeitungsgeräte	11,4	26,1	24,8	USA	③
Nachrichtentechnik	10,4	9,2	52,1	J	②
Elektrische Maschinen und Apparate	18,9	17,3	23,7	J	②
Straßenfahrzeuge	21,8	9,9	28,7	J	②
Flugzeuge, Schiffe, Schienenfahrzeuge	9,2	37,4	12,1	USA	④
Bearbeitete Waren	17,4	7,8	11,9	D	①
NE-Metallwaren	16,9	6,2	5,7	D	①
Sonstige Metallwaren	22,7	7,8	11,7	D	①
Leder, Lederwaren	15,4	9,1	5,3	I	②
Kautschukwaren	17,3	7,9	16,4	D	①
Kork, Holzwaren	14,6	9,2	1,5	D	①
Papier, Pappe	14,3	8,0	3,6	CDN	②
Garne, Gewebe	18,8	5,9	12,6	D	①
Waren aus mineralischen Stoffen	14,0	6,4	7,7	B	②
Eisen und Stahl	18,8	1,9	22,6	J	②
Sanitär- und Heizungsanlagen	19,3	6,1	3,4	I	②
Möbel	22,1	5,6	1,6	I	②
Handtaschen, Reiseartikel	12,7	2,2	3,5	I	③
Bekleidung	15,2	3,2	2,6	I	②
Schuhe	6,4	1,8	0,5	I	⑤
Meß- und Prüfinstrumente	20,1	25,7	11,6	USA	②
Fotoapparate, Uhren	13,6	7,1	35,0	J	③
Übrige bearbeitete Waren	17,8	11,6	13,0	D	①

Abb. IV.14: Anteile ausgewählter Länder am Weltexport in % für 1986[65]

[65] Entnommen aus o.V.: Industriestandort Bundesrepublik Deutschland von erlesener Qualität, in: Die Mitbe-stimmung, Beilage zu Heft 5, o. Jg., 1988, S. 23.

Teilmärkten größter Exporteur, auf weiteren 14 Teilmärkten belegte sie Platz zwei undviermal rangierte sie an dritter Stelle. Lediglich auf drei Teilmärkten gehörte die Bundesrepublik nicht zu den drei größten Exporteuren. Damit schnitt sie durchschnittlich besser ab als die Hauptkonkurrenten USA und Japan, die es nur auf jeweils sechs erste Plätze brachten.

Zum gleichen Ergebnis kommt die Untersuchung für die Teilmärkte der sogenannten Zukunftsindustrien, wie Informations- und Kommunikationstechnik, Fertigungsautomatisierung und Gesundheitsindustrie. Werden die drei Gruppen zusammengefaßt, so zeigt sich, daß auch hier die Bundesrepublik weltweit größter Exporteur ist (D 17 %, J 16 % und USA 11 % des Weltexports). Zwar wird eine gewisse Schwäche für den Bereich Informations- und Kommunikationstechnik erkannt, doch wird dem keine besondere Bedeutung beigemessen, da der hohe Exportanteil der Schwellenländer in diesem Bereich ein Anzeichen dafür sei, daß diese Produktionen zunehmend in Niedriglohnländer verlegt wird.[66]

Damit vermittelt diese Untersuchung den Eindruck, daß aufgrund der hohen Konkurrenzfähigkeit der deutschen Produkte, insbesondere im Bereich der Zukunftsindustrien, die Bundesrepublik ein besonders günstiger Standort sei.

Bei einer vergleichbaren Untersuchung der deutschen Exportwirtschaft kommen Schmietow und Schneider zu einer wesentlich kritischeren Beurteilung. Sie bezweifeln sogar die Wachstums- und Zukunftsorientierung der bundesdeutschen Industrie.[67]

Sie haben für die Jahre 1978 bis 1984 die Außenhandelsstatistik der OECD untersucht. Dabei haben sie festgestellt, daß der Welthandel mit den 533 Produktgruppen der Teile 5 bis 8

---

66 Vgl. o.V.: Industriestandort Bundesrepublik von erlesener Qualität, in: Die Mitbestimmung, o.Jg., Beilage zu Heft 5, 1988, S. 21 - 28.

67 Vgl. Schmietow, E. / Schneider, M.: Die mangelnde Wachstumsorientierng der bundesdeutschen Industrie, in: technologie & management, 36. Jg., Heft 1, 1987, S. 10 - 23.

der SITC (Standard International Trade Classification) um 35 % zugenommen hat. Der Beitrag einzelner Produkte zu diesem Wachstum war unterschiedlich. Entsprechend haben sie eine Einteilung der Produktgruppen in einen Wachstums- und einen Schrumpfungsbereich vorgenommen. Zum Wachstumsbereich gehören diejenigen Produktgruppen, die ein überdurchschnittliches Wachstum aufgewiesen haben. Hierzu gehören insbesondere die z.T. forschungs- und technologieintensiven Branchen wie Elektrotechnik, Elektromaschinenbau, Elektronik, Chemie, Papierindustrie, Luftfahrttechnik und Fahrzeugbau. Zum Schrumpfungsbereich gehören diejenigen Produktgruppen, deren Wachstum unterdurchschnittlich war.

Eine Betrachtung der Welthandelsanteile im Wachstumsbereich hat für 1984 gezeigt, daß die USA und Japan vor der Bundesrepublik Deutschland die in diesem Bereich bedeutendsten Exporteure waren. Problematisch daran ist nicht der dritte Platz, sondern die Tatsache, daß die Bundesrepublik im Untersuchungszeitraum (1978 - 1984) im Wachstumsbereich Weltmarktanteile verloren hat, während die USA und Japan Anteile hinzugewinnen konnten.

Günstiger schneidet die Bundesrepublik im Schrumpfungsbereich ab. Zwar hat Japan die Bundesrepublik als größten Exporteur in diesem Bereich abgelöst, doch konnte die Bundesrepublik ihren Anteil am Welthandel hier annähernd stabil halten.

Die Untersuchung zeigt, daß die Bundesrepublik Deutschland ihre Wettbewerbsposition im Weltmarkt zumindest im Wachstumsbereich, also in den forschungs- und technologieintensiven Branchen verschlechtert hat. Auch der Sachverständigenrat und das Institut der deutschen Wirtschaft kommen nach entsprechenden Analysen zu dem Schluß, daß die Wettbewerbsposition der

Bundesrepublik Deutschland, trotz der gegenwärtigen Exporterfolge, im Hochtechnologiebereich eher schwach ist.[68]

Eine weitere Möglichkeit komparative Vorteile zu ermitteln bietet eine Untersuchung der RCA - Werte (Revealed Comparative Advantage). Die RCA - Werte verdeutlichen das Verhältnis des bilateralen Güteraustausches (Ausfuhr - Einfuhr - Relationen) je zweier Länder. Auch diese Analysen führen aggregiert für mehrere Gütergruppen und Länder zu dem Ergebnis, daß den Stärken der Bundesrepublik im Bereich Hochwertige - Technik (F&E-Aufwand zwischen 3,5 und 8,5 % des Umsatzes) Schwächen bei der Spitzentechnik (F&E-Aufwand mindestens 8,5 % des Umsatzes) gegenüberstehen.[69]

Damit stellt sich die Frage ob die Bundesrepublik den technologischen Anschluß verpaßt hat oder, ob der deutsche Standort für technologieintensive Industrien weniger geeignet ist als die Standorte USA und Japan.

Die zuvor beschriebene Untersuchung von Schmietow und Schneider läßt sich mit Hilfe der Portfolioanlyse und des Lebenszykluskonzeptes veranschaulichen. Im Marktwachstum - Marktanteil - Portfolio (siehe Abbildung IV.15) werden Produkte oder Produktgruppen einzelner Unternehmen, aber auch einzelner Länder nach den Argumenten Wachstum des Gesamtmarktes für diese Produkte und relativer Marktanteil des betrachteten Unternehmens bzw. Landes in diesem Markt positioniert. Entsprechend dieser

---

68 Vgl. Jahresgutachten 1988/89 des Sachverständignrates zur Begutachtung der gesamtwirtschaftlichen Entwicklung, S. 158 - 163 Tz. 155 - 157 und Beyfuß, J. / Busch, B. / Fröhlich, H.-P. u.a., Standort Bundesrepublik Deutschland, S. 37 - 39. Siehe auch Reiter, G.: Die internationale Wettbewerbsposition des deutschen Maschinenbaus, in: Jahrbücher für Nationalökonomie und Statistik, Bd. 208, Heft 1, 1991, S. 34 - 49 hier wird zudem eine anschauliche Analyse der Stärken und Schwächen des deutschen Maschinenbaus vorgestellt.

69 Vgl. Bundesministerium für Forschung und Technologie (Hrsg.): Zur technologischen Wettbewerbsfähigkeit der deutschen Industrie, Bonn 1992, S. 3 u. 6 - 11.

Positionierung lassen sich dann bestimmte Normstrategien ableiten.[70]

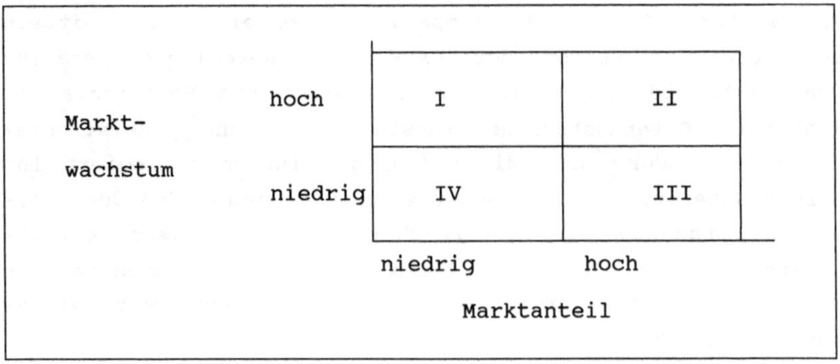

Abb. IV.15: Marktwachstum - Marktanteil - Portfolio

Die Untersuchung von Schmietow und Schneider hat gezeigt, daß der Marktanteil bundesdeutscher Produkte in schnell wachsenden Märkten (USA 20,7 %, J 19,6 % und D 17,9 %) relativ niedrig ist bzw. abnimmt. Folglich wäre dieser Bereich im Quadranten I zu positionieren (siehe Abbildung 1). Obwohl die Portfolioanalyse für diesen Bereich offensive Wachstumsstrategien zur Vergrößerung der Marktanteile ableitet, hat die Bundesrepublik hier im Gegensatz zu den USA und Japan Marktanteile verloren.[71] Dieses Ergebnis unterstützt die Vermutung einer mangelnden Wachstums- und Zukunftsorientierung der bundesdeutschen Industrie.

Die Ableitung von Normstrategien aus dem Marktanteil - Marktwachstum - Portfolio muß jedoch kritisch beurteilt werden. Zum einen liegen den so abgeleiteten Strategien nur zwei Aspekte zugrunde, die dann auch noch relativ unpräzise in "hoch" und "niedrig" unterteilt werden, so daß eine exakte Positionierung der Produkte oder Produktgruppen schwierig ist. Darüberhinaus läßt diese Analyse keine Aussagen über Reaktionsmöglichkeiten

---

70 Vgl. Nieschlag, R. / Dichtel, E. / Hörschgen, H.: Marketing, 16. Aufl., Berlin 1991, S. 875 - 877.

71 Vgl. Schmietow, E. / Schneider, M., Die mangelnde Wachstumsorientierung, S. 17 - 23.

der Konkurrenz zu.[72] Insofern bleibt die Ableitung einer mangelnden Wettbewerbs- und Zukunftsorientierung aus diesem Portfolio - Ansatz zumindest nicht unstrittig.

Das Lebenszykluskonzept beschreibt die Umsatzentwicklung von Produkten, Produktgruppen oder Branchen in der Zeit. Es geht davon aus, daß ein Produkt fünf Phasen durchläuft (siehe Abbildung IV.16).

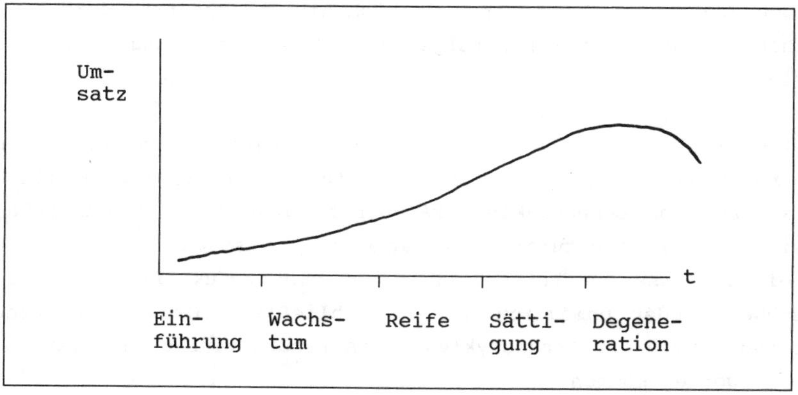

Abb. IV.16: Lebenszykluskurve

So verzeichnet ein Produkt nach seiner Markteinführung zunächst eine progressive (Wachstumsphase) und dann eine degressive (Reifephase) Zunahme der Umsätze bis eine Marktsättigung erreicht wird, in der die Umsätze stagnieren. Schließlich gehen die Umsätze zurück (Degenerationsphase), bis das Produkt aus dem Markt ausscheidet.[73]

In ihrer Analyse stellen Schmietow und Schneider fest, daß die Stärken der Bundesrepublik im Schrumpfungsbereich liegen, also bei den Produktgruppen, deren Wachstum im Vergleich zum Welt-

72 Vgl. Meffert, H.: Marketing - Grundlagen der Absatzpolitik, 7. Aufl., Wiesbaden 1986, S. 71 f.

73 Vgl. Meffert, H., Marketing, S. 369 - 372.

handel unterdurchschnittlich oder sogar negativ ist.[74] Die daraus abgeleitete mangelnde Wachstums- und Zukunftsorientierung läßt sich durch das Lebenszykluskonzept erklären. Die Tatsache, daß die Branchen des Schrumpfungsbereiches ein geringeres oder sogar negatives Wachstum aufweisen, ist ein Anzeichen dafür, daß sich diese Branchen in ihrem Lebenszyklus bereits in der Sättigungsphase oder schon an der Schwelle zur Degenerationsphase befinden. Dies würde aber bedeuten, daß die gegenwärtigen Exporterfolge der Bundesrepublik Deutschland nur noch von kurzer Dauer sind, da sich die Absatzmärkte der Branchen, in denen diese Erfolge erzielt werden, zukünftig verkleinern.

Diese Schlußfolgerung kann jedoch bezweifelt werden. Es fehlen eindeutige empirische Nachweise für eine allgemeingültige Existenz von Lebenszyklen. Darüber hinaus können Trendbrüche, wie etwa konjunkturelle Schwankungen, Aussagen darüber, in welcher Phase des Lebenszyklus sich ein Produkt befindet, erschweren oder unmöglich machen. Schließlich bleibt die Frage offen, inwieweit Lebenszyklen durch Produktvariationen verlängert werden können.[75]

Die Kritik an der Portfolioanalyse und dem Lebenszykluskonzept hat gezeigt, daß der These einer mangelnden Wachstums-, Zukunfts- oder Technologieorientierung der bundesdeutschen Unternehmen nicht uneingeschränkt zuzustimmen ist. Dagegen spricht auch, daß die Ausgaben der Bundesrepublik für Forschung und Entwicklung sowohl im privaten als auch im öffentlichen Bereich in den letzten Jahren deutlich zugenommen haben, so daß der Anteil der Forschungsausgaben am Bruttoinlandsprodukt der Bundesrepublik (1990 2,8 %) den Ausgaben der USA 81990 2.8 %) und Japans (1990 3 %) entspricht.[76] Dazu

---

[74] Vgl. Schmietow, E. / Schneider, M., Die mangelnde Wachstumsorientierung, S. 14 f.

[75] Vgl. Meffert, H., Marketing, S. 372 f.

[76] Vgl. Bundesministerium für Forschung und Technologie (Hrsg.), Zur technologischen Wettbewerbsfähigkeit, S. 14 f. und Jaumann, A.: Technologische Wettbewerbsfähigkeit der bundesdeutschen Industrie, in: technologie & management, 36. Jg., Heft 3, 1987, S. 14.

kommt die im internationalen Vergleich hohe Zahl der Patentanmeldungen in der Bundesrepublik, die ebenfalls für eine rege und auch erfolgreiche Forschungstätigkeit spricht.[77]

Die Qualität des Industriestandortes Bundesrepublik Deutschland unterstreicht aber eindeutig, daß zu den Exporterfolgen zahlreiche Industriezweige beigetragen haben, also die internationale Wettbewerbsfähigkeit deutscher Unternehmen der unterschiedlichsten Branchen hoch ist.[78]

Das die Exporterfolge auf breiter Basis stehen hat auch den Vorteil des Risikoausgleichs, so daß eine Depression in einem Industriezweig nicht gleich zu einem Einbruch der gesamten deutschen Industrieexporte führt. Verständlich erscheint vor diesem Hintergrund auch, daß die Bundesrepublik nicht in jedem dieser einzelnen Industriezweige der weltgrößte Exporteur sein kann. Diese Tatsache könnte auch eine Erklärung dafür sein, daß der Bereich der Hochtechnologie der bundesdeutschen Industrie im internationalen Exportvergleich z.Zt. weniger erfolgreich ist.[79]

Zudem wird die internationele Wettbewerbsfähigkeit eines Landes nicht unbedingt durch die Exporterfolge im High - Tech Bereich, wie z.B. der Mikroelektronik, bestimmt, vielmehr ist auf den Querschnittscharakter dieser Technologien abzustellen. Es kommt also auch darauf an, inwieweit es den Unternehmen gelingt diese High - Tech Komponenten in der eigenen Produktion, sei es im Produktionsprozeß oder als Bestandteil weiterentwickelter Produkte einzusetzen. Die internationale Wettbewerbsfähigkeit bundesdeutscher Unternehmen hat sich in den

---

77 Vgl. Bundesministerium für Forschung und Technologie (Hrsg.), Zur technologischen Wettbewerbsfähigkeit, S. 15 - 18 und o.V.: Industriestandort Bundesrepublik von erlesener Qualität, in: Die Mitbestimmung, o.Jg., Beilage zu Heft 5, 1988, S. 24.

78 Vgl. Porter, M. E.: The Competitive Advantage of Nations, New York 1990, S. 356.

79 Vgl. Bundesministerium für Wirtschaft (Hrsg.), Kritische Reflexionen, S. 31 f.

letzten Jahren aber besonders in den Bereichen verbessert, die in hohem Maße informationstechnische Komponenten einsetzen.[80]

Im Falle offener Märkte wäre dann also eine gewisse Unterlegenheit in bestimmten Bereichen der Spitzentechnologie unbedenklich, im Sinne der internationalen Arbeitsteilung sogar positiv zu bewerten. Problematisch wäre die Situation jedoch dann, wenn z.B. Japan das in bestimmten High - Tech - Bereichen führend ist, die Weitergabe dieser Technologien gezielt beschränken würde, um den eigenen Industrien, z.B. dem Maschinenbau, Vorteile zu verschaffen.[81]

Oft wird argumentiert, daß ein sinkender Außenwert der Währung eines Landes dessen Standortattraktivität erhöht.[82] Dies ist insofern richtig, als ein niedriger Außenwert den Exportunternehmen dieses Landes im internationalen Preiswettbewerb einen Vorteil verschafft. Folglich würde der relativ niedrige Außenwert der DM, der seit 1981 um einen Wert von 90 schwankt, ein Anzeichen für eine hohe Attraktivität des Standortes Bundesrepublik Deutschland sein.

Andererseits müßte eine hohe Standortattraktivität internationale Investoren anlocken, was aber über einen Kapitalimport den Anstieg des Außenwertes zur Folge hätte. Dementsprechend wäre ein hoher Außenwert der Währung eines Landes ein Anzeichen für einen attraktiven Standort. Also bescheinigt der relativ niedrige Außenwert der DM in den achtziger Jahren der Bundesrepublik eher eine geringe Standortqualität.

Diese Überlegungen zeigen, daß Interpretationen des realen Außenwertes einer Währung hinsichtlich seiner Eignung als Qualitätsindikator für einen Standort schwierig sind. Grund dafür

---

80 Vgl. Clement, R.: Wo steht die Bundesrepublik im internationalen Technologiewettlauf? in: Wirtschaftsdienst, 71. Jg., Heft 3, 1991, S. 145 f.

81 Vgl. Baron, S. / Kessler, M.: Interview: Herbert Henzler über Industriepolitik - "Klare Konzepte", in: Wirtschaftswoche, 45. Jg., Heft 49, 1991, S. 20.

82 Vgl. Bundesministerium für Wirtschaft (Hrsg.), Kritische Reflexionen, S. 21.

ist sein im doppelten Sinne ambivalenter Charakter, denn eine Veränderung des realen Außenwertes der Währung eines Landes kann Ursache und Konsequenz einer höheren oder niedrigeren internationalen Wettbewerbsfähigkeit sein.[83]

Daher kann der reale Außenwert als Indikator für die Wettbewerbsfähigkeit eines Landes und damit seiner Standortqualität nur dann sinnvoll eingesetzt werden, wenn die Gründe für seine Veränderungen nachvollziehbar sind. Da der reale Außenwert sich aber nicht nur verändert, um die unterschiedlichen Preisniveaus zweier Länder auszugleichen, sondern auch von spekulativ oder politisch motivierten Kapitalbewegungen beeinflußt wird, scheint dies fast unmöglich.

Alternativ könnte argumentiert werden, daß ein stabiler realer Außenwert die internationale Wettbewerbsfähigkeit und damit die Standortattraktivität erhöht.[84] Ein stabiler Außenwert würde für die im Außenhandel tätigen Unternehmen eines Landes das Wechselkursrisiko eindämmen und entsprechend die Kalkulierbarkeit auch langfristiger internationaler Vorhaben für die Unternehmen erhöhen.

Diese Überlegung könnte für den Standort Bundesrepublik Deutschland sprechen, da sich der reale Außenwert der DM in den letzten Jahren etwa auf ein Niveau von 90 eingependelt hat. Allerdings können Schwankungen zwischen 85,4 (1985) und 93,9 (1987) für Unternehmen, die mit ihren Konkurrenten in einem intensiven Preiswettbewerb stehen, schon erhebliche Konsequenzen haben. Außerdem ist der hier verwendete reale Außenwert ein gewogener Durchschnittswert, es kann also durchaus sein, daß die Volatilität einzelner Wechselkurse, wie es sich beispielsweise für den Dollarkurs in den letzten Jahren gezeigt hat, deutlich höher ist.

---

83 Vgl. Jahresgutachten 1988/89 des Sachverständigenrates zur Begutachtung der gesamtwirtschaftlichen Entwicklung, S. 152 - 155 Tz. 149 f.

84 Vgl. Beyfuß, J. / Busch, B. / Fröhlich, H.-P. u.a., Standort Bundesrepublik Deutschland, S. 39 - 41.

3. Beurteilung der Entwicklung

Die außerordentlichen Exporterfolge der deutschen Industrie und insbesondere die Tatsache, daß diese Erfolge von zahlreichen Industriezweigen getragen werden, sprechen eindeutig für eine hohe internationale Konkurrenzfähigkeit der bundesdeutschen Unternehmen und damit gleichzeitig für die Attraktivität des Industriestandortes Bundesrepublik Deutschland. Zwar birgt die hohe außenwirtschaftliche Verflechtung für die Unternehmen das Risiko einer gewissen Abhängigkeit, doch beinhaltet sie andererseits auch den Vorteil, daß die deutschen Unternehmen zu maximaler Effizienz gezwungen werden, um im internationalen Wettbewerb bestehen zu können.

Die Schwäche der Bundesrepublik im Bereich der Hochtechnologie und der Vorwurf einer mangelnden Wachstums- und Zukunftsorientierung sind differenziert zu beurteilen. Eine zu starke Konzentration auf die strategische Bedeutung der vermeintlichen Schlüssel- bzw. Zukunftsindustrien wie Informationstechnik, neue Materialien, physikalisch - chemische Fertigungs- und Verfahrenstechniken, Logistik und Verkehr, Biotechnik und Energie- und Umwelttechnik[85] unter Vernachlässigung der traditionellen Stärken der deutschen Industrie könnte sich im nach hinein als Fehlentscheidung erweisen. Oftmals hat sich nach einigen Jahren gezeigt, daß sich gerade die angeblichen Wachstumsbereiche zu Subventionsobjekten entwickelt haben. So wurde beispielsweise auch die Kernenergie jahrelang mit dem Argument gefördert, daß die Kraftwerke zukünftig in alle Welt exportiert werden könnten.[86]

Trotzdem sollte die Schwäche der bundesdeutschen Industrie in den Wachstumsbereichen beachtet werden und eine Überprüfung

---

[85] Vgl. Fraunhofer Gesellschaft (Hrsg.): Stellungnahme der Fraunhofer Gesellschft (FhG) auf die Anfrage der CDU / CSU - Bundestagsfraktion des Deutschen Bundestages zum Thema "Industriestandort Deutschland", o.O. 1992, S. 4 f. u. 7.

[86] Vgl. Bundesministerium für Wirtschaft (Hrsg.), Kritische Reflexionen, S. 29 und Zeppernick, R., Die Diskussion um die Standortqualität, S. 55 f.

der Rahmenbedingungen für Forschung und Entwicklung in der Bundesrepublik auslösen.

Wegen der Interpretationsschwierigkeiten ist der reale Außenwert als Indikator zur Messung der Standortqualität eines Landes kaum geeignet, obwohl er zum Teil erheblichen Einfluß auf die Entwicklung der anderen Indikatoren wie Exporte oder Direktinvestitionen haben kann.

Die Wiedervereinigung mit der ehemaligen DDR hat unterschiedliche Einflüsse auf die Exporte der Bundesrepublik. Zwar haben durch die zusätzliche Nachfrage aus den fünf neuen Bundesländern die Ausfuhren der alten Bundesrepublik in die ehemalige DDR zugenommen, doch werden diese Ausfuhren künftig nicht mehr von der Außenhandelsstatistik der Bundesrepublik Deutschland erfaßt. Da die Exporte der ehemaligen DDR auf den RGW - Raum konzentriert waren und der RGW - Handel durch die politische Entwicklung faktisch zusammengebrochen ist, verändert sich die Außenhandelsstatistik der Bundesrepublik durch die Exportbeziehungen der ehemaligen DDR zunächst kaum.[87] Zukünftig ist jedoch damit zu rechnen, daß insbesondere von Standorten in den fünf neuen Bundesländern die Exporte in den osteuropäischen Wirtschaftsraum wieder ansteigen werden. Kurzfristig kommt es aber voraussichtlich zu einer Stagnation der deutschen Exporte.[88]

---

87 Siehe auch Wohlers, E.: Entwicklung und Bestimmungsgründe der deutschen Exportüberschüsse im Handel mit den europäischen Ländern, in: Hamburger Jahrbuch für Wirtschafts- und Gesellschaftspolitik, 35. Jg., 1990, S. 287 f.

88 Siehe auch Vieweg, H.-G.: Der Werkzeugmaschinenbau: Eine Wettbewerbsanalyse für die gesamtdeutsche Branche, in: ifo - Schnelldienst, 44. Jg., Heft 21, 1991, S. 26 - 29, Meyer - Krahmer, F.: Technologischer Leistungsstandard der deutschen Wirtschaft im internationalen Vergleich, in: Bilanz und Perspektiven der deutschen Forschungs- und Technologieploitik, BDI - Drucksache 246, Köln 1991, S. 33 - 41 und Hörth, R.: Die Stellung des deutschen Maschinenbaus im Ostgeschäft, in: Kahrmann, V. / Sauerland, D. (Hrsg.): Made in Germany - Die internationale Wettbewerbsfähigkeit der deutschen Wirtschaft, Stuttgart / Berlin / Köln 1991, S. 156 - 159.

Die Auswirkungen der Wiedervereinigung auf den realen Außenwert der DM lassen sich nur schwer prognostizieren. Würde jedoch die Finanzierung des Gemeinschaftswerkes Aufschwung Ost zu inflatorischen Prozessen in der Bundesrepublik führen, so könnte eine Absinken des realen Außenwertes der DM die Folge sein.

E. Zusammenfassung der Indikatoranalyse

Die Diskussion der Indikatoren hat gezeigt, daß es keinen herausragenden Indikator gibt, der eindeutige Aussagen über die Attraktivität des Industriestandortes Bundesrepublik Deutschland zuließe. Daher müssen für die Beurteilung mehrere Indikatoren analysiert werden. Dabei ergibt sich aber das Problem, wie die Untersuchung der unterschiedlichen Interpretationen verdeutlicht hat, daß zweifelsfreie Interpretationen schwierig oder sogar unmöglich sind. Ein Grund dafür ist in den Wechselwirkungen zu sehen, die zwischen einigen Indikatoren bestehen. So kann die Veränderung eines Indikators einerseits Auslöser für die Veränderung eines anderen Indikators sein, aber ebenso Reaktion der Veränderung eines dritten Indikators. Diese Veränderungen können dann aber zu gegenläufigen Interpretationen der Standortqualität führen. In Abschnitt D ist diese besondere Problematik am Beispiel der Indikatoren Exporterfolge, realer Außenwert und Direktinvestitionen kurz angesprochen worden.

Folglich ist eine exakte Messung der Attraktivität eines Standortes im Wege einer Indikatorenanalyse nicht möglich. Wohl aber können die Indikatoren Hinweise geben und insofern Tendenzaussagen zulassen.

Die Untersuchung der verschiedenen Indikatoren mit ihren variierenden Interpretationsmöglichkeiten ergibt zusammengefaßt für die Attraktivität des Industriestandortes Bundesrepublik Deutschland das folgende Bild: Die auf breiter Basis stehenden

Exporterfolge bundesdeutscher Unternehmen bescheinigen dem deutschen Standort eine hohe Attraktivität. Dafür spricht mit Einschränkungen auch die Beschäftigungslage. Zwar ist die gegenwärtige Situation auf dem Arbeitsmarkt in der alten Bundesrepublik immer noch unbefriedigend, doch im internationalen Vergleich eher als günstig zu beurteilen. Das sich in den hohen Direktinvestitionen widerspiegelnde starke Auslandsengagement der deutschen Unternehmen ist für die Attraktivität des Standortes Bundesrepublik Deutschland unbedenklich, da hier Markterschließung und -sicherung als Gründe überzeugen.

Fraglich bleibt aber, wie die vergleichsweise schwache Wachstums- und Investitionsdynamik, das Verharren ausländischer Direktinvestitionen auf einem niedrigen Niveau und der Vorwurf der mangelnden Technologieorientierung zu beurteilen sind. Mit Überlegungen, die auf ein zunehmendes Umweltbewußtsein und eine korrespondierende Abkehr vom Wachstumsdenken anspielen, kann die relative Wachstums- und Investitionsschwäche der Bundesrepublik nicht überzeugend erklärt werden, da gerade ein ökologisches Umdenken von steigenden Investitionen z.B. im Umweltschutz begleitet werden muß.

Auch die Plausibilitätsüberlegungen zu den geringen Direktinvestitionen ausländischer Unternehmen in der Bundesrepublik können die damit verbundenen Zweifel an der Standortattraktivität nicht endgültig ausräumen. Da schließlich der Vorwurf einer mangelnden Wachstums- und Technologieorientierung der Bundesrepublik zwar abgeschwächt, aber nicht ganz entkräftet werden konnte, müssen die vergleichsweise rückläufigen Weltmarktanteile bundesdeutscher Unternehmen auf den forschungs- und technologieintensiven Wachstumsmärkten als Hinweis für eine nachlassende Standortqualität gewertet werden.

Diese Kritikpunkte sind als Warnsignale zu verstehen, die auf eine zukünftige Verringerung der gegenwärtig noch hohen Attraktivität des Industriestandortes Bundesrepublik Deutschland hinweisen könnten.

Damit zeigt sich, daß die wirtschaftspolitischen Rahmenbedingungen eines Landes permanent überdacht werden müssen, um den Anforderungen des zunehmenden internationalen Wettbewerbs gerecht zu werden. Dies gilt in Zeiten raschen technologischen Wandels insbesondere für die Forschungs- und Technologiepolitik.[89]

Durch die Vereinigung mit der ehemaligen DDR, also für die neue Bundesrepublik, werden sich die betrachteten Indikatoren zum Teil erheblich verändern. Zunächst einmal ist für die neue, größere Bundesrepublik insgesamt mit einem deutlichen Anstieg der Arbeitslosigkeit zu rechnen. Sollten dann aber die Maßnahmen zum Aufbau der fünf neuen Bundesländer erfolgreich sein, so würden bald zunächst die inländischen Investitionen und später, gerade wegen der Nähe zu dem sich öffnenden osteuropäischen Wirtschaftsraum, auch die ausländischen Direktinvestitionen ansteigen. In der Folge würden Wachstum und Beschäftigung zunehmen, so daß zumindest langfristig betrachtet die Attraktivität des Standortes neue Bundesrepublik wieder ansteigen würde.

Sollten die Aufbaumaßnahmen jedoch nicht greifen, so ist mit einem längerfristigen Absinken der Attraktivität des bundesdeutschen Standortes zu rechnen.

---

[89] Siehe auch: Müller-Merbach, H.: Koordinierte Technologiepolitik, in: technologie & management, 36. Jg., 1987, Heft 2, S. 6-9.

V. Analyse der Diskussion der Standortfaktoren

A. Vorüberlegungen

Im Rahmen der gegenwärtigen Diskussion um die Attraktivität des Industriestandortes Bundesrepublik Deutschland stehen die Standortfaktoren Unternehmensbesteuerung, Arbeitskosten, Arbeitszeit, Energiekosten, Umweltkosten, Regulierung, Qualifikation der Arbeitskräfte, Infrastruktur, sozialer Friede und politische Stabilität im Vordergrund.[1]

Auch in der Einschätzung der Unternehmen sind diese Faktoren von besonderer Bedeutung. Das zeigt eine Umfrage des Ifo - Instituts bei 1.800 bundesdeutschen Unternehmen des verarbeitenden Gewerbes.[2] Die folgende Abbildung verdeutlicht, welche Faktoren bei der langfristigen Standortplanung der befragten Unternehmen eine besondere Rolle spielen.

Bei der Beurteilung der Standortfaktoren sehen die befragten Unternehmen für den Standort Bundesrepublik Deutschland im internationalen Vergleich bedeutende Nachteile bei den Arbeitskosten, der Unternehmensbesteuerung, der Regulierung und den Energiekosten. Die Standortvorteile der Bundesrepublik sind die Qualifikation der Arbeitskräfte, die Infrastruktur, die Marktnähe, die Arbeitsproduktivität und die politische und soziale Stabilität. Die folgende Abbildung gibt das Ergebnis der

---

1 Vgl. Rheinisch - Westfälisches Institut für Wirtschaftsforschung (Hrsg.): Standort Deutschland, Essen 1992, IFO - Institut für Wirtshaftsforschaung (Hrsg.), Zum Standort Deutschland und Dierkes, M. / Zimmermann, K. (Hrsg.): Wirtschaftsstandort Bundesrepublik, Frankfurt 1989, siehe auch Standort Bundesrepublik - Neue Dimensionen des internationalen Wettbewerbs, in: Handelsblatt, Nr. 251/52, 30./31.12.1988, S. 1 - 55, Sonderausgabe des Handelsblatt zum Thema Standort Bundesrepublik Deutschland.

2 Vgl. o.V.: Standort Bundesrepublik im Urteil des verarbeitenden Gewerbes, in: ifo - schnelldienst, 42. Jg., Heft 4, 1989, S. 22 - 28.

Befragung wieder, wobei Einschätzungen von + 200 besonders günstig bis - 200 besonders ungünstig möglich waren.

Die wichtigsten Faktoren:
- Qualifikation der Mitarbeiter - Stückkosten - Personalzusatzkosten - Arbeitsproduktivität - Direktlohn - Kundennähe - politische Stabilität - Unternehmensbesteuerung
Auch noch wichtige Faktoren:
- Verfügbarkeit von Arbeitskräften - Infrastruktur - behördliche Vorschriften - Betriebsnutzungszeit - Arbeitszeit/-regelungen
Weniger wichtige Faktoren:
- Kooperationsbereitschaft der Gewerkschaften/ sozialer Konsens - Energieversorgung/-kosten - Nähe zum Vorlieferanten - Wechselkurse - staatliche Industriepolitik - arbeitsrechtliche Bestimmungen - Betriebsklima/Arbeitsmotivation - Kapitalbeschaffung

Abb. V.1: Bedeutung der Standortfaktoren

Standortfaktor	Wert
Qualifikation der Mitarbeiter	+ 57
Infrastruktur	+ 54
Kundennähe	+ 53
politische Stabilität	+ 48
Arbeitsproduktivität	+ 30
Vorlieferantennähe	+ 20
Betriebsklima/Motivation	+ 11
Kapitalbeschaffung	+ 5
Kooperationsbereitschaft der Gewerkschaften/sozialer Konsens	+ 2
Verfügbarkeit von Arbeitskräften	- 24
Energieversorgung/-kosten	- 27
Wechselkurse	- 27
staatliche Industriepolitik	- 37
arbeitsrechtliche Bestimmungen	- 66
Betriebsnutzungszeit	- 74
behördliche Vorschriften	- 90
Stückkosten	- 95
Arbeitszeit/-regelungen	- 102
Unternehmensbesteuerung	- 104
Direktlohn	- 114
Personalzusatzkosten	- 152

Abb. V.2: Standortbedingungen der Bundesrepublik im internationalen Vergleich

Ziel dieses Kapitels ist es, die angeführten Standortschwächen und -stärken der Bundesrepublik zu analysieren und einem internationalem Vergleich zu unterziehen. Darüberhinaus soll darauf eingegangen werden, welchen Einfluß die Wiedervereinigung Deutschlands auf die einzelnen Standortfaktoren haben könnte.

Besondere Schwierigkeiten für diese Analyse bestehen jedoch darin, daß es sich sowohl um quantitative bzw. harte Standortfaktoren als auch um qualitative bzw. weiche Standortfaktoren handelt. Während die harten Faktoren tatsächlich meßbar und daher auch international vergleichbar sind, ist bei den weichen Faktoren eine solche Quantifizierung nicht möglich. Daher konzentriert sich die Untersuchung auf eine Analyse der Berechnungen und Maßstäbe der quantitativen Faktoren, während die qualitativen Faktoren lediglich mit Hilfe von Ersatzindikatoren oder auf der Grundlage von Befragungen, subjektiven

Einschätzungen und Plausibilitätsüberlegungen beurteilt werden können.

Auffällig an den Ergebnissen der Befragung des Ifo - Instituts ist noch, daß es sich bei den Schwächen des Standorts Bundesrepublik um Kostennachteile handelt und diese überwiegend quantifizierbar sind. Bei den Stärken handelt es sich jedoch hauptsächlich um qualitative Faktoren, deren Vorteilhaftigkeit im internationalen Vergleich nicht exakt berechenbar ist. Dieser Zusammenhang könnte eventuell eine Erklärung dafür sein, daß die Negativeinschätzung bis - 152 reicht (Personalzusatzkosten), während bei der Beurteilung der Stärken (Qualifikation der Mitarbeiter) + 57 der höchste Wert ist. Daher läßt sich vermuten, daß die befragten Unternehmen bei der Einschätzung nicht quantifizierbarer Standortfaktoren eher vorsichtig taktiert haben.

B. Standortschwächen

1. Unternehmensbesteuerung

a.) Vorüberlegungen zur Unternehmensbesteuerung

Im Rahmen der Diskussion um die Attraktivität des Industriestandortes Bundesrepublik Deutschland ist der Faktor Unternehmensbesteuerung besonders umstritten, da in der Steuerbelastung ein besonderes Investitionshemmnis für in- und ausländische Unternehmen gesehen wird.[3]

Unternehmenssteuern sind Geldleistungen, die den Unternehmen in der Bundesrepublik von einem öffentlich - rechtlichen Gemeinwesen auferlegt werden, ohne daß ein Anspruch auf eine be-

[3] Vgl. Vogel, O.: Ausgeprägte Schwächen; Neue Herausforderungen. in Institut der deutschen Wirtschaft (Hrsg.): iw - trends, 19. Jg., Heft 2, 1992, Schwerpunkt: Standort Bundesrepublik Deutschland, Köln 1992, S. 8 und Handelsblatt, Nr. 251/52, 30./31.12.1988, S. 1 - 55, Sonderausgabe des Handelsblatt zum Thema Standort Bundesrepublik Deutschland.

sondere Gegenleistung entsteht.[4] Es werden durchschnittliche Steuersätze und die Grenzsteuerbelastungen deutscher Unternehmen berechnet. Dazu werden Modellrechnungen, Veranlagungssimulationen oder Rechtsvergleiche durchgeführt. Eine weitere Vorgehensweise bedient sich der Methode der volkswirtschaftlichen Gesamtrechnung.

In der Regel beschränken sich die Untersuchungen auf eine Betrachtung der direkten Steuern und vernachlässigen die indirekten Steuern unter der Annahme, daß deren Überwälzung auf den Endabnehmer gelingt. Diskutiert werden Ertragsteuern und Substanzsteuern, Steuertarife und Bemessungsgrundlagen, aber auch die Effektivität der jeweiligen nationalen Finanzbehörden.

Die Untersuchungsergebnisse der verschiedenen Studien reichen von einer 70 %-igen bis zu einer 20 %-igen Belastung der Vorsteuergewinne deutscher Unternehmen. Dementsprechend schätzen einige die Bundesrepublik Deutschland im internationalen Vergleich als Hochsteuerland ein und leiten daraus die Forderung nach umfassenden Steuerreformen ab, um den Standort Bundesrepublik international konkurrenzfähig zu halten. Andere wiederum klassifizieren die steuerliche Belastung als unterdurchschnittlich und sehen folglich keinen Handlungsbedarf.

Die folgende Abbildung faßt die verschiedenen Studien mit ihren jeweiligen Ergebnissen synoptisch zusammen und bietet somit einen Überblick über die Spannweite der Diskussion.

In den folgenden Abschnitten soll versucht werden, das äußerst komplexe Thema internationaler Steuerbelastungsvergleich einer systematischen Analyse zu unterziehen. Ziel ist es, zu einer sachlichen Beurteilung der steuerlichen Belastung am Standort Bundesrepublik Deutschland im internationalen Vergleich zu gelangen. Dazu werden die in der Debatte um den Steuerstandort Bundesrepublik besonders diskutierten Studien kritisch untersucht.

---

[4] Vgl. § 3 (1) 1 Abgabenordnung.

Synopse der Unternehmensteuerbelastungsvergleiche

– Steuerbelastungen in Prozent –

Land	IIW Kiel	Institut der dt. Wirtschaft	Ifo	Lutz Fischer	Peat Marwick	WSI	DIW		Litt-mann	Matthäus-Maier	Institut der dt. Wirtschaft
Für das Jahr...	1988a)	1989a)	1987b)	1983a)	1987c)	1987d)	1990g)	1990h)	1980/85e)	1988f)	1983e)
Bundesrepubik Deutschland	70,4	70,82)	66,0	72,2	64,6	65,1	69,7	33,8	32,2	16,6	53,7
Frankreich	53,6	60,9	65,0	58,5	45,0	–	61,7	36,4	–	–	–
Italien	46,4	46,4	46,0	–	–	–	46,4	22,7	–	–	–
Großbritannien	37,9	35,0	39,0	52,0	41,4	–	42,5	25,2	–	–	–
Spanien	–	35,0	–	–	–	–	–	–	–	–	–
Niederlande	–	35,0	–	–	–	–	–	–	–	–	–
Belgien	–	43,0	–	–	–	–	–	–	–	–	–
Dänemark	–	50,0	–	–	–	–	–	–	–	–	–
Griechenland	–	49,0	–	–	–	–	–	–	–	–	–
Portugal	–	42,8	–	–	–	–	–	–	–	–	–
Irland	–	47,01)	–	–	–	–	–	–	–	–	–
Schweiz	25,6	36,4	26,0	–	–	–	–	–	–	–	–
Schweden	–	58,0	–	–	–	–	57,0	33,2	–	–	–
Österreich	–	49,6	–	–	–	–	–	–	–	–	–
USA	46,0	45,3	46,0	53,6	45,4	–	47,1	28,1	–	–	–
Japan	56,0	64,1	55,0	60,3	–	–	54,6	30,6	–	–	–
Kanada	–	44,4	–	–	–	–	–	–	–	–	–

1) Bis Dez. 2000 ist die Körperschaftsteuerbelastung für „manufacturing profits" auf 10 Prozent begrenzt.
2) 66,2 Prozent ab 1990.
a) Kapitalgesellschaft bei Gewinnthesaurierung.
b) Belastung des steuerpfl. Gewinns einer Kapitalgesellschaft der Werkzeugmaschinenindustrie.
c) Nur Ertragsteuerbelastung großer Unternehmen.
d) Kapitalgesellschaft bei Gewinnthesaurierung im „Normalfall"; für den Ausschüttungsfall wurden 20 Prozent ausgewiesen.
e) VGR-Basis.
f) VGR-Rechnung gemäß Bundesbank-Konzept; 1. Hj. 1988.
g) Kapitalgesellschaft bei Gewinnthesaurierung; Bezugsbasis: steuerpflichtiger Gewinn; Durchschnitt aus den fünf untersuchten Branchen. Bundesrepublik: 90er Steuerrecht.
h) Kapitalgesellschaft bei Gewinnthesaurierung; Bezugsbasis: cash flow; Durchschnitt aus den fünf untersuchten Branchen. Bundesrepublik: 90er Steuerrecht.
g)h) Im Ausschüttungsfall steigen die Belastungen im Ausland i.d.R. an. Die Bundesrepublik nimmt beim DIW dann eine mittlere Position ein.

Abb. V.3: Internationale Steuerbelastungsvergleiche[5]

[5] Entnommen aus Fuest, W. / Kroker, R.: Unternehmenssteuerlast: 20 oder 70 Prozent?, Köln 1989, S. 9.

b.) Die Studie des IW

Die Studie des Instituts der deutschen Wirtschaft (IW) berechnet die steuerliche Belastung für Kapitalgesellschaften unter der Annahme einer Gesamtkapitalrendite von 10 % vor Steuern und der Vollthesaurierung der Gewinne. Sie berücksichtigt die Körperschaftsteuer (KSt), Gewerbeertragsteuer (GewESt), Gewerbekapitalsteuer (GewKSt) und die Vermögensteuer (VSt). Die Studie ermittelt für bundesdeutsche Unternehmen eine steuerliche Belastung für 1989 von 70,8 % (s. Abbildung im vorherigen Abschnitt).[6]

Damit bescheinigt die Untersuchung dem Standort Bundesrepublik im internationalen Vergleich eine denkbar ungünstige Position. Während die Besteuerung in den übrigen Vergleichsländern unter 50 % liegt, weisen zwar auch Frankreich (57,3 %), Schweden (58,0 %) und Japan (60,2 %) hohe Steuerbelastungen auf, doch ist ihre Position im Vergleich zur Bundesrepublik noch günstig.

Mit der dritten Stufe der Steuerreform ist 1990 der Körperschaftsteuersatz für einbehaltene Gewinne von 56 % auf 50 % gesenkt worden. Die Steuerbelastung am Standort Bundesrepublik ist damit von 70,8 % auf 66,2 % gesunken. Die relative Situation der Bundesrepublik hat sich dadurch jedoch nicht verbessert, da auch in wichtigen Konkurrenzländern die Körperschaftsteuersätze gesenkt worden sind.[7] Die folgende Abbildung zeigt den Stand der Körperschaftsteuersätze vor und nach jeweiliger Absenkung bis einschließlich 1991.

---

[6] Vgl. Fuest, W.: Unternehmensteuer, in: Institut der deutschen Wirtschaft (Hrsg.): Wirtschaft und Unterricht, 16. Jg., Heft 9, 1990, S. 1 - 3.

[7] Vgl. Welfens, P. J. J., Internationalisierung von Güterproduktion und Ressourceneinsatz, S. 32 f.

Land	vor Absenkung	nach Absenkung
Bundesrepublik Deutschland	56%	50%
Frankreich	50%	37%
Großbritannien	50%	35%
Niederlande	48%	35%
Belgien	45%	39%
Luxemburg	40%	34%
Österreich	55%	30%
Schweden	52%	30%
USA	46%	34%
Kanada	40%	33%
Japan	43,3 %	37,5 %

Abb. V.4: Körperschaftsteuersatzreformen im internationalen Vergleich[8]

Die Situation hat sich sogar noch zugespitzt, da die Absenkung der Körperschaftsteuersätze in den meisten Ländern deutlich höher ausgefallen ist als in der Bundesrepublik Deutschland.[9] Aus diesem Grund wird in der Reformdebatte eine weitere Senkung der deutschen Körperschaftsteuersätze gefordert.[10]

In diesem Zusammenhang wird auch die Abschaffung der Substanzsteuern diskutiert. Die in der IW - Studie ermittelte Steuerbelastung von 66,2 % setzt sich aus Ertragsteuern (51 %) und Substanzsteuern (15,2 %) zusammen. Weicht man von der Annahme einer 10 %-igen Rendite ab, so nimmt mit zunehmender Rendite der Substanzsteueranteil ab, während er im umgekehrten Fall ansteigt. Dieter Schneider verdeutlicht dies an einem Rechenbeispiel. Ausgehend von einem körperschaftsteuerpflichtigen Einkommen in Höhe von 1 DM und einer Vermögensteuerzahlung von 1.000 DM ermittelt er eine Gewinnsteuerbelastung von

---

[8] Vgl. Esser, K.: Standortfaktor Unternehmensbesteuerung, in: Zeitschrift für betriebswirtschaftliche Forschung, 42. Jg., Heft 2, 1990, S. 166.

[9] Vgl. o.V.: Unternehmensteuern - Großer Nachholbedarf, in: Informationsdienst des Instituts der deutschen Wirtschaft, 14. Jg., Heft 14, 1988, S. 4 f.

[10] Vgl. o.V.: Unternehmensteuerreform - Weiterer Handlungsbedarf, in: Informationsdienst des Instituts der deutschen Wirtschaft, 15. Jg., Heft 47, 1989, S. 4 f., siehe auch Schneider, D.: Für die Wagemutigen, in: Frankfurter Allgemeine Zeitung, Nr. 92, 20.4.1991, S. 13.

100.000 %.[11] Dieses Beispiel zeigt, daß Unternehmen in Zeiten geringer Gewinne oder bei Verlusten die Steuerzahlung aus ihrer Substanz leisten müssen. Damit sichert der Staat einerseits sein Steueraufkommen auch in Jahren schlechter Konjunktur. Andererseits kann hier aber auch davon gesprochen werden, daß der Staat zwar an der unternehmerischen Chance partizipiert, das unternehmerische Risiko für sich aber ausschließt.

Die wichtigsten ertragsunabhängigen Steuern mit denen Unternehmen in der Bundesrepublik belastet werden sind die Vermögensteuer, die Gewerbekapitalsteuer und die Grundsteuer (GrSt). Die Nichtabzugsfähigkeit der Vermögensteuer bei der Körperschaftsteuer und bei der Gewerbeertragsteuer muß bei der Vermögensteuerbelastung zusätzlich berücksichtigt werden.

Dem Standort Bundesrepublik entsteht gegenüber solchen Ländern kein Nachteil, in denen es vergleichbare Belastungen gibt. Als Beispiele seien die Taxe professionelle in Frankreich, die Rates in Großbritannien, die Property Tax in den USA und die Fixed Asset Tax in Japan genannt.[12]

Land	Anteil in %
Frankreich	79
Bundesrepublik Deutschland	70
Japan	60
Großbritannien	57
USA	55

Abb. V.5: Anteil der auf das Unternehmensvermögen entfallenden ertragsunabhängigen Steuern für 1985 in %[13]

Der Anteil des gesamten ertragsunabhängigen Steueraufkommens, der auf das Unternehmensvermögen entfällt, ist für bundesdeut-

11 Vgl. Schneider, D.: Meßkonzepte zur Steuerbelastung von Unternehmen, in: Wirtschaftswissenschaftliches Studium, 19. Jg., Heft 10, 1990, S. 498.

12 Vgl. Fischer, L.: Die ertragsunabhängige Besteuerung der Unternehmen - Eine Spezialität des deutschen Steuersystems?, in: Der Betrieb, 42. Jg., Heft 8, 1989, S. 389 - 396.

13 Vgl. Fischer, L., Die ertragsunabhängige Besteuerung, S. 393.

sche Unternehmen nach den französischen, auf die der größte Anteil entfällt, höher als in Japan, Großbritannien und den USA (s. Abbildung V.5).

Die Substanzsteuern sind also keine Besonderheit des Steuerstandortes Bundesrepublik Deutschland. Doch wird in der Bundesrepublik das Aufkommen an Substanzsteuern hauptsächlich von den Unternehmen getragen, wodurch ein Nachteil entsteht. Dies gilt vor allem in Jahren mit schlechterer Ertragslage.[14]

Kritiker der IW - Studie bemängeln, daß diese sich auf Steuertarife konzentriert und die jeweiligen Bemessungsgrundlagen vernachlässigt, obwohl die Steuerbelastung von Steuersatz und Steuermaßstab bestimmt wird.[15] Sie behaupten, daß die Nachteile der Bundesrepublik bei den Steuersätzen bei der Ermittlung des steuerpflichtigen Gewinns, also der Bestimmung der Bemessungsgrundlage wieder ausgeglichen werden. Dabei wird auf Vorteile bei den Abschreibungen und bei der Dotierung von Rückstellungen verwiesen. Zusätzlich wird die Möglichkeit des interperiodischen Verlustausgleichs aufgezeigt.[16]

Eine Arbeitsgruppe aus Vertretern von DIHT und BDI hat für zwölf Industrieländer die steuerlichen Gewinnermittlungsvorschriften verglichen.[17] Bei der Untersuchung der jeweiligen steuerlichen Abschreibungsmöglichkeiten getrennt nach Abschreibungen für Bürobauten, sonstigen Geschäftsbauten und

---

14 Vgl. Bundesverband der Deutschen Industrie e.V. (Hrsg.): Antworten des BDI auf den Fragenkatalog zur Standortdiskussion der CDU / CSU - Bundestagsfraktion, Köln 1992, S. 34 - 36.

15 Vgl. o.V.: Industriestandort Bundesrepublik von erlesener Qualität, in: Die Mitbestimmung, o. Jg., Beilage zu Heft 5, 1988, S. 26.

16 Vgl. Fuest, W. / Kroker, R.: Unternehmensteuerlast: 20 oder 70 Prozent?, Köln 1989, S. 24 - 30.

17 Vgl. Deutscher Industrie- und Handelstag / Bundesverband der Deutschen Industrie (Hrsg.): Steuerliche Gewinnermittlungsvorschriften im internationalen Vergleich, 2. Aufl., Köln / Bonn 1990 und Müller - Dott, J. P.: Die Messung der Steuerlast deutscher Unternehmen aus der Sicht der Wirtschaft, in: Betriebs - Berater, 45. Jg., Beilage 8 zu Heft 7, 1990, S. 6 - 10.

Ausrüstungen, kommt die Arbeitsgruppe zu den folgenden Ergebnissen:

Während bei den Abschreibungen für Ausrüstungen und sonstigen Geschäftsbauten für die Bundesrepublik keine günstigeren Regelungen als bei den Vergleichsländern festzustellen sind, ist die Rechtslage bei der Abschreibung von Bürogebäuden vorteilhaft, da seit 1985 die Abschreibungsdauer auf 25 Jahre verkürzt worden ist und damit kürzer ist als in den anderen untersuchten Ländern.

Die Aussagekraft eines Vergleichs der Abschreibungssätze ist jedoch eingeschränkt, da ein Rentabilitätsvorteil aus Abschreibungen nur dann entsteht, wenn der Barwert der steuerlichen Abschreibungen den Barwert der Ertragsabschreibungen übersteigt.[18] Doch auch eine Untersuchung der Barwerte der einzelnen Abschreibungsbeträge für Ausrüstungen und Betriebsgebäude bestätigt die Aussage, daß der Steuerstandort Bundesrepublik Deutschland bezüglich der Abschreibungsmöglichkeiten keine signifikanten Vorteile bietet.[19]

Ein weiterer Punkt, der bei der Diskussion um die Bemessungsgrundlagen eine Rolle spielt, sind die Rückstellungen, und zwar insbesondere die Pensionsrückstellungen. Hier wird argumentiert, daß die gesetzlichen Regelungen zur Dotierung von Pensionsrückstellungen der Bundesrepublik im internationalen Vergleich besonders günstig seien.[20]

Neben der Bundesrepublik besteht die Möglichkeit zur Bildung von Pensionsrückstellungen auch in Italien, Österreich und eingeschränkt in Japan. In anderen Staaten wie in Frankreich und in den angelsächsischen Ländern erfolgt die betriebliche Altersvorsorge durch steuerlich abzugsfähige Zahlungen an rechtlich selbständige Pensionsfonds. Vorteile am Standort

---

18 Vgl. Schneider, D.: Die Messung der Unternehmenssteuerbelastung: Methoden und Ergebnisse, in: Betriebs - Berater, 45. Jg., Heft 8, 1990, S. 536.

19 Vgl. Fuest, W. / Kroker, R., Unternehmensteuerlast, S. 26 - 29.

20 Vgl. Fuest, W. / Kroker, R., Unternehmensteuerlast, S. 24:

Bundesrepublik reduzieren sich folglich auf Zinsvorteile, die entstehen könnten, wenn das deutsche Recht eine zeitliche Vorwegnahme der Aufwendungen gestatten würde.[21]

In der Bundesrepublik Deutschland verbietet § 6 a EStG die Dotierung von Pensionsrückstellungen für Mitarbeiter, die unter 30 Jahre alt sind. Dies gilt auch, wenn der betroffene Mitarbeiter bereits mehrere Jahre im Unternehmen beschäftigt ist und somit schon Pensionsansprüche erworben hat. Die Dotierung der Rückstellungen ist also erst mit einer zeitlichen Verzögerung möglich. Anders ist es beispielsweise in den USA, wo der Altersversorgungsaufwand wesentlich früher dotiert werden kann. Bezüglich der Dotierung von Pensionsrückstellungen bei der Gewinnermittlung entsteht also der Bundesrepublik Deutschland gegenüber den USA insofern ein Nachteil.[22] Zweifelhaft ist allerdings, ob in der Praxis Mitarbeitern, die jünger als 30 Jahre sind, schon in großen Umfang Pensionszusagen gegeben werden, also die Frage, ob dieser juristische Vorteil von großer praktischer Relevanz ist.[23]

Ein weiteres Problem der deutschen Gesetzgebung besteht in der Tatsache, daß bei der Dotierung der Pensionsrückstellungen von der Fiktion ausgegangen werden muß, daß es in der Zukunft weder zu Lohn- bzw. Gehaltserhöhungen kommt noch im Rentenalter die Rente angehoben wird. Auch diese Besonderheiten kennt das amerikanische Recht nicht, so daß in den USA insgesamt eine periodengerechtere Behandlung der Versorgungsaufwendungen möglich ist und somit gegenüber der Bundesrepublik Vorteile entstehen.[24]

Nicht vernachlässigt werden darf aber der Vorteil, der sich aus den Innenfinanzierungsmöglichkeiten durch Pensionsrück-

---

21 Vgl. Müller - Dott, J. P., Die Messung der Steuerlast, S. 9.

22 Vgl. Esser, K., Standortfaktor Unternehmensbesteuerung, S. 178 f.

23 Vgl. Schneider, D., Die Messung der Unternehmenssteuerbelastung, S. 536.

24 Vgl. Esser, K., Standortfaktor Unternehmensbesteuerung, S. 179.

stellungen ergeben kann. Liegt nämlich der Abzinsungsfaktor für die Berechnung des Pensionsaufwandes unterhalb des Zinses für externe Fremdfinanzierungen, so beinhaltet hier die Innenfinanzierung aus Pensionsrückstellungen einen Vorteil gegenüber dem System der Altersversorgung über Fonds.[25]

Schließlich sollen die Möglichkeiten des interperiodischen Verlustausgleichs untersucht werden. Auch hier zeigt sich, daß es sich nicht um eine deutsche Besonderheit handelt sondern daß sowohl der Verlustrücktrag als auch der Verlustvortrag in verschiedenen Ländern steuerlich zulässig ist. In der Bundesrepublik müssen zunächst alle Rücktragungsmöglichkeiten ausgeschöpft werden, erst dann ist auch der Verlustvortrag zulässig. In anderen Ländern, wie z.B. den USA, besteht hier ein Wahlrecht. Die deutschen Möglichkeiten des Verlustrücktrags sind im internationalen Vergleich begrenzt. Dafür ergibt sich aber beim Verlustvortrag ein Vorteil, da Verluste seit 1990 unbegrenzt vorgetragen werden können.[26]

Es ist deutlich geworden, daß für die Bundesrepublik Deutschland im internationalen Vergleich keine eindeutigen Vorteile bei der Ermittlung des steuerpflichtigen Gewinns bestehen. Den Steuersätzen ist also doch eine große Bedeutung beizumessen. Diese Aussage ist jedoch einzuschränken, wenn in die Betrachtung auch Sonderabschreibungen einbezogen würden. Sonderabschreibungen können zweifelsfrei ein bedeutender Standortvorteil sein. Bei internationalen Standortanalysen können sie jedoch nur schwerlich berücksichtigt werden, da sie in aller Regel zeitlich, regional oder sektoral begrenzt und von daher kaum vergleichbar sind.

Ein weiterer Kritikpunkt an der IW - Studie bezieht sich auf die Annahme der Vollthesaurierung der Gewinne, da dieser Fall

---

25 Vgl. Schneider, D., Die Messung der Unternehmenssteuerbelastung, S. 537.

26 Vgl. Fuest, W. / Kroker, R., Unternehmensteuerlast, S. 25 f.

für die Praxis untypisch sei.[27] Dieser Einwand ist zwar richtig, doch stellt sich die Frage, mit welchem Steuersatz die ausgeschütteten Gewinne belastet werden sollen. Falsch wäre es, mit dem Körperschaftsteuersatz von 36 % oder wegen des Anrechnungsverfahrens sogar mit 0 % zu rechnen. Vielmehr müßte für die Besteuerung der ausgeschütteten Gewinne über den Kapitalmarkt hinweg die Besteuerung bei den jeweiligen Beteiligungskapitalgebern berücksichtigt werden.[28] Nur dann wäre die genaue steuerliche Belastung der ausgeschütteten Gewinne berechenbar.

Da dies aber kaum praktikabel ist, ist so die IW - Berechnung mit einer gewissen Ungenauigkeit behaftet. Eine zusätzliche Ungenauigkeit ergibt sich aus den regionalen Differenzen der Gewerbesteuerhebesätze, so daß die steuerliche Belastung in zahlreichen Gemeinden unterhalb der IW - Berechnung liegen wird.

c.) Die Studie des DIW

Die Kritikpunkte an der IW - Studie versucht die Untersuchung des Deutschen Instituts für Wirtschaftsforschung (DIW) zu berücksichtigen.[29] Auf der Basis statistischer Durchschnittswerte hat das DIW aus Bilanzdaten für fünf Branchen (Chemische Industrie, Maschinenbau, Fahrzeugbau, Büromaschinen und Bekleidungsgewerbe) Modellunternehmen konstruiert und diese dem Steuerrecht der sieben untersuchten Länder (Bundesrepublik Deutschland, Frankreich, Italien, Großbritannien, Schweden,

---

27 Vgl. Scheibe - Lange, I.: Unternehmensbesteuerung: Bedarf für Strukturänderungen oder Entlastung?, in: Besters, H. (Hrsg.): Unternehmensbesteuerung als Standortfaktor, Baden - Baden 1991, S. 127.

28 Vgl. Schneider, D.: Die Bundesrepublik als Hochsteuerland?, in. Besters, H. (Hrsg.): Unternehmensbesteuerung als Standortfaktor, Baden - Baden 1991, S. 144.

29 Vgl. Seidel, B. / Franzmeyer, F. / Volz, J. u.a.: Die Besteuerung der Unternehmensgewinne - Sieben Industrieländer im Vergleich, in: Deutsches Institut für Wirtschaftsforschung (Hrsg.): Beiträge zur Strukturforschung, Heft 111, Berlin 1989.

USA und Japan) unterworfen. Als Bemessungsgrundlage wird ein retrograd ermittelter Cash - Flow (bereinigter Gewinn) verwendet, um nationale Differenzen bei der Dotierung von Abschreibungen und Rückstellungen zu egalisieren. Darüberhinaus berücksichtigt die Studie verschiedene Konstellationen der Gewinnverwendung (Vollthesaurierung, 50 %-ige Ausschüttung, "tatsächliche" Ausschüttung und Vollausschüttung).

Im wesentlichen kommt das DIW zu den folgenden Ergebnissen: Die Gesamtsteuerlast, bezogen auf den Steuerbilanzgewinn, liegt je nach Branche zwischen 64,5 % und 78,5 % und damit im internationalen Vergleich hoch. Doch stehen dem vergleichsweise günstige Abschreibungs- und Rückstellungsmöglichkeiten gegenüber. Daher ergibt sich, bezogen auf den bereinigten Gewinn, eine im internationalen Vergleich durchschnittliche steuerliche Belastung der Gewinne deutscher Unternehmen je nach Branche zwischen 25,8 % und 51 %. Die Belastung einbehaltener Gewinne deutscher Kapitalgesellschaften ist zwar im internationalen Vergleich am höchsten, doch verbessert sich die Situation mit zunehmender Ausschüttungsquote. Insgesamt sieht das DIW aber keine übermäßige Belastung bundesdeutscher Unternehmen.[30]

Die DIW - Studie hat z.T. heftige Kritik hervorgerufen. Schon im Rahmen der Diskussion der IW - Studie ist gezeigt worden, daß das deutsche Steuerrecht bezüglich der Dotierung von Abschreibungen und Rückstellungen im internationalen Vergleich keine eindeutigen Vorteile bietet.

Einen bedeutsamen Fehler macht das Institut mit der Verwendung des Cash - Flow (bereinigter Gewinn) als Bemessungsgrundlage. Für die Bundesrepublik werden bei der Ermittlung des Cash - Flow die Veränderungen der Pensionsrückstellungen als langfristige Rückstellungen zum Jahresüberschuß hinzuaddiert. Die Bemessungsgrundlage, der bereinigte Gewinn, wird also um diese Position vergrößert. Diese Hinzurechnung unterbleibt aber bei-

---

30 Vgl. Bundesministerium für Wirtschaft / Bundesministerium der Finanzen (Hrsg.): DIW Gutachten, Bonn 1989, S. 1 f.

spielsweise für die USA, da dort die Altersversorgung über externe Fonds abgewickelt wird. Insofern wird die Bemessungsgrundlage dort durch die Pensionsaufwendungen im Gegensatz zur Bundesrepublik verkürzt. Diese Verzerrung der Bemessungsgrundlage beeinträchtigt in erheblichem Maße die Aussagekraft der Untersuchung, da es zu einer Überschätzung der Steuerbelastung amerikanischer Unternehmen kommt.[31]

Richtig ist die Aussage des DIW, daß insbesondere bei Vollthesaurierung der Gewinne ein Nachteil für die Bundesrepublik besteht. Dieser Nachteil könnte sich aber bei gegebener Struktur der Anteilseigner mit zunehmender Ausschüttungsquote relativieren. Fraglich ist also, ob die Annahme der Vollthesaurierung eine realitätsferne Fiktion ist. Eine realistische Annahme scheint die Vollthesaurierung zumindest für zahlreiche mittelständische GmbH's zu sein[32], da diese besondere Schwierigkeiten bei der externen Eigenfinanzierung haben.

Im Falle der Vollausschüttung ist die Steuerbelastung in Japan deutlich höher als in der Bundesrepublik Deutschland. Dies liegt im wesentlichen am japanischen Einkommensteuerspitzensatz von 76 %. Dabei ist aber zu beachten, daß dieser Steuersatz erst ab einem steuerpflichtigen Einkommen von umgerechnet 680.000 DM greift. Es ist also zu bezweifeln, daß eine Rechnung mit diesem Steuersatz die Verhältnisse realistisch widerspiegelt.[33] In der Bundesrepublik hingegen greift der Spitzensteuersatz der Einkommensteuer (53 %) schon ab einem steuerpflichtigen Einkommen von 120.00 DM (bei Verheirateten 240.000 DM).

---

31 Vgl. o.V.: Unternehmensbesteuerung - Falsche Fragen beantwortet, in: Informationsdienst des Instituts der deutschen Wirtschaft, 15. Jg., Heft 27, 1989, S. 4 f.

32 Vgl. Schneider, D.: Eine neue Milchmädchenrechnung zur Steuerbelastung der Unternehmensgewinne, in: Handelsblatt, Nr. 154, 11./12.8.1989, S. 5 und Bundesverband der Deutschen Industrie e.V. (Hrsg.), Antworten des BDI auf den Fragenkatalog zur Standortdiskussion, S. 37.

33 Vgl. Fuest, W. / Kroker, R., Unternehmensteuerlast, S. 33 f.

d.) Die Studie von King und Fullerton

Eine besonders umfangreiche Studie zum Thema internationaler Steuerbelastungsvergleich wurde 1984 von King und Fullerton vorgelegt.[34] Sie untersuchten für die USA, Großbritannien, Schweden und die Bundesrepublik Deutschland unter der Annahme einer Gesamtkapitalrendite bzw. einer Rendite der jeweils betrachteten Investition von 10 % vor Steuern die jeweilige Steuerbelastung (unter Berücksichtigung von Subventionen) für die Branchen verarbeitendes Gewerbe, sonstige Industrie und Dienstleistungen. Dabei wird auch nach der Art der Investitionen, nach Ausrüstungs-, Gebäude- und Vorratsinvestitionen differenziert. Zusätzlich wird bei der Finanzierung zwischen Fremdfinanzierung, Eigenkapitalerhöhung und Gewinnthesaurierung unterschieden. Schließlich wird untersucht, ob es sich bei den Kapitalgebern um private Haushalte, steuerbefreite Organisationen oder Versicherungen handelt, so daß insgesamt 81 Kombinationsfälle analysiert werden. Die folgende Abbildung faßt die Ergebnisse der Untersuchung von King und Fullerton zusammen.

Land	Durchschnitt A	Durchschnitt B	Fremdfinanzierung	Selbstfinanzierung
GB	3,7	18,9	-100,8	30,6
S	35,6	52,6	5,0	68,2
USA	37,2	37,2	-16,3	62,4
D	48,1	52,6	-3,1	90,2

Abb. V.6: Steuerbelastung nach King und Fullerton[35]

Die Tabelle zeigt, daß die Besteuerung der Unternehmensgewinne im Durchschnitt aller Kombinationsfälle (Durchschnitt A) in der Bundesrepublik Deutschland mit 48,1 % deutlich über den Belastungen der Vergleichsländer liegt.

---

34 Vgl. King, M. A. / Fullerton, D.: The Taxation of Income from Capital, A Comparative Study of the United States, the United Kingdom, Sweden and West Germany, Chicago 1984.

35 Vgl. Schneider, D.: Investition, Finanzierung und Besteuerung, 6. Aufl., Wiesbaden 1990, S. 328 u. S. 329 f. Dort wird eine anschauliche Zusammenfassung der Studie von King und Fullerton gegeben.

In der zweiten Berechnung, Durchschnitt B, wird das Steuerrecht der jeweiligen Länder auf Unternehmen angewandt, die, z.B. hinsichtlich ihrer Kapitalstruktur, für die wirtschaftlichen Verhältnisse in den USA typisch sind. Dies hat den Vorteil, daß unter sonst gleichen Bedingungen die Wirkungen der verschiedenen nationalen Steuerrechte besser verglichen werden können. Auch hier zeigt sich für die Bundesrepublik eine Höherbelastung gegenüber den USA und Großbritannien, während die Anwendung des schwedischen Steuerrechts zum gleichen Ergebnis führt.

Darüberhinaus fällt auf, daß in der Bundesrepublik insbesondere die Gewinne aus selbstfinanzierten Investitionen im internationalen Vergleich besonders hoch besteuert werden. In Zeiten steigender Preise führt die sogenannte Scheingewinnbesteuerung bei Vorräten sogar zu einer Erhöhung des Grenzsteuersatzes auf gut 90 %. Eine Diskriminierung der Selbst- gegenüber der Fremdfinanzierung zeigt sich allerdings in allen untersuchten Ländern.

Eine allgemeingültige Aussage in dem Sinne zu treffen, daß die Bundesrepublik im internationalen Vergleich eindeutig ein Hochsteuerland sei, ist jedoch problematisch, da die Ergebnisse der Steuerbelastung für die einzelnen Kombinationsfälle zum Teil weit auseinander fallen. Effektive Grenzsteuerbelastungen der Gewinne von über 100 % und negative Belastungsprozentsätze (Nettosubventionen) verdeutlichen die Vielschichtigkeit der Steuerrechtswirkungen auf die Rentabilität. So ergibt sich beispielsweise für Großbritannien eine Belastung von -312 % für fremdfinanzierte industrielle Anlagen, deren Schuldtitel von steuerbefreiten Organisationen gehalten werden. Zu einer Belastung von +130 % kommt es im Transportgewerbe, wenn Gebäude selbstfinan-ziert werden und die Anteilsrechte von privaten Haushalten gehalten werden. Für die Bundesrepublik ergibt sich eine Spanne von -59 % für fremdfinanzierte Industriegebäude, wenn die Titel von steuerbefreiten Institutionen gehalten werden, bis zu +102 % für selbstfinanzierte Vorratsinvestitionen, wenn die Anteile bei den privaten Haushalten liegen.[36]

Ein Nachteil ist in der mangelnden Aktualität der Studie von King und Fullerton zu sehen, da sich ihre Erhebungen auf das Jahr 1980 beziehen und folglich die Reformen des Steuerrechts der jeweiligen Länder nach 1980 nicht berücksichtigt sind. Trotzdem bietet die Studie eine Basis für Tendenzaussage, daß die Bundesrepublik Deutschland im internationalen Vergleich bei einer durchschnittlichen Betrachtung der untersuchten Fälle als Hochsteuerland angesehen werden muß. Dies gilt auch unter Berücksichtigung von Steuerreformen, .[37]

Darüberhinaus sind für die Bundesrepublik Deutschland folgende Kritikpunkte an der Studie zu berücksichtigen: Zwar werden regionale Subventionstatbestände erfaßt, doch bleiben Zinsverbilligungen (z.B. im Rahmen der Mittelstandsförderung) bei der Berechnung außen vor. Zudem werden die niedrigen Kapitalkosten aus steuerbedingter Innenfinanzierung (z.B. Pensionsrückstellungen oder Verlustvorwegnahme) in der Belastungsrechnung vernachlässigt.[38]

e.) Die Methode der volkswirtschaftlichen Gesamtrechnung

Zu einem völlig anderen Ergebnis bei der Einschätzung der Steuerbelastung am Standort Bundesrepublik Deutsch land führt die Methode der volkswirtschaftlichen Gesamtrechnung (VGR). Nach einer Berechnung von Ingrid Matthäus - Maier liegt die Belastung der Unternehmen mit direkten Steuern unter 20 %.[39] Bei der Methode der volkswirtschaftlichen Gesamtrechnung wird die durchschnittliche steuerliche Belastung einer Periode be-

---

36 Vgl. Schneider, D., Investition, S. 328 f.
37 Vgl. Müller - Dott, J. P., Die Messung der Steuerlast, S. 4.
38 Vgl. Schneider, D., Investition, S. 330.
39 Vgl. Matthäus - Maier, I.: Die siebzigprozentige Besteuerung des Unternehmensgewinns ist eine Legende, in: Handelsblatt, Nr. 251, 30./31.12.1988, S. 18 siehe auch Abb. V.3.

rechnet, indem dem Bruttoeinkommen aus Unternehmertätigkeit und Vermögen die darauf gezahlten Steuern gegenübergestellt werden. Ein besonderes Problem dieses Ansatzes ist in den Mängeln der Erfassung der verwandten Größen aus der volkswirtschaftlichen Gesamtrechnung zu sehen.[40]

Diese Problematik wird auch von den Vertretern der volkswirtschaftlichen Gesamtrechnung erkannt, doch sehen sie darin lediglich eine gewisse Relativierung, die aber die Aussagekraft der Analyse nicht einschränkt.[41]

Kritiker zeigen insbesondere Mängel bei der Erfassung des Bruttoeinkommens aus Unternehmertätigkeit und Vermögen auf, da diese Größe sowohl Erwerbseinkommen der Landwirte, der selbständigen Kaufleute, der Freiberufler und des Staates als auch verschiedene Miet- und Zinseinkünfte der privaten Haushalte enthält.[42]

Die folgende Abbildung zeigt eine bereinigte volkswirtschaftliche Gesamtrechnung des Instituts der deutschen Wirtschaft für 1983. Bei dieser Berechnung werden verschiedene Korrekturposten vom Bruttoeinkommen aus Unternehmertätigkeit und Vermögen abgezogen. Die so bereingte Berechnung führt zu einer Steuerbelastung von 53,7 %.

Von Kritikern der 70 % - Rechnung des IW wurde diese VGR - Rechnung als eine Korrektur des IW seiner früheren Untersuchung interpretiert. Dem widerspricht das IW aber eindeutig, indem es die 16 %-ige Differenz zwischen volkswirtschaftlicher Gesamtrechnung und Modellrechnung erklärt und somit die Richtigkeit ihrer 70 % - Rechnung noch einmal unterstreicht.[43]

---

40 Vgl. Schneider, D., Die Messung der Unternehmenssteuerbelastung, S. 534 f.

41 Vgl. Scheibe - Lange, I., Unternehmensbesteuerung, S. 130.

42 Vgl. o.V.: Unternehmensbesteuerung - Nach VGR über 50 Prozent, in: Informationsdienst des Instituts der deutschen Wirtschaft, 15. Jg., Heft 11, 1989, S. 4.

43 Vgl. Fuest, W. / Kroker, R., Untenehmensteuerlast, S. 23.

Eine bereinigte VGR-Rechnung

Gewinn 1983	Mrd. DM
Einkommen aus U+V, brutto	365,3
./. Landwirtschaft, etc.	13,7
./. Wohnungsvermietung[1])	64,9
./. Zinseinkommen der priv. Haushalte[2])	73,0[2])
./. Bundesbank	11,8
./. Bundespost	2,2
./. Bundesbahn	−3,7
./. Staat[3])	−19,4
./. Einkommen der Selbständigen (ohne Landwirtschaft)[4])	129,5
= Gewinne im gewerblichen Sektor nach Produktionssteuern	93,3
+ Gewerbesteuer[5])	18,2
Gewinn vor Steuern	111,5
Steuern 1983	**Mrd. DM**
1. Körperschaftssteuer[6])	28,7
2. Einkommensteuer auf[6])	
– Gewerbebetrieb	27,5
– selbständiger Arbeit	10,2
3. Gewerbesteuer	26,2
4. Vermögensteuer (betrieblich)[7])	4,0
	96,6
./. anteilige ESt und Gewerbesteuer auf Einkommen der Selbständigen	
– ESt[8])	28,7
– Gewerbesteuer[9])	8,0
Steuern insgesamt	59,9
Steuern in Prozent des Gewinns =	53,7 %

[1]) Nettowertschöpfung.
[2]) Nach Abzug der Zinsen auf Konsumentenschulden.
[3]) Empfangene Vermögenseinkommen, abzgl. Zinsen auf öffentl. Schulden.
[4]) Geschätzt. Selbständige mit 1,5fachem, Mithelfende mit einfachem Durchschnittseinkommen der Arbeitnehmer angesetzt.
[5]) Ohne Gewerbesteuer auf Einkommen der Selbständigen (hier mit 8,0 Mrd. DM angesetzt).
[6]) Nach Abzug der anzurechnenden Körperschaftsteuer.
[7]) 80 Prozent der Vermögensteuer.
[8]) Gemäß gewichtetem Durchschnittsteuersatz.
[9]) Geschätzt.

Abb. V.7: Eine bereinigte VGR - Rechnung[44]

Die Differenz erklärt sich damit, daß erstens eine Durchschnittsrechnung und zweitens eine Grenzbelastung ermittelt wird. Darüberhinaus zeigen sich konzeptionelle Unterschiede, da Abschreibungen nach dem Steuerrecht anders berechnet werden als in der volkswirtschaftlichen Gesamtrechnung. Der interperiodische Verlustausgleich und die Dotierung von Rückstellun-

[44] Entnommen aus: Fuest, W. / Kroker, R., Unternehmensteuerlast, S. 16.

gen werden beim Konzept der volkswirtschaftlichen Gesamtrechnung sogar ganz vernachlässigt.[45]

f.) Zusammenfassung der Debatte um die Steuerbelastung

Für eine systematische Zusammenfassung der Untersuchung muß zunächst zwischen den Entscheidungs- und Verteilungswirkungen des Steuerrechts unterschieden werden. Entscheidungswirkung hat das Steuerrecht bei der Investitions- und Finanzierungsplanung von Unternehmen. So wird ein Unternehmen bei seiner Standortwahl die Änderung sämtlicher Steuerzahlungen gegenüber einer Alternative untersuchen, die sich durch die Auswahl eines bestimmten Standortes ergäben. Es erfolgt also ein Vergleich der Grenzsteuerbelastungen.

Soll die Verteilungswirkung des Steuerrechts untersucht werden, um z.B. zu überprüfen, ob die durch das Steuerrecht bedingte Einkommensumverteilung sozial gerecht ist, so wird das Vorsteuerjahreseinkommen dem Nachsteuerjahreseinkommen gegenübergestellt, dabei werden diejenigen Steuerarten (und Subventionen) berücksichtigt, die das Einkommen eines Steuerzahlers belasten. Es werden also für einzelne Personen oder Personengruppen Durchschnittssteuerbelastungen berechnet. Folglich erlauben Durchschnittssteuerbelastungen, wie sie sich aus der volkswirtschaftlichen Gesamtrechnung ergeben, keine Aussagen über die Höhe der Unternehmensteuerbelastung, die sich mit der Wahl eines bestimmten Standortes ergeben würde. Daher kann die Untersuchung der volkswirtschaftlichen Gesamtrechnung für die Messung der Attraktivität des Standortes Bundesrepublik Deutschland keine brauchbaren Hinweise bieten.[46]

Für die Untersuchung der steuerlichen Belastung an verschiedenen Standorten ist für Unternehmen also lediglich eine Be-

---

45 Vgl. o.V.: Unternehmensbesteuerung - Nach VGR über 50 Prozent, in: Informationsdienst des Instituts der deutschen Wirtschft, 15. Jg., Heft 11, 1989, S. 4 f.

46 Vgl. Schneider, D., Die Messung der Unternehmenssteuerbelastung, S. 534 f.

trachtung der jeweiligen Grenzsteuerbelastung sinnvoll.[47] Die Qualifizierung der Bundesrepublik Deutschland als Hochsteuerland mit einer Grenzsteuerbelastung von 66,2 % ist so gesehen richtig. Allerdings sind mehrere Einwände zu berücksichtigen.[48]

Die Belastung von 66,2 % ergibt sich nur bei einer Bruttorendite von 10 %. Mit steigender (sinkender) Rendite sinkt (steigt) die Belastung. Darüberhinaus könnte es abweichend von der Annahme der Vollthesaurierung bei zunehmender Gewinnausschüttung zu einer geringeren Steuerbelastung der Unternehmen kommen (Schütt - aus - Hol - zurück). Der internationale Vergleich zur Ermittlung der Bemessungsgrundlage hat für die Bundesrepublik zwar keinen signifikanten Vorteil ergeben, doch könnten sich im Einzelfall die günstigeren Möglichkeiten bei Abschreibungen auf Bürobauten und beim Verlustvortrag positiv auswirken. Damit liegt die Vermutung nahe, daß die Grenzsteuerbelastung der Unternehmensgewinne im Bundesdurchschnitt etwas unter 66,2 % liegen wird. Dies beeinträchtigt aber nicht die Klassifizierung der Bundesrepublik als Hochsteuerland.

Andererseits kann ein solches Urteil nicht den Anspruch der Allgemeingültigkeit erheben, denn wie die Untersuchung von King und Fullerton gezeigt hat, bewegen sich die internationalen Grenzsteuersätze im Rahmen erheblicher Spannbreiten, so daß die Bundesrepublik im Einzelfall (z.B. bei hohen Subventionen für bestimmte Investitionen) auch "Steueroase" sein kann.

Ein weiterer Aspekt ergibt sich, wenn die indirekten Steuern in die Betrachtung mit einbezogen werden. Unter der (realistischen) Annahme, daß die Nachfrage nicht völlig preisunelastisch reagiert, kann bezweifelt werden, daß es immer gelingt, die indirekten Steuern auf den Endverbraucher ab-

---

47 Vgl. Jahresgutachten 1988/89 des Sachverständigenrates zur Begutachtung der gesamtwirtschaftlichen Entwicklung, S. 182 Tz. 174.

48 Vgl. Schneider, D., Meßkonzepte zur Steuerbelastung, S. 499.

zuwälzen. Es wird also zumindest ein Teil der indirekten Steuern auch von den Unternehmen getragen. Bei einem internationalen Vergleich der indirekten Steuern schneidet die Bundesrepublik Deutschland aber besonders günstig ab.[49] Die folgende Abbildung verdeutlicht dies für ausgewählte Länder der Europäischen Gemeinschaft.

Indirekte Besteuerung in Prozent des Bruttoinlandprodukts im Jahre 1984

EG-Mitgliedländer	Umsatzsteuer (MwSt)	Die fünf großen Verbrauchsteuern (1)	Verbrauchsteuern insgesamt	MwSt und Verbrauchsteuern
	%	%	%	%
Belgien	7,5	2,2	2,3	9,8
Dänemark	9,8	3,2	4,1	13,9
BR Deutschland	6,6	2,6	2,7	9,3
Frankreich	8,9	2,2	2,4	11,3
Großbritannien	6,1	4,6	4,6	10,7
Irland	8,5	6,6	7,5	16,0
Italien	6,3	3,2	3,3	9,9
Luxemburg	6,4	4,9	4,9	11,3
Niederlande	7,1	2,0	2,5	9,6
Gewogener EG-Durchschnitt (2)	7,1	2,9	3,1	10,2

(1) Tabakerzeugnisse, Bier, Wein, Spirituosen und Mineralölerzeugnisse
(2) Mit Ausnahme Griechenlands, wo die erforderlichen Statistiken nicht vorlagen, sowie Portugals und Spaniens, die 1984 noch nicht EG-Mitglieder waren.

Abb. V.8: Indirekte Besteuerung in % des BIP im Jahre 1984[50]

Ungünstig schneidet die Bundesrepublik hingegen ab, wenn die Intensität und Effektivität der jeweiligen nationalen Steuerbehörden verglichen wird. Für bundesdeutsche Unternehmen ergibt sich aus der besonders intensiven Betriebsprüfung nicht nur eine sehr hohe Durchsetzung der gesetzlich erhobenen Steueransprüche, sondern mit der Organisation und Durchführung der

49 Vgl. Schneider, D.: Die Bundesrepublik Deutschland als Hochsteuerland?, in: Besters, H. (Hrsg.): Unternehmensbesteuerung als Standortfaktor, Baden - Baden 1991, S. 147.

50 Entnommen aus KPMG Deutsche Treuhand Gruppe (Hrsg.), Der Binnenmarkt 1992, S. 31.

Betriebsprüfung entstehen für die Unternehmen auch zusätzliche Verwaltungskosten.[51]

Durch die Wiedervereinigung mit der ehemaligen DDR und die Finanzierung des Gemeinschaftswerks Aufschwung Ost sind auf den Steuerstandort Bundesrepublik Deutschland neue Belastungen hinzugekommen.[52] Hier besteht die Gefahr, daß durch die zusätzliche Belastung die Attraktivität des Standortes Bundesrepublik leidet und somit der Aufschwung behindert wird. Es stellt sich also die Frage, ob nicht gerade zur Beschleunigung des Aufschwungs eine Steuerreform notwendig wäre, die die Attraktivität des Standortes Bundesrepublik Deutschland erhöht.[53]

Ansatzpunkt weiterer Steuerreformen sollte die Erhöhung der unternehmerischen Risikobereitschaft durch eine Verminderung der Belastung mit Substanzsteuern sein.[54] Dabei müssen allerdings die Interessen von Gemeinden und Kommunen besonders berücksichtigt werden.

Ein weiterer Ansatz zur Optimierung des Steuersystems wäre in der Schaffung eines finanzierungs- bzw. rechtsformneutralen Systems der Besteuerung zu sehen, also der steuerlichen Gleichbehandlung von Eigen- und Fremdfinanzierung und von Kapital- und Personengesellschaften. Des weiteren sollte ein psychologischer Effekt berücksichtigt werden. Die hohen deutschen Spitzensteuersätze könnten internationale Investoren möglicherweise verunsichern. Folglich könnte eine Absenkung dieser Spitzensätze gegebenenfalls zu Lasten der Bemessungsgrundlagen die Attraktivität der Bundesrepublik erhöhen. Eine

---

51 Vgl. Neddermeyer, W.: Die steuerliche Betriebsprüfung (Außenprüfung) im internationalen Vergleich, in: Betriebs - Berater, 46. Jg., Beilage 19 zu Heft 27, 1991, S. 14.
52 Siehe Kapitel III. Abschnitt D.
53 Vgl. Sievert, O.: Die Reform der Unternehmensbesteuerung bleibt dringlich, in: Besters, H. (Hrsg.): Unternehmensbesteuerung als Standortfaktor, Baden - Baden 1991, S. 36 und Müller - Dott, J. P.: Deutschland im steuerlichen Gegenwind, in: Der Betrieb, 45. Jg., Heft 22, 1992, S. I.
54 Vgl. Funk, J.: Sicherung von Wettbewerbsfähigkeit und Arbeitsplätzen durch Reform der Unternehmensbesteuerung, Sonderdruck aus "Mannesmann Post" 108, Düsseldorf 1991.

weitere Verbesserung der Attraktivität könnte durch die Umsetzung der angesprochenen Reformvorschläge erreicht werden, auch wenn dies zur Aufrechterhaltung der Handlungsfähigkeit der öffentlichen Hand zunächst aufkommensneutral geschehen würde.

2. Arbeitskosten und Arbeitszeit

a.) Vorüberlegungen zum Standortfaktor Arbeit

Neben dem Standortfaktor Unternehmensbesteuerung spielt der Faktor Arbeit bei der Debatte um die Attraktivität des Industriestandortes Bundesrepublik Deutschland eine besondere Rolle. Dabei werden Arbeitskosten, Arbeitsproduktivität und Arbeitszeit unter verschiedenen Gesichtspunkten diskutiert.[55]

In diesem Abschnitt sollen nun die in der Diskussion befindlichen Argumente aufgegriffen, einander gegenübergestellt und kritisiert werden. Ziel ist es, zu einer Beurteilung der Aspekte Arbeitskosten und Arbeitszeit zu kommen und deren Bedeutung für die Standortdiskussion einzuschätzen. Darüberhinaus wird darauf eingegangen, wie sich die Wiedervereinigung der beiden Teile Deutschlands auf diese Aspekte der Standortdiskussion auswirkt.

b.) Arbeitskosten

Die Arbeitskosten je Stunde setzen sich aus dem direkten Stundenlohn und den Personalzusatzkosten bzw. Lohnnebenkosten zusammen. Bei den Nebenkosten wird zwischen gesetzlichen, tariflichen und freiwilligen Leistungen unterschieden.[56]

---

55 Vgl. Hartwig, K.-H.: Bundesrepublik Deutschland: bleibende Dominanz in Europa?, in: Cassel, D. (Hrsg.): Wirtschaftssysteme im Umbruch, München 1990, S. 398 f.

56 Vgl. Salowsky, H.: Ist die Arbeit bei uns so gut, wie sie teuer ist?, in: Der Arbeitgeber, 41. Jg., Heft 19, 1989, S. 686.

Ein internationaler Vergleich der Arbeitskosten zeigt, daß die Bundesrepublik Deutschland auch 1990 die höchsten Arbeitskosten je Stunde aufweist. Damit liegt sie vor der Schweiz, die von 1986 bis 1988 die höchsten Arbeitskosten hatte.[57]

Land	Stundenlohn	Personalzusatzkosten	Arbeitskosten insgesamt
Bundesrepublik Deutschland	20,43	17,45	**37,88**
Schweiz	24,41	12,33	**36,74**
Schweden	20,19	15,10	**35,29**
Norwegen	21,61	11,13	**32,74**
Dänemark	24,53	6,01	**30,54**
Niederlande	16,82	13,54	**30,36**
Belgien	16,33	13,72	**30,05**
Italien	14,69	15,13	**29,82**
Luxemburg	19,25	9,34	**28,59**
Österreich	14,52	13,94	**28,46**
Kanada	19,80	6,93	**26,73**
Japan	19,87	5,98	**25,85**
Frankreich	13,61	12,04	**25,65**
Großbritannien	17,29	7,43	**24,72**
Vereinigte Staaten	17,55	6,63	**24,18**
Australien	15,89	7,15	**23,04**
Spanien	13,59	8,29	**21,88**
Irland	14,25	6,20	**20,45**
Griechenland	6,37	4,12	**10,49**
Portugal	4,10	3,04	**7,14**
Türkei	1,28	2,28	**3,56**

Abb. V.9: Arbeitskosten je Stunde in der verarbeitenden Industrie 1990 in DM[58]

Die Abbildung veranschaulicht den Spitzenplatz der Bundesrepublik mit Arbeitskosten von 37,88 DM pro Stunde, während wichtige Konkurrenzländer wie Italien, Japan, Frankreich, Großbritannien und die USA mit Arbeitskosten zwischen 29,82 DM und 24,18 DM im Mittelfeld liegen. Die niedrigsten Arbeitskosten der hier untersuchten Länder weist die Türkei mit 3,56 DM auf. Damit entsteht der Eindruck, daß der Bundesrepublik unter dem

57 Vgl. o.V.: Arbeitskosten international - Für Betriebe teuerstes Pflaster, in: Informationsdienst des Instituts der deutschen Wirtschaft, 17. Jg., Heft 18, 1991, S. 3.

58 Vgl. o.V.: Arbeitskosten international - Für Betriebe teuerstes Pflaster, in: Informationsdienst des Instituts der deutschen Wirtschaft, 17. Jg., Heft 18, 1991, S. 3.

Aspekt der Arbeitskosten im internationalen Standortwettbewerb ein Nachteil erwächst. Daß sich dieser Nachteil auf die unternehmerische Standortwahl auswirkt, zeigt u.a. die Entscheidung der Blaupunkt - Werke GmbH, die aufgrund der günstigeren Lohnkosten einen Teil ihrer Produktion von Hildesheim und Herne nach Malaysia verlegt.[59]

Der vorliegende internationale Arbeitskostenvergleich ist auf DM - Basis durchgeführt worden. Damit wird aber die Interpretation dieser Zahlen durch zum Teil erhebliche Wechselkursschwankungen erschwert. Dies zeigt sich besonders deutlich am Beispiel USA. Noch 1985 belegten die USA bei internationalen Arbeitskosten vergleichen mit 38,51 DM den ersten Platz. Die Verbesserung der amerikanischen Wettbewerbsposition auf 24,18 DM 1990 ist hauptsächlich wechselkursbedingt, da die amerikanischen Arbeitskosten in diesem Zeitraum in Dollar gerechnet, mit einem Durchschnittswert von 14,40 Dollar annähernd stabil geblieben sind.[60] Dieses Beispiel verdeutlicht, daß sich die gegenwärtige deutsche Spitzenposition zumindest teilweise mit der Aufwertung der DM in den letzten Jahren erklärt.

Auch bei einem internationalen Vergleich der Entwicklung der Arbeitskosten in der Zeit muß der Wechselkurseinfluß berücksichtigt werden.

Der Zeitvergleich veranschaulicht, daß sich die relative Position der Bundesrepublik insbesondere gegenüber Japan und Spanien verbessert hat. Doch gerade im Verhältnis zu Japan waren dafür nicht nur die steigenden Arbeitskosten Japans ausschlaggebend, sondern auch die starke Aufwertung des Yen in den letzten Jahren.[61] Gegenüber anderen Ländern hat sich die relative Position der Bundesrepublik verschlechtert, hier fallen insbesondere die USA und Kanada auf.

---

[59] Vgl. o.V.: Blaupunkt baut Personal ab - Deutsche Herstellkosten zu hoch, in: Frankfurter Allgemeine Zeitung, Nr. 100, 30.4.1991, S. 19.

[60] Vgl. Salowsky, H.: Unsere Spitzenlöhne sind eine Rationalisierungspeitsche, in: Der Arbeitgeber, 42. Jg., Heft 15, 1990, S. 563.

[61] Vgl. Salowsky, H., Unsere Spitzenlöhne, S. 563.

Arbeitskosten im Zeitvergleich
Relative Arbeitskostenposition der Bundesrepublik Deutschland
– auf DM-Basis –

Land	Arbeitskostenindex[1]) D = 100			Verschiebung der Arbeitskostenposition[2])	
	1970	1988	1989	1970/89	1988/89
Bundesrepublik Deutschland	100,0	100,0	100,0	–	–
Schweiz	82,0	100,4	96,4	+ 17,6	– 4,0
Schweden	118,0	88,2	96,3	– 18,4	+ 9,2
Norwegen	97,2	95,9	89,5	– 7,9	– 6,7
Japan	41,8	82,5	83,0	+ 98,6	+ 0,6
Niederlande	84,7	82,8	81,3	– 4,0	– 1,8
Kanada	135,1	72,6	81,1	– 40,0	+ 11,7
Dänemark	92,9	81,9	80,6	– 13,2	– 1,6
Italien	73,6	74,3	80,4	+ 9,2	+ 8,2
Belgien	83,2	78,8	79,5	– 4,4	+ 0,9
USA	167,7	71,8	75,8	– 54,8	+ 5,6
Luxemburg	–	–	74,4	–	–
Österreich	55,4	74,2	74,3	+ 34,1	+ 0,1
Australien	84,3	67,5	68,9	– 18,3	+ 2,1
Großbritannien	62,2	59,1	67,5	+ 8,5	+ 14,2
Frankreich	68,5	67,6	67,3	– 1,8	– 0,4
Spanien	32,7	53,0	56,3	+ 72,2	+ 6,2
Irland	47,2	54,3	54,6	+ 15,7	+ 0,6
Griechenland	29,0	27,2	29,2	+ 0,7	+ 7,4
Türkei[3])	–	–	22,4	–	–
Portugal	–	16,9	18,10	–	+ 7,1

[1]) Geordnet nach der Arbeitskostenposition des Jahres 1989.
[2]) Ein negatives Vorzeichen bedeutet eine Verschlechterung der deutschen Arbeitskostenposition: Die Arbeitskosten je Stunde sind in der Bundesrepublik stärker gestiegen als im betreffenden Land. Umgekehrt signalisieren positive Vorzeichen eine Verbesserung der deutschen Arbeitskostenposition.
[3]) Nur Metallbereich.

Abb. V.10: Arbeitskosten im Zeitvergleich - Relative Arbeitskostenposition der Bundesrepublik auf DM - Basis[62]

Da sich die relative Position der Bundesrepublik gegenüber einzelnen Ländern verbessert gegenüber anderen aber verschlechtert hat, läßt die Untersuchung der Arbeitskostendynamik keine allgemeingültigen Aussagen über die Entwicklung der deutschen Wettbewerbsposition zu.

Eine Untersuchung der Struktur der Arbeitskosten zeigt, daß die deutsche Spitzenstellung auch Ergebnis der mit 17,45 DM

62 Entnommen aus: o.V.: Arbeitskosten im Wettbewerb, in: Institut der deutschen Wirtschaft (Hrsg.): Wirtschaft und Unterricht, 16. Jg., Heft 5, 1990, S. 2.

(das sind 85,4 % des Direktlohns) im internationalen Vergleich höchsten Lohnzusatzkosten ist, während die deutschen Direktlöhne mit 20,43 DM pro Stunde von Dänemark, der Schweiz und den Niederlanden übertroffen werden.

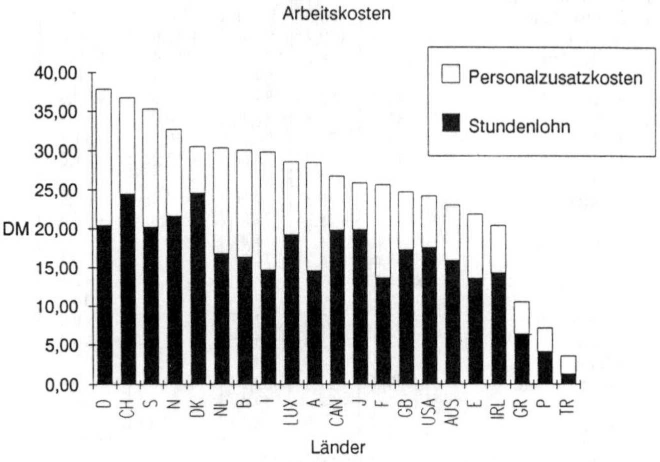

Abb. V.11: Personalzusatzkosten und Direktlohn je Stunde in der verarbeitenden Industrie 1990 in DM[63]

Die deutschen Personalzusatzkosten beinhalten Beiträge zur gesetzlichen Sozialversicherung, Aufwendungen für nicht gearbeitete Zeit (Urlaub, Feiertage, Krankheit), Sonderzahlungen (Weihnachtsgeld) und sonstige Zusatzzahlungen. Die Personalzusatzkosten sind in den meisten Ländern in den letzten Jahren stärker angestiegen als die Direktlöhne. In der Bundesrepublik fiel dieser überproportionale Anstieg jedoch besonders ausgeprägt aus. Während sich die Stundenlöhne von 1970 bis 1989 um

63 Vgl. o.V.: Arbeitskosten international - Für Betriebe teuerstes Pflaster, in: Informationsdienst des Instituts der deutschen Wirtschaft, 17. Jg., Heft 18, 1991, S. 3.

211 % erhöhten, stiegen die Personalzusatzkosten im gleichen Zeitraum mit 411 % annähernd doppelt so stark.[64]

In diesem Zusammenhang ist auch die Diskussion um die Personalzusatzkosten zu sehen, die sich gegenwärtig um die Finanzierung der Pflegeversicherung entwickelt hat.[65] Eine Finanzierung über Arbeitnehmer- und Arbeitgeberanteil würde zu einer weiteren Steigerung der Personalzusatzkosten führen und damit die Attraktivität des Standortes Bundesrepublik zusätzlich belasten.

Die international abweichende Höhe der Personalzusatzkosten erklärt sich zum einen durch Unterschiede im Umfang der Systeme der sozialen Sicherung und zum anderen durch Unterschiede bei der Finanzierung dieser Sicherungssysteme. In verschiedenen Ländern wie Belgien, Italien, Dänemark, die Niederlande oder Spanien sind die Lohnzusatzkosten zur Verbesserung der internationalen Wettbewerbsfähigkeit zum Teil fiskalisiert, also vom Staat übernommen worden.[66]

Interessant ist die Beobachtung, daß die Arbeitskosten auch in den Schwellenländern in der letzten Zeit deutlich angestiegen sind. So sind beispielsweise in Hongkong, Singapur, Taiwan und Südkorea mit dem Aufbau einer sozialen Infrastruktur insbesondere auch die Personalzusatzkosten gestiegen. Trotzdem bleibt der komparative Vorteil niedriger Arbeitskosten dieser Standorte weiterhin bestehen.[67]

Die Betrachtung der Arbeitskosten zeigt, daß der Bundesrepublik im internationalen Vergleich insbesondere aufgrund der

---

64 Vgl. o.V.: Arbeitskosten im Wettbewerb, in: Institut der deutschen Wirtschaft (Hrsg.): Wirtschaft und Unterricht, 16. Jg., Heft 5, 1990, S. 2.

65 Vgl. Glos, M.: Im Standortwettbewerb liegt die Bundesrepublik im Hintertreffen, in: Handelsblatt, Nr. 2, 3./4.1.1992, S. 4.

66 Vgl. Salowsky, H., Ist die Arbeit bei uns so gut, wie sie teuer ist?, S. 686.

67 Vgl. o.V.: Arbeitskosten in Schwellenländern - Drachen unter Druck, in: Informationsdienst des Instituts der deutschen Wirtschaft, 15. Jg., Heft 34, 1989, S. 4 f.

hohen Lohnnebenkosten ein Nachteil entsteht. Allerdings ist die Aussage wegen der Verzerrungen die sich durch stark schwankende Wechselkurse ergeben mit einer gewissen Ungenauigkeit behaftet.

Hohe Arbeitskosten allein sagen jedoch wenig über die Attraktivität eines Standortes aus, da zusätzlich die Produktivität des Faktors Arbeit zu berücksichtigen ist. Hohe Löhne sind immer dann unbedenklich, wenn ihnen eine entsprechend hohe Produktivität gegenübersteht.[68] Produktivitätsbedingte Spitzenlöhne sprechen sogar für die hohe Wettbewerbsfähigkeit eines Landes.[69]

Hohe Arbeitskosten bewirken darüberhinaus den Vorteil, daß sie die Unternehmen zu maximaler Produktivitätssteigerung zwingen, damit sie ihre internationale Wettbewerbsfähigkeit erhalten können. Hohe Lohnkosten begünstigen also auf diese Weise den technischen Fortschritt und dessen rasche Umsetzung. Insofern könnten die hohen Arbeitskosten der Bundesrepublik Deutschland ein Indikator für besonders hohe internationale Wettbewerbsfähigkeit sein, wenn sie von einem entsprechenden Produktivitätsniveau getragen werden.

Die Messung der Produktivität ist allerdings mit großen Schwierigkeiten verbunden. Die Produktivität mißt die für die Herstellung eines Produktes aufgewandten Arbeitsstunden. Durch die Bewertung mit den Lohnsätzen werden die Lohnstückkosten ermittelt. Ein Vergleich von so berechneten Lohnstückkosten ist aber nur für genau gleichartige Produkte zulässig. Ein Vergleich der Produktivitäten auf der Basis von durchschnittlichen Lohnstückkosten enthält folglich immer Verzerrungen, die die Aussagekraft eines solchen Vergleiches einschränken. Eine andere Möglichkeit die Produktivität zu bestimmen, bietet die Berechnung der Wertschöpfung pro Arbeitsstunde. Dabei

[68] Vgl. o.V.: Industriestandort Bundesrepublik von erlesener Qualität, in: Die Mitbestimmung, o.Jg., Beilage zu Heft 5, 1988, S. 27.

[69] Vgl. Jahresgutachten 1988/89 des Sachverständigenrates zur Begutachtung der gesamtwirtschaftlichen Entwicklung, S. 176 Tz. 169.

taucht jedoch die Schwierigkeit auf, mit welchen Preisen in internationalen Vergleichen die Wertschöpfung zu bewerten ist.[70]

Diese Probleme bei der Produktivitätsmessung sind sicherlich ein Grund für die abweichenden Ergebnisse der verschiedenen internationalen Untersuchungen der Produktivitätsentwicklung. Eine Untersuchung der Lohnstückkosten der Bundesrepublik Deutschland im internationalen Vergleich in Landeswährung kommt für die Jahre 1970 bis 1988 zu dem Ergebnis, daß der Anstieg der Lohnstückkosten der Bundesrepublik in Relation zu den Vergleichsländern deutlich geringer ausfiel.

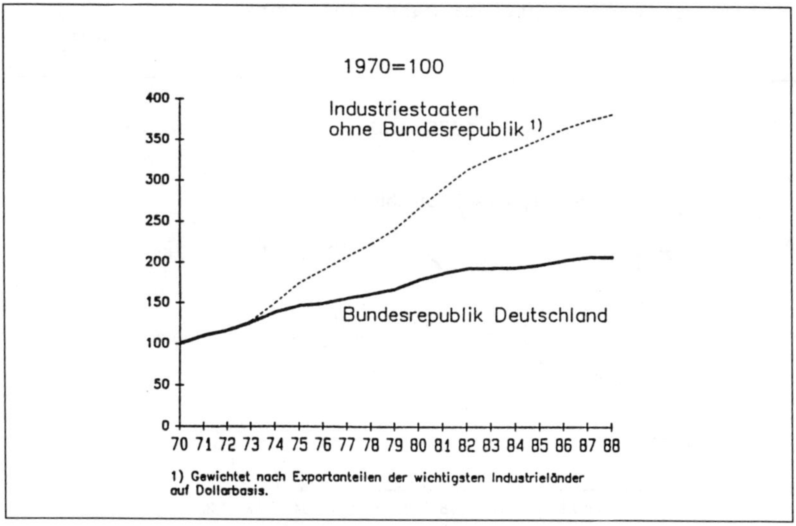

Abb. V.12: Lohnstückkosten der Bundesrepublik Deutschland im internationalen Vergleich in Landeswährung 1970 - 1988[71]

---

[70] Vgl. o.V.: Lohnstückkosten international - Arbeitskosten als Standortfaktor, in: Informationsdienst des Instituts der deutschen Wirtschaft, 15. Jg., Heft 48, 1989, S. 3.

[71] Entnommen aus: Flassbeck, H.: Die Standortqualität der Bundesrepublik Deutschland, in: Konjunkturpolitik, 34. Jg., Heft 5/6, 1988, S. 258.

Für internationale Standortanalysen sind solche Vergleiche der Lohnstückkosten in Landeswährung allerdings ohne Aussagekraft, da bei einer Standortentscheidung auch die Wechselkursänderungen berücksichtigt werden. Bei einer Berücksichtigung der Wechselkurse ergibt sich jedoch ein völlig anderes Bild.

Die folgende Abbildung verdeutlicht, daß bis 1979 die Aufwertung der DM den Vorteil der Bundesrepublik zumindest ausgeglichen bzw. leicht überkompensiert hat. Erst 1979 kehrte sich dieser Trend um und die Position der Bundesrepublik verbesserte sich für einige Jahre deutlich. Grund dafür war eine Abwertung der DM insbesondere gegenüber dem Dollar. Ab 1985 verringerte sich der deutsche Vorteil jedoch wieder und verschwindet Ende der achtziger Jahre fast ganz.

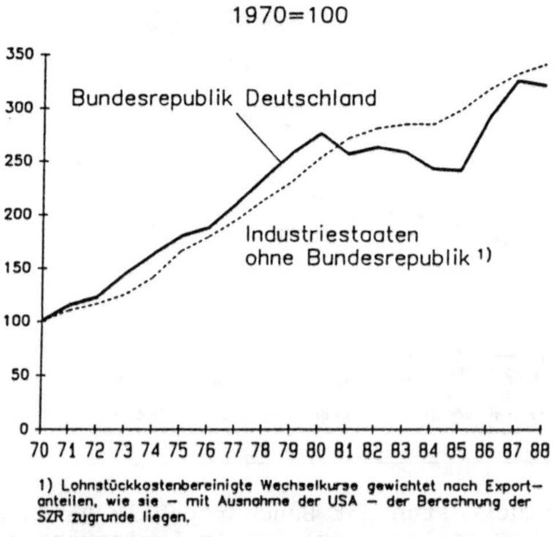

Abb. V.13: Lohnstückkosten der Bundesrepublik Deutschland im internationalen Vergleich in Sonderziehungsrechten 1970 - 1988[72]

---

72 Entnommen aus: Flassbeck, H., Die Standortqualität der Bundesrepublik, S. 259.

Zu einem ungünstigeren Ergebnis kommt eine andere Analyse, die die prozentuale Veränderung der Arbeitsproduktivität in der Zeit einem internationalen Vergleich unterzieht.

Die folgende Abbildung veranschaulicht, daß sich die Produktivitätsdynamik der Bundesrepublik Deutschland im Untersuchungszeitraum deutlich verringert hat. Zu Beginn der Untersuchung behauptete die Bundesrepublik mit einer Wachstumsrate der Arbeitsproduktivität von 4,8 % noch eine gute Mittelfeldposition. Am Ende des Beobachtungszeitraums belegte sie jedoch mit 3,2 % gleichauf mit Schweden vor Italien den letzten Platz. Folglich bescheinigt diese Untersuchung der Bundesrepublik hinsichtlich des Faktors Arbeitsproduktivität ein Nachlassen der Attraktivität.

Land	1971/75	1976/80	1981/86
Bundesrepublik Deutschland	4,8	3,8	3,2
Vereinigte Staaten	2,8	1,8	3,7
Japan	6,2	6,9	5,4
Großbritannien	3,6	1,3	5,2
Frankreich	4,9	4,8	3,9
Italien	4,6	5,1	2,9
Schweden	4,4	2,4	3,2
Niederlande	6,0	5,7	5,0
Belgien	7,5	6,9	5,1

Abb. V.14: Jahresdurchschnittliche Veränderung der Arbeitsproduktivität im verarbeitenden Gewerbe in Prozent[73]

Zusammenfassend und unter Berücksichtigung der Meßprobleme bei der Ermittlung des Faktors Arbeitsproduktivität kann festgestellt werden, daß sich aufgrund der Untersuchung der Lohnstückkosten die Position der Bundesrepublik Deutschland im internationalen Rahmen bewegt. Die hohen Arbeitskosten werden also von einer entsprechenden Arbeitsproduktivität getragen und sind insofern auch ein Indikator hoher Standortattraktivität. Andererseits gibt es aber auch Anzeichen für eine im internationalen Vergleich nachlassende Produktivitätsdynamik.

---

73 Entnommen aus: Beyfuß, J. / Busch, B. / Fröhlich, H.-P. u.a., Schwerpunkt: Standort Bundesrepublik Deutschland, S. 72.

Das sollte als ein Warnsignal verstanden werden und bei künftigen Lohnverhandlungen von den Tarifpartnern bedacht werden.

Fraglich ist aber, ob der hier angestellte Produktivitätsvergleich tatsächlich für die Attraktivitätsbeurteilung von Standorten geeignet ist. Die Produktivität wird bestimmt durch den technischen Stand des Sachanlagevermögens und die Qualifikation und Kosten des Faktors Arbeit. Bei zunehmender Mobilität des Kapitals kann die Produktivität unter der Annahme gleicher Qualifikation der Arbeitskräfte am Standort der geringsten Arbeitskosten maximiert werden, da so die niedrigsten Lohnstückkosten erreicht würden.[74]

Bei gleicher Qualifikation wären dementsprechend die Kosten des Faktors Arbeit ausschlaggebendes Kriterium bei der Wahl eines Produktionsstandortes. Insofern entsteht dem Standort Bundesrepublik Deutschland ein entschiedener Nachteil. Diese Aussage gilt jedoch nur unter der engen Prämisse gleicher Qualifikation der Arbeitskräfte. Die Annahme, daß der technische Fortschritt und damit ein technisch hoher Stand der Sachanlagen keine entsprechende Qualifizierung der Arbeitskräfte verlangen würde, erscheint jedoch unrealistisch. Daher wird deutlich, daß neben den Kosten der Arbeit herausragendes Kriterium die fachliche und soziale Qualifikation des Faktors Arbeit ist. Nur entsprechend qualifizierte Arbeitskräfte ermöglichen eine Umsetzung des technischen Fortschritts und damit eine hohe Produktivität. So wird also durch bestimmte Qualifikationsanforderungen die Mobilität des Sachkapitals begrenzt.

---

74 Vgl. Bierich, M., Fertigungsstandorte im internationalen Vergleich, S. 39, Bundesvereinigung der deutschen Arbeitgeberverbände (Hrsg.): Standort Deutschland, Köln 1992, S. 5 und Kroker, R. / Salowsky, H.: Indikator: Arbeitskosten, in: Institut der deutschen Wirtschaft (Hrsg.): iw - trends, 19. Jg., Heft 2, 1992, Schwerpunkt: Standort Bundesrepublik Deutschland, Köln 1992, S. 27.

c.) Arbeitszeit

Die Jahressollarbeitszeit je Arbeiter in Stunden wird bestimmt durch die Wochenarbeitszeit in Stunden abzüglich des Jahresurlaubs und der Feiertage. Die folgende Abbildung zeigt die Ergebnisse eines internationalen Vergleichs der Jahresarbeitszeit für das Jahr 1988.

Land	Jahresarbeitszeit in Stunden
Japan	2201
Portugal	2025
Vereinigte Staaten	1912
Schweiz	1886
Grichenland	1840
Irland	1832
Schwedwn	1808
Luxemburg	1792
Spanien	1776
Frankreich	1771
Italien	1768
Großbritannien	1763
Finnland	1760
Niederlande	1748
Österreich	1739
Norwegen	1733
Dänemark	1725
Belgien	1710
Bundesrepublik Deutschland	1697

Abb. V.15: Jahresarbeitszeit in Stunden der verarbeitenden Industrie ausgewählter Länder 1988[75]

Mit 1697 Stunden ist die Sollarbeitszeit pro Jahr in der Bundesrepublik Deutschland am niedrigsten. Die mit Abstand höchste Jahresarbeitszeit verbucht Japan mit 2201 Stunden. Doch auch in den USA (1912), Frankreich (1771), Italien (1768) und in Großbritannien (1763) wird deutlich länger gearbeitet als in der Bundesrepublik. Diese Interpretation ist jedoch mit einer gewissen Unsicherheit behaftet, da verläßliches Datenma-

[75] Vgl. o.V.: Arbeitszeitpolitik - Flexi auch im Ausland, in: Informationsdienst des Instituts der deutschen Wirtschaft, 15. Jg., Heft 19, 1989, S. 7.

terial für internationale Vergleiche von Arbeits- und Maschinenlaufzeiten noch nicht vorliegt.[76]

Ursachen der unterschiedlich langen Sollarbeitszeit pro Jahr sind Abweichungen bei der Wochenarbeitszeit, beim Jahresurlaub und bei den Feiertagen (s. Abbildung V.16).

Land	Wochen-arbeitszeit in Stunden	Jahresurlaub plus Feiertage in Tagen
Japan	42,0	25,0
Portugal	45,0	36,0
Vereinigte Staaten	40,0	22,0
Schweiz	41,0	31,0
Grichenland	40,0	31,0
Irland	40,0	32,0
Schwedwn	40,0	35,0
Luxemburg	40,0	37,0
Spanien	40,0	39,0
Frankreich	39,0	34,0
Italien	40,0	40,0
Großbritannien	39,0	35,0
Finnland	40,0	41,0
Niederlande	40,0	42,5
Österreich	39,0	38,0
Norwegen	37,5	30,0
Dänemark	38,0	34,0
Belgien	38,0	36,0
Bundesrepublik Deutschland	38,4	40,0

Abb. V.16: Wochenarbeitszeit, Jahresurlaub und Feiertage ausgewählter Länder 1988[77]

Die Abbildung veranschaulicht, daß die Wochenarbeitszeit der Bundesrepublik von 38,4 Stunden mit am niedrigsten ist, während sie bei den Urlaubs- und Feiertagen mit 40 Tagen eindeutig in der Spitzengruppe liegt. Die höchste Wochenarbeitszeit von 45 Stunden weist Portugal bei einer Zahl von 36 arbeitsfreien Tagen auf. Die wenigsten arbeitsfreien Tage (22) sind

---

[76] Vgl. Rheinisch - Westfälisches Institut für Wirtschaftsforschung (Hrsg.), Standort Deutschland S. 19.

[77] Vgl. o.V.: Arbeitszeitpolitik - Flexi auch im Ausland, in: Informationsdienst des Instituts der deutschen Wirtschaft, 15. Jg., Heft 19, 1989, S. 7.

in den USA anzutreffen. Die Wochenarbeitszeit der Amerikaner beträgt 40 Stunden.

Die tatsächliche Jahresarbeitszeit ergibt sich aus der Sollarbeitszeit vermindert um Fehlzeiten (bedingt durch Unfälle, Krankheit, Mutterschaft) und streikbedingten Arbeitsausfällen. Überstunden werden in dieser Statistik nicht erfaßt. Ein internationaler Vergleich der Fehlzeiten bescheinigt der Bundesrepublik mit 145 Stunden pro Jahr und Arbeiter eine durchschnittliche Position vergleichbar mit Italien und Frankreich. Die mit Abstand niedrigsten Fehlzeiten weist Japan mit 36 Stunden, gefolgt von den USA mit 57 Stunden auf. Besonders auffällig sind noch die außerordentlich hohen Fehlzeiten Schwedens von 240 Stunden.

Land	Fehlzeiten in Stunden
Japan	36
Vereinigte Staaten	57
Dänemark	101
Schweiz	104
Belgien	117
Großbritannien	119
Österreich	119
Italien	143
Frankreich	144
Bundesrepublik Deutschland	145
Niederlande	155
Norwegen	178
Schweden	240

Abb. V.17: Jahresfehlzeiten ausgewählter Länder in Stunden 1990[78]

Besonders günstig schneidet die Bundesrepublik Deutschland beim internationalen Vergleich der durch Streik verloren gegangenen Arbeitstage ab.[79]

---

78 Vgl. o.V.: Fehlzeiten - Rezepte zur Reduzierung, in: Informationsdienst des Instituts der deutschen Wirtschaft, 17. Jg., Heft 17, 1991, S. 5.

79 Vgl. Tuchtfeld, E.: Arbeitskonflikte im internationalen Vergleich, in: Wirtschaftswissenschaftliches Studium, 18. Jg., Heft 8, 1989, S. 415 - 418 und Salowsky, H.: Indikator: Arbeitszeit, in: Institut der deutschen Wirtschaft (Hrsg.): iw - trends, 19. Jg., Heft 2, 1992, Schwerpunkt: Standort Bundesrepublik Deutschland, Köln 1992, S. 33.

Land	1970	1975	1978	1980	1984	1985	1986
Bundesrepublik Deutschland	4,0	3,0	206,0	6,0	262,0	1,6	1,0
Vereinigte Staaten	941,0	408,0	395,0	230,0	93,0	82,0	121,0
Japan	118,0	220,0	36,0	25,0	8,0	6,0	6,0
Großbritannien	489,0	265,0	414,0	531,0	1283,0	301,0	89,0
Frankreich	110,0	229,0	127,0	96,0	77,0	41,0	32,0
Italien	1641,0	1970,0	710,0	1119,0	611,0	269,0	391,0
Schweiz	1,0	1,0	2,0	3,0	0,0	0,0	0,0
Schweden	45,0	98,0	6,0	1150,0	8,0	128,0	173,0
Niederlande	69,0	0,0	5,0	13,0	7,0	19,0	9,0
Österreich	12,0	2,0	4,0	6,0	0,0	8,0	9,0
Spanien	150,0	210,0	1380,0	788,0	891,0		

Abb. V.18: Streikbedingte Arbeitsausfälle je 1000 Beschäftigte in Tagen ausgewählter Länder[80]

Vergleichbar günstig ist die Situation noch in der Schweiz, Österreich und den Niederlanden. Erhebliche streikbedingte Arbeitsausfälle weisen hingegen Italien, Großbritannien und die USA auf.

Es läßt sich also feststellen, daß die kürzeste Jahressollarbeitszeit der Bundesrepublik durch im internationalen Vergleich durchschnittliche Fehlzeiten weiter verringert wird, während streikbedingte Ausfälle kaum vorkommen. Trotzdem kann davon ausgegangen werden, daß auch die tatsächlich geleisteten Jahresarbeitsstunden pro Arbeiter in der Bundesrepublik am niedrigsten sein dürften.

Eine Veröffentlichung der Gewerkschaften versucht zu demonstrieren, daß in der kürzesten Jahresarbeitszeit eventuell ein Vorteil zu sehen ist. Betrachtet man die Jahresarbeitszeit im Zusammenhang mit dem Stundenlohn, so zeigt sich, daß die bundesdeutschen Arbeitskosten pro Jahr und Arbeiter für 1987 mit 53.408 DM höher waren als in den USA (49.920 DM), aber etwas günstiger als in Japan (53.500 DM). Diese Überlegung soll zeigen, daß die hohen Arbeitskosten pro Stunde der Bundesrepublik

80 Vgl. Beyfuß, J. / Busch, B. / Fröhlich, H.-P. u.a., Schwerpunkt: Standort Bundesrepublik Deutschland, S. 69.

aufs Jahr gerechnet durch die kürzere Jahresarbeitszeit scheinbar wieder ausgeglichen werden.[81]

Richtig ist diese Überlegung aber nur dann, wenn ausgeglichen durch verschiedene Arbeitsproduktivitäten die jeweils unterschiedlichen Jahresarbeitsstunden zur gleichen Wertschöpfung führen. Da aber die Produktivität hier überhaupt nicht berücksichtigt wird, fehlt diesem Vergleich eine sinnvolle Grundlage. Vielmehr verleitet er sogar zu der unsinnigen Hypothese, daß sich die Wettbewerbsposition der Bundesrepublik im internationalen Standortwettbewerb verbessern ließe, wenn bei konstanten Jahreslöhnen einfach die Jahresarbeitszeit halbiert wird. Folglich kann diese Überlegung für seriöse internationale Standortvergleiche keine Hinweise geben.

Unter Berücksichtigung immer kürzerer Produktlebenszyklen und steigender Forschungs- und Entwicklungsaufwendungen könnte dem Standort Bundesrepublik Deutschland durch im internationalen Vergleich kürzere Wochen- und Jahresarbeitszeiten ein Nachteil entstehen.[82] Fraglich ist aber, ob die Kreativitäts- und Innovationsfähigkeit der deutschen Wirtschaft von diesem Zeitnachteil überhaupt in dem Maße betroffen ist. Es erscheint unrealistisch anzunehmen, daß leitende Mitarbeiter in den Forschungs- und Entwicklungsabteilungen lediglich eine 38,5 Stunden Woche hätten. Darüberhinaus kann davon ausgegangen werden, daß die Probleme und Aufgaben dieser Abteilungen einen großen Teil ihrer Mitarbeiter nicht nur während ihrer Arbeitszeit, sondern auch in ihrer "Freizeit" beschäftigen. Folglich ist das Problem wohl eher auf einer anderen Ebene zu suchen.

Scheiden nämlich deutsche Fachkräfte aufgrund kürzerer Lebensarbeitszeiten in der Bundesrepublik früher aus dem Berufsleben aus als ihre Kollegen im Ausland, so entsteht hier in stärkerem Maße die Schwierigkeit, qualifizierte Nachwuchskräfte zu

---

81 Vgl. o.V.: Industriestandort Bundesrepublik - Argumente und Fakten, in: Der Gewerkschafter, 36. Jg., Heft 11, 1988, S. 58.

82 Vgl. o.V.: Unternehmensstrategien - Zeit - Falle schnappt zu, in: Informationsdienst des Instituts der deutschen Wirtschaft, 15. Jg., Heft 24, 1989, S. 4 f.

finden. Die demographische Entwicklung der deutschen Bevölkerung spricht für eine Verschärfung des Problems.[83] Es wird aber wieder deutlich, daß der Faktor Qualifikation der Arbeitskräfte von herausragender Bedeutung für die Attraktivität eines Standortes ist.

Kurze Wochenarbeitszeiten sind für die internationale Wettbewerbsfähigkeit eines Standortes dann unproblematisch, wenn eine Abkopplung der Betriebszeit von der Arbeitszeit möglich ist, also die Maschinenlaufzeiten durch Mehrschichtenbetrieb über der Wochenarbeitszeit eines Arbeiters liegen. Eine Untersuchung der Betriebsnutzungszeiten in der EG für 1989 hat ergeben, daß die Bundesrepublik mit 53 Stunden an letzter Stelle liegt. Am günstigsten schneidet Belgien mit 77 Stunden ab, während der EG - Durchschnitt 66 Stunden beträgt.

Auch bei der Entwicklung der Betriebsnutzungsdauer schneidet die Bundesrepublik am ungünstigsten ab. Während die wöchentliche Betriebsnutzungszeit in Deutschland innerhalb der letzten fünf Jahre um 28 % gesunken ist, stieg sie in Frankreich im

Land	Betriebsnutzungs-zeiten pro Woche	Veränderung 1984/1989 in %
Belgien	77	-24
Großbritannien	76	19
Niederlande	74	13
Italien	73	3
Spanien	69	-26
Frankreich	69	20
EG - Durchschnitt	66	-3
Grichenland	64	9
Irland	61	-5
Portugal	54	2
Bundesrepublik Deutschland	53	-28

Abb. V.19: Durchschnittliche wöchentliche Betriebsnutzungszeiten in der Industrie für 1989 und deren Entwicklung in den letzten fünf Jahren[84]

[83] Vgl. RWI - Strukturberichterstattung, Schwerpunktthema 1988, S. 43.

[84] Vgl. o.V.: Betriebszeiten international - Schlußlicht Bundesrepublik, in: Informationsdienst des Instituts der deutschen Wirtschaft, 16. Jg., Heft 6, 1990, S. 3.

gleichen Zeitraum um 20 % an. Im Ergebnis zeigt sich, daß der Bundesrepublik im internationalen Vergleich ein Nachteil entsteht, da die Auslastung des Sachkapitals nur in geringerem Umfang möglich ist.

Es ist jedoch anzumerken, daß auch die Interpretation dieser Zahlen mit Ungenauigkeiten behaftet ist, da die Betriebszeiten nur nach bestimmten Größenklassen erfragt wurden und konjunkturelle oder saisonale Einflüsse vernachlässigt worden sind.[85]

Erhebliche Rationalisierungsmöglichkeiten ergäben sich aus einer Verlängerung der Betriebszeiten durch Flexibilisierung der Arbeitszeit. Durch den Übergang auf einen Mehrschichtenbetrieb könnten die Kapitalstückkosten durch eine intensivere Nutzung des Sachanlagevermögens gesenkt werden. Darüberhinaus könnte so ein Teil der Anlagen veräußert werden, was gegebenenfalls zu einer unmittelbaren Liquiditätsverbesserung führen würde. Schließlich würde sich auch die Amortisationszeit des eingesetzten Kapitals verkürzen, wenn sie primär durch technischen Verschleiß bedingt ist. Dadurch könnten Ersatzinvestitionen früher vorgenommen und entsprechend technische Neuerungen rascher implementiert werden, wodurch zusätzliche Produktivitätsfortschritte erzielt werden könnten.[86]

Andererseits wird es mit Einführung des Mehrschichtenbetriebs aber oftmals auch zu einem leichten Anstieg der Lohnkosten (z.B. Nachtschichtzuschlag) kommen. Zudem könnte in Ausnahmefällen eine Intensivierung der Maschinennutzung bei gleichzeitiger Verkürzung der Wartungs- und Reparaturzeiten zu einem Anstieg der Ausschußproduktion führen.

Trotzdem bleibt festzuhalten, daß in der Flexibilisierung des Arbeitseinsatzes ein erhebliches Rationalisierungspotential steckt, das zu einer Steigerung der Attraktivität des Indu-

---

85 Vgl. o.V.: Arbeitskräfte und Arbeitskosten in Europa (Teil II), o.O. 1991, S. 16 f.

86 Vgl. Neifer - Dichmann, E., Stückkostensenkung durch Betriebszeitverlängerung, in: Der Arbeitgeber, 41. Jg., Heft 10, 1989, S. 364 - 367.

striestandortes Bundesrepublik Deutschland genutzt werden könnte. Folglich sollten einige Punkte der deutschen Arbeitsmarktordnung überdacht werden.[87] So fordern insbesondere die Vertreter der Textilindustrie aufgrund der kapitalintensiven Produktion dieser Branche eine Auflockerung des Verbots der Sonn- und Feiertagsarbeit, um die internationale Konkurrenzfähigkeit aufrecht erhalten zu können.[88]

Darüberhinaus könnten die Möglichkeiten für Teilzeitbeschäftigung und für zeitlich befristete Arbeitsverträge verbessert werden. Schließlich hemmt der Kündigungsschutz und das Sozialplanrecht die Flexibilität bundesdeutscher Unternehmen. Selbst in Zeiten günstiger Absatzmöglichkeiten unterbleiben oftmals Neueinstellungen, da der Personalabbau in ungünstigen Zeiten mit großen Schwierigkeiten verbunden ist.[89]

Daß diese Problematik von den Tarifpartnern erkannt wurde, deutete bereits 1984 der "Leber - Kompromiß" an, der die damalige Tarifauseinandersetzung in der Metallindustrie löste. Der "Leber - Kompromiß" sah eine Verkürzung der Wochenarbeitszeit bei gleichzeitiger Flexibilisierung der Betriebszeit vor.[90]

Auch der Gesetzgeber hat im Rahmen seiner Möglichkeiten mit dem Beschäftigungsförderungsgesetz von 1985 einen Schritt in Richtung Flexibilisierung getan, indem die gesetzlichen Voraussetzungen für befristete Arbeitsverträge und Teilzeitar-

---

[87] Siehe auch Bundesvereinigung der Deutschen Arbeitgeberverbände (Hrsg.), Standort Deutschland, S. 6 f.

[88] Vgl. Giese, H.: Die Textilindustrie braucht die Sonntagsarbeit, in: Das Wirtschaftsstudium, 18. Jg., Heft 5, 1989, S. 257 f.

[89] Vgl. Neifer - Dichmann, E.: Die Arbeitsmarktordnung auf dem Prüfstand (II), in: Der Arbeitgeber, 43. Jg., Heft 18, 1991, S. 668 - 670.

[90] Vgl. Neifer - Dichmann, E.: Tarifliche Arbeitszeitpolitik - Rückschau auf den Leber - Kompromiß, in: Wirtschaftswissenschaftliches Studium, 18. Jg., Heft 8, 1989, S. 408 - 410, siehe auch Deutscher Gewerkschaftsbund (Hrsg.): Beantwortung eines Fragenkatalogs der CDU / CSU - Fraktion zum Thema "Standort Deutschland", Düsseldorf 1992, S. 22 f.

beit verbessert wurden. Darüberhinaus wurden Änderungen des Sozialplanrechtes vorgenommen.[91]

Schließlich ist zu überprüfen, ob sich aus den kürzeren Arbeitszeiten der Bundesrepublik Deutschland tatsächlich ein zusätzlicher Standortnachteil ergibt, da bei der Berechnung der Lohnstückkosten neben den Arbeitskosten bereits auch diejenigen Kosten Berücksichtigung finden, die sich aus der kürzeren Arbeitszeit ergeben.[92] Richtig ist zwar, daß ein Teil der Kosten der kürzeren Arbeitszeit in den Lohnstückkosten enthalten ist. Doch ist weiterhin zu beachten, daß es auch zu einer Verknappung des Arbeitsangebots kommt und damit Flexibilisierungsmöglichkeiten eingeschränkt sind, so daß zusätzliche Opportunitätskosten entstehen.

d.) Zusammenfassung der Untersuchung des Standortfaktors Arbeit

Die Untersuchung der Arbeitskosten hat ergeben, daß die Bundesrepublik Deutschland, insbesondere aufgrund der Lohnzusatzkosten, die im internationalen Vergleich höchsten Arbeitskosten je Arbeitsstunde aufweist. Diese Spitzenposition ist zumindest teilweise auf die Aufwertung der DM in den letzten Jahren zurückzuführen.

Da diese hohen Arbeitskosten aber grundsätzlich von einer ebenfalls hohen Produktivität getragen werden, entsteht dem Standort Bundesrepublik Deutschland daraus zunächst kein übermäßiger Nachteil. Bedenklich ist in diesem Zusammenhang jedoch, daß die Produktivitätsentwicklung der Bundesrepublik im internationalen Vergleich in den letzten Jahren nachgelassen hat. Folglich zeichnet sich hier eine Entwicklung ab, die zu

---

[91] Vgl. Blüm, N.: Unser Arbeitsrecht eine Grundlage für unsere Erfolge, Bonn 1989, S. 3.

[92] Vgl. o.V.: Gefährdet die Lohnkostenentwicklung die Wettbewerbsfähigkeit der Bundesrepublik Deutschland?, in: Deutsches Institut für Wirtschaftsforschung (Hrsg.): Wochenbericht, 59. Jg., Heft 11, 1992, S. 123.

einer Belastung der Attraktivität des deutschen Standortes führen könnte.

Bedeutend für die zukünftige Entwicklung der Attraktivität des Industriestandortes Bundesrepublik Deutschland ist aber vor allem die zunehmende Mobilität des Kapitals. Die Tatsache, daß modernste Sachanlagen an fast jedem Standort errichtet werden können, führt zu einer Aufwertung des Faktors absolute Arbeitskosten pro Stunde. Gleichzeitig erhöhen sich aber auch die Anforderungen an die Ausbildung und Qualifikation des Arbeitskräfteangebots der jeweiligen Standorte.

Die kürzeste Jahresarbeitszeit der Bundesrepublik wäre dann unproblematisch, wenn ihr ein entsprechendes Angebot und eine entsprechende Flexibilität des Faktors Arbeit gegenüberstehen würde. Die gegenwärtige deutsche Arbeitsmarktordnung schränkt jedoch die Flexibilisierungsmöglichkeiten ein, was sich in den kürzesten Betriebszeiten deutscher Unternehmen niederschlägt. Zwar ist diese Problematik von Tarifpartnern und Gesetzgeber erkannt worden, doch könnten weitere Auflockerungen die Attraktivität des deutschen Standortes zukünftig erhö-hen.

Ein anderes Problem ergibt sich für die Bundesrepublik aus ihrer demographischen Entwicklung, die zu einer Verminderung des Angebots qualifizierter Fachkräfte führen könnte. Die niedrigen deutschen Betriebszeiten könnten durch Flexibilisierung des Faktors Arbeit verlängert werden. Dies setzt aber bei gegebenen kurzen Lebens-, Jahres- und Wochenarbeitszeiten ein entsprechend hohes Angebot an qualifizierten Fachkräften voraus. Nur dann kann tatsächlich eine Verlängerung der Betriebszeiten erreicht werden. Folglich würde ein Engpaß hier die Attraktivität des Standortes Bundesrepublik mindern.

In den fünf neuen Bundesländern liegen sowohl Arbeitskosten als auch Arbeitsproduktivität noch deutlich unterhalb des Niveaus der alten Bundesländer. Es zeichnet sich jedoch ab, daß sich die Arbeitskosten schon relativ schnell an das Niveau der alten Bundesländer annähern werden. Dies würde aber die Attraktivität der Standorte in den fünf neuen Bundesländern erheblich belasten, wenn es nicht zu einer parallelen Entwicklung der Produktivität kommt.[93] Gegenwärtig sind zwar aufgrund der Entlassungen bemerkenswerte Produktivitätsfortschritte erreicht worden, doch reichen diese bei weitem nicht aus, um die parallellaufenden Lohnzuwächse zu egalisieren.[94]

Andererseits können sich die fünf neuen Bundesländer aber auch auf ein hohes Potential von Fachkräften stützen. Aufbauend auf dieses Potential könnte durch Umschulung oder Weiterbildungsmaßnahmen hier eine Standortstärke herausgebildet werden, da der Qualifikation der Arbeitskräfte im Zuge des technischen Fortschritts eine immer größere Bedeutung zukommt.

Durch die Wiedervereinigung kommt es aus Sicht der alten Bundesländer aufgrund der unterschiedlichen demographischen Entwicklung der beiden Teile Deutschlands zu einer Verjüngung der Bevölkerung.[95] Dies könnte die Engpaßsituation beim Angebot qualifizierter Facharbeiter entspannen und somit für die vereinigte Bundesrepublik einen Zugewinn an Standortattraktivität bedeuten.

3. Energiekosten, Umweltauflagen und Regulierungsdichte

a.) Vorüberlegungen

Neben der Steuerbelastung und den Arbeitskosten werden in der Diskussion um die Attraktivität des Industriestandortes Bun-

---

[93] Vgl. Jahresgutachten 1990/91 des Sachverständigenrates zur Begutachtung der gesamtwirtschaftlichen Entwicklung, S. 202 - 208 Tz. 404 - 421 und Schöb, R. / Thum, M. / Weichenrieder, A.: Sozialpakt für den Aufschwung - Ein Model für Ostdeutschland, in: Wirtschaftswissenschaftliches Studium, 21. Jg., Heft 4, 1992, S. 192.

[94] Vgl. o.V.: Der Arbeitsmarkt in Deutschland, in: Deutsches Institut für Wirtschaftsforschung (Hrsg.): Wochenbericht, 59. Jg., Heft 5 - 6, 1992, S. 50 - 54.

[95] Vgl. o.V.: Bevölkerungsentwicklung - Rückgang auf Raten, in Informationsdienst des Instituts der deutschen Wirtschaft, 16. Jg., Heft 41, 1990, S. 4 f.

desrepublik Deutschland auch die hohen Energiekosten und strengen Umweltauflagen als Belastung angesehen. Darüberhinaus wird die hohe Regulierungsdichte kritisiert, die sich einerseits in Marktregulierungen, durch direkte und indirekte Eingriffe des Staates in bestimmte Märkte, und andererseits in einer verwaltungstechnischen Überregulierung niederschlägt.[96]

In diesem Abschnitt sollen diese Argumente im einzelnen hinsichtlich ihrer Relevanz für die unternehmerische Standortentscheidung überprüft werden, um beurteilen zu können, wie sie die Attraktivität des Standortes Bundesrepublik Deutschland beeinflussen.

b.) Energiekosten

Insbesondere für Industrien mit energieintensiver Produktion aber auch durch eine zunehmende Mechanisierung und Automatisierung nimmt der Faktor Energiekosten bei der unternehmerischen Standortentscheidung einen immer höheren Stellenwert ein.[97] Die folgende Abbildung bietet eine Überblick über die Energiepreise verschiedener Länder für die Jahre 1980 und 1987. Die Interpretation dieses internationalen Vergleiches auf Dollar - Basis wird jedoch durch die Entwicklung der Wechselkurse erschwert. Dies zeigt sich beispielsweise am Preis für schweres Heizöl in Frankreich, während sich die Preise im Untersuchungszeitraum in US - Dollar gerechnet um 18,8 % verringert haben, sind sie in Landeswährung um 15,6 % angestiegen.

---

96 Vgl. Biedenkopf, K. / Miegel, M., Investieren in Deutschland, S. 65 - 84, siehe auch, Schneider, H.-K.: Die Bundesrepublik im internationalen Wettbewerb: Thesen und Erkenntnisse der Wirtschaftswissenschaft, in: Dierkes, M. / Zimmermann, K. (Hrsg.): Wirtschaftsstandort Bundesrepublik, Frankfurt 1989, S. 78 - 80.

97 Vgl. Heidinger, P. F.: Der energiepolitische Konsens "Kohle und Kernenergie" ist unverzichtbar, in: Handelsblatt, Nr. 251/52, 30./31.12.1988, S. 36.

Land	Einheit	Schweres Heizöl (je Tonne)		Leichtes Heizöl (je Tonne)		Strom (je 1 000 Kilowattstunden)		Kesselkohle (je Tonne)	
		1980	1987	1980	1987	1980	1987	1980	1987
D	US-Dollar	186,44	126,87	301,19	180,94	57,5	83,1	120,28	162,46
		-32,0*		-39,9*		+44,5*		+35,1*	
		-32,7**		-40,6**		+42,7**		+33,6**	
F	US-Dollar	182,48	148,24	349,78	313,07	51,5	45,5	95,25	98,16
		-18,8*		-10,5*		-11,7*		+ 3,1*	
		+15,6**		+27,3**		+44,9**		+46,6**	
UK	US-Dollar	213,58	147,17	298,79	177,85	62,8	57,7	81,89	78,52
		-31,1*		-40,5*		- 8,1*		- 4,1*	
		- 2,2**		-15,5**		+30,4**		+36,1**	
I	US-Dollar	181,55	124,64	311,60	385,22	64,3	72,1	50,02	46,02
		-31,3*		+23,6*		+12,1*		- 8,0*	
		+ 3,9**		+87,1**		+69,7**		+60,1**	
J	US-Dollar	268,32	173,74	298,49	329,02	86,4	127,0	59,67	59,32
		-35,2*		+10,2*		+47,0*		- 0,6*	
		-58,7**		-29,7**		+ 9,2**		-36,6**	
USA	US-Dollar	146,28	108,23	212,73	156,79	36,9	48,7	38,72	37,29
		-26,0*		-26,3*		+32,0*		-3,7*	

* Veränderung 1987 gegenüber 1980 gerechnet aus Dollarpreisen in v.H.
** Veränderung 1987 gegenüber 1980 gerechnet in nationaler Währung in v.H.

Abb. V.20: Industrieenergiepreise ausgewählter Länder 1980 und 1987[98]

Bei der Untersuchung der Mineralölpreise ergibt sich für die Bundesrepublik nach den USA eine vergleichsweise günstige Position. Grund dafür sind die im internationalen Vergleich noch niedrigen Mineralölsteuern.[99] Allerdings hat sich dieser Vorteil durch die Anhebung der Mineralölsteuer im Zuge der Finanzierung des Gemeinschaftswerkes Aufschwung Ost inzwischen verringert.

Eine Spitzenstellung nimmt die Bundesrepublik beim internationalen Vergleich der Kohlepreise ein. Mit 162,46 US - Dollar kostet die Tonne Kesselkohle in der Bundesrepublik annähernd doppelt soviel wie in Frankreich und in Großbritannien. Die USA weist die günstigsten Kohlepreise von 37,29 US - Dollar auf. Grund für die mit Abstand höchsten Kohlepreise der Bun-

---

98 Entnommen aus: Jahresgutachten 1988/89 des Sachverständigenrates zur Begutachtung der gesamtwirtschaftlichen Entwicklung, S. 179 Tz. 171.

99 Vgl. Jahresgutachten 1988/89 des Sachverständigenrates zur Begutachtung der gesamtwirtschaftlichen Entwicklung, S. 178 Tz. 171.

desrepublik sind die hohen Erzeugungskosten für die deutsche Steinkohle. Obwohl der deutsche Steinkohlebergbau mit modernster Technologie betrieben wird, ist er aus geologischen Gründen im internationalen Vergleich nicht wettbewerbsfähig.[100]

Auch beim Vergleich der Strompreise schneidet die Bundesrepublik relativ schlecht ab. Lediglich Japan weist noch höhere Strompreise auf. Allerdings hat sich als Reaktion darauf in Japan bereits ein verstärkter Strukturwandel zu Lasten der stromintensiven Industrien vollzogen.[101] Im wesentlichen gilt aber auch für die meistem Industriebranchen der Bundesrepublik, daß die Energiekosten im Rahmen der Kostenstruktur von geringer Bedeutung sind.[102] Die günstigsten Strompreise verzeichnen Frankreich und die USA.

Gegenwärtig liegt der Strompreis der Bundesrepublik um fünf bis sechs Pfennig je Kilowattstunde höher als in Frankreich.[103] Gründe für diesen Preisunterschied ergeben sich aus der vertraglichen Verpflichtung (Jahr-hundertvertrag) der Energieversorgungsunternehmen zur Verstromung der teuren deutschen Steinkohle und dem geringen Anteil der Kernenergie in der Bundesrepublik. Strenge Umwelt- und Sicherheitsauflagen zwingen die Unternehmen zu hohen Investitionen bei Entstickungs- und Entschwefelungsanlagen und zu einer vergleichsweise teuren Bauweise bei Kernkraftwerken. Zudem ist der Anteil der günstigen Stromerzeugung aus Wasserkraft in der Bundesrepublik relativ gering, und es müssen hohe Konzessionsabgaben an die Gemeinden und Kommunen entrichtet werden.[104]

---

100 Vgl. Biedenkopf, K. / Miegel, M., Investieren in Deutschland, S. 67.

101 Vgl. Schneider, H.-K., Die Bundesrepublik im internationalen Wettbewerb, S. 79.

102 Vgl. Schmidt, K.-D. et al., Im Anpassungsprozeß zurückgeworfen, S. 94.

103 Vgl. Glos, M., Im Standortwettbewerb liegt die Bundesrepublik im Hintertreffen, S. 4.

104 Vgl. Beyfuß, J. / Busch, B. / Fröhlich, H.-P. u.a., Schwerpunkt: Standort Bundesrepublik Deutschland, S. 53.

Den hohen Stromkosten der Bundesrepublik steht allerdings eine zuverlässige, sichere und ausreichende Versorgung gegenüber.[105] Darüberhinaus wird durch die Verstromung der heimischen Steinkohle die Abhängigkeit von den teilweise sehr labilen Weltenergiemärkten reduziert.[106] Ob die Stromversorgung in der Bundesrepublik aber tatsächlich zuverlässiger ist als in anderen Industriestaaten, muß bezweifelt werden.[107] Aufgrund der strengen Auflagen könnte sich für die Bundesrepublik aber ein gewisser Vorteil bezüglich der Sicherheit und Umweltverträglichkeit deutscher Kraftwerke ergeben. Führen diese Standards tatsächlich zu einer Verminderung von Schadensfällen, so könnten zukünftige Kosten für Schadensbeseitigung und Umweltsanierung eingespart werden, was sich positiv auf die Attraktivität des deutschen Standortes auswirken würde.

Darüberhinaus werden bundesdeutsche Unternehmen wegen der hohen Energiekosten mehr als ihre ausländischen Konkurrenten zu möglichst rationellem Umgang mit Energie gezwungen. Der Energiekostennachteil könnte also zunächst zumindest teilweise durch die Entwicklung und den Einsatz energiesparender Produktionsverfahren und -technologien ausgeglichen werden. Vor dem Hintergrund weltweit knapper Ressourcen könnte der Bundesrepublik aus den so gewonnenen Erfahrungen langfristig sogar ein Vorteil erwachsen.

c.) Umweltauflagen

Die Anzahl der deutschen Vorschriften und Verordnungen zum Umweltschutz ist im internationalen Vergleich besonders hoch und führt somit aufgrund der hohen Kosten für den Umweltschutz,

---

105 Vgl. Heidinger, P. F., Der energiepolitische Konsens, S. 36.

106 Vgl. Wirtschaftsvereinigung Bergbau (Hrsg.): Beantwortung des Fragenkatalgs "Standort Deutschland" der CDU / CSU - Fraktion des deutschen Bundestages aus der Sicht der Bergbauindustrie in der Bundesrepublik Deutschland, o.O. 1992, S. 4.

107 Vgl. RWI - Strukturberichterstattung, Schwerpunktthema 1988, S. 88.

für die Unternehmen zu einer Verringerung der Attraktivität des Industriestandortes Bundesrepublik Deutschland. Die Londoner Beratungsfirma Chem System International hat im Auftrag der EG - Kommission eine Untersuchung der Umweltkosten für verschiedene Branchen innerhalb der EG durchgeführt. So hat sich beispielsweise gezeigt, daß bundesdeutsche Stahlproduzenten im Durchschnitt für jede Tonne Rohstahl die sie herstellen 50 DM in den Umweltschutz investieren müssen, während die Konkurrenz in Belgien, Frankreich oder Italien lediglich um die 25 DM ausgeben muß.[108]

Eine exakte Einschätzung der jeweiligen nationalen Umweltkosten ist jedoch schwierig. Einen Ansatz bietet eine OECD - Studie, die für verschiedene Länder von 1975 bis 1988 den Anteil der Umweltschutzinvestitionen des Staates und des produzierenden Gewerbes am Bruttosozialprodukt berechnet.

Jahr	D	F	UK	I	J	USA
	in v.H. des BSP					
1975	1,05	k.A.	1,50***	k.A.	1,61	1,13
1980	1,11	0,93**	1,07	0,76	1,72	1,05
1985	1,09	0,64	0,82	0,58	0,98	0,90
1988	1,07	0,62	0,74	0,55	0,69	0,87

* Investitionsausgaben und laufende Ausgaben des Staates sowie Investitionsausgaben des Produzierenden Gewerbes
** 1981
*** 1977

Abb. V.21: Umweltschutzausgaben ausgewählter Länder in % des BSP[109]

Die Abbildung veranschaulicht, daß die Bundesrepublik 1975 noch vergleichsweise geringe Umweltinvestitionen getätigt hat. Während in den übrigen Ländern die Investitionsquote für den Umweltschutz im Untersuchungszeitraum jedoch deutlich zurückgegangen ist, blieb sie in der Bundesrepublik mit gut 1 % konstant und erreichte 1988 den vergleichsweise höchsten Wert. Jüngere Untersuchungen deuten für die letzten Jahre auf einen

---

108 Vgl. Hirn, W. / Pühler, S.: EG Umweltpolitik - Der allerkleinste Nenner, in: Wirtschaftswoche, 43. Jg., Heft 11, 1989, S. 41.

109 Vgl. Biedenkopf, K. / Miegel, M., Investieren in Deutschland, S. 70.

weiteren Anstieg der öffentlichen und privaten Umweltschutzausgaben der Bundesrepublik hin, so daß die Spitzenposition noch ausgebaut wurde.[110] Auch die gegenwärtige Diskussion um eine Energie- oder CO_2 - Steuer und die geplanten Abfallabgaben lassen einen weiteren Anstieg der Belastung deutscher Unternehmen erwarten, wenn keine internationalen Konzepte gefunden werden.[111] Daraus ließe sich ableiten, daß die Belastung der Unternehmen mit Umweltkosten am Standort Bundesrepublik im internationalen Vergleich besonders hoch ist.

Diese Ergebnisse reichen jedoch noch nicht aus, um der Bundesrepublik eindeutig einen Standortnachteil zu konstatieren, da sich die Umweltkosten nicht nur aus den Investitionen, sondern auch aus den laufenden Betriebskosten zusammensetzen. In der Bundesrepublik entsprechen die laufenden Betriebskosten in etwa den Investitionen. Allerdings erlaubt dies keine eindeutigen Rückschlüsse auf die Standortattraktivität, da innerhalb verschiedener Branchen und international erhebliche Abweichungen möglich sind.[112]

Trotzdem scheint für den Standort Bundesrepublik bezüglich des Standortfaktors Umweltkosten ein Nachteil zu bestehen. Dafür spricht neben dem eingangs angeführten Beispiel der Stahlindustrie auch, daß z.B. die BASF aufgrund der geringeren Umweltauflagen einen Teil ihrer Produktion nach Spanien verlegt.[113] Allgemein ließ sich bei den besonders von Umweltschutzauflagen betroffenen Unternehmen eine schwächere Inve-

---

110 Vgl. Voss, G.: Indikator: Umweltschutz, in: Institut der deutschen Wirtschaft (Hrsg.): iw - trends, 19. Jg., Heft 2, 1992, Schwerpunkt: Standort Bundesrepublik Deutschland, Köln 1992, S. 46 f. und Statistisches Bundesamt (Hrsg.): Zu den Ausgaben und zum Anlagevermögen für Umweltschutz 1975 - 1991 im bisherigen Bundesgebiet, Wiesbaden 1992.

111 Vgl. Vogel, O.: Ausgeprägte Schwächen; Neue Herausforderungen, in: Institut der deutschen Wirtschaft (Hrsg.): iw - trends, 19. Jg., Heft 2, 1992, Schwerpunkt: Standort Bundesrepublik Deutschland, Köln 1992, S. 8.

112 Vgl. Schneider, H.-K., Die Bundesrepublik im internationalen Wettbewerb, S. 78 f.

113 Vgl. o.V.: Die BASF investiert in Spanien in Autolacke und Harze, in: Frankfurter Allgemeine Zeitung, Nr. 23, 28.1.1992, S. 15.

stitionsneigung und ein überdurchschnittlicher Personalabbau beobachten.[114]

Andererseits fördern die strengen Umweltauflagen in der Bundesrepublik aber die Entwicklung von umweltschonenden Technologien und Anlagen. Daraus erwächst ein Know - How - Vorsprung, der langfristig zu gewinnbringenden Exporten führen wird, die sich im Inland positiv auf Wachstum und Beschäftigung auswirken werden.[115] Kritiker dieser These stellen dem die Exportstatistik der Bundesrepublik entgegen, die bisher keinen bemerkenswerten Anstieg bei Exporten von Umwelttechnologie verzeichnet. Der Anteil der Umwelttechnologie war 1984 mit weniger als 1 % sogar besonders gering.[116] Trotzdem zeichnet sich auch international ein zunehmendes Umweltbewußtsein ab, was zumindest mittelfristig für die Richtigkeit der obigen These spricht.[117] Dies gilt in besonderem Maße für die Länder Osteuropas, da hier in den nächsten Jahren umfangreiche Maßnahmen zur Sanierung der Umwelt ergriffen werden müssen.[118]

Schließlich besteht ein weiterer langfristiger Vorteil in den gegenwärtig höheren Umweltkosten, denn die Vermeidung von Umweltschäden dürfte kostengünstiger sein als deren spätere Beseitigung.[119] Dies gilt um so mehr, wenn man die Aspekte Image und öffentliche Meinung mit einbezieht, denn zukünftig wird vermehrt damit zu rechnen sein, daß Produkte von Unternehmen,

---

[114] Vgl. Rheinisch - Westfälisches Institut für Wirtschaftsforschung (Hrsg.), Standort Deutschland, S. 12.

[115] Vgl. Rheinisch - Westfälisches Institut für Wirtschaftsforschung (Hrsg.), Standort Deutschland, S. 12.

[116] Vgl. Dierkes, M. / Zimmermann, K., Qualitätskontrolle ist Zukunftssicherung, S. 38 f.

[117] Vgl. o.V.: Umweltpolitik international - Vor einem Investitions - Schub, in: Informationsdienst des Instituts der deutschen Wirtschaft, 15. Jg., Heft 29, 1989, S. 7 und Bundesministerium für Forschung und Technologie (Hrsg.), Zur technologischen Wettbewerbsfähigkeit, S. 11 - 13.

[118] Vgl. Voss, G.: Woher die Anstöße für das Wachstum dieses Marktes kommen, in: Kahrmann, V. / Sauerland, D: (Hrsg.): Made in Germany - Die internationale Wettbewerbsfähigkeit der deutschen Wirtschaft, Stuttgart / Berlin / Köln 1991, S. 175 f.

[119] Vgl. Jahresgutachten 1988/89 des Sachverständigenrates zur Begutachtung der gesamtwirtschaftlichen Entwicklung, S. 181 Tz. 172.

die als "Umweltsünder" bekannt geworden sind, von den Konsumenten abgelehnt werden. Umgekehrt dürfte in einer ökologisch orientierten Produktion ein nicht zu unterschätzendes akquisitorisches Potential liegen.[120]

d.) Regulierungsdichte

Ein weiterer Punkt in der Diskussion um die Attraktivität des Industriestandortes Bundesrepublik Deutschland ist die Regulierungsdichte.[121] Durch direkte oder indirekte Eingriffe des Staates in das Wirtschaftsgeschehen werden die Knappheitsindikatoren des Marktes beeinflußt. Es kommt zu Fehlallokationen und nachlassender Wachstumsdynamik, wodurch die Attraktivität eines Standortes beeinträchtigt wird.[122]

Einen ersten Eindruck der staatlichen Einflußnahme auf das Wirtschaftsgeschehen vermittelt die Staatsquote, also der Anteil der Staatsausgaben am Bruttosozialprodukt. Die folgende Abbildung zeigt die Staatsquoten ausgewählter Industrieländer, für die Jahre 1970 bis 1988.

Noch 1970 hatte die Bundesrepublik eine vergleichsweise hohe Staatsquote, doch haben die meisten der Vergleichsländer im Untersuchungszeitraum aufgeholt. Im Verhältnis zur Bundesrepublik schneiden Japan, die USA und innerhalb Europas Großbritannien, Spanien und die Schweiz günstiger ab. Insgesamt nimmt die Bundesrepublik jedoch eine durchschnittliche Position ein, so daß aus dem internationalen Vergleich der Staatsquoten

---

120 Vgl. Deutsche Angestellten - Gewerkschaft (Hrsg.): Stellungnahme der Deutschen Angestellten - Gewerkschaft (DAG) zum Fragenkatalog der CDU / CSU - Bundestagsfraktion, Hamburg 1992, S. 22.

121 Vgl. Jahresgutachten 1988/89 des Sachverständigenrates zur Begutachtung der gesamtwirtschaftlichen Entwicklung, S. 171 Tz. 162.

122 Vgl. Beyfuß, J. / Busch, B. / Fröhlich, H.-P. u.a., Schwerpunkt: Standort Bundesrepublik Deutschland, S. 79 und Donges, J. B. / Schmidt, K.-D. et al.: Mehr Strukturwandel für Wachstum und Beschäftigung - Die deutsche Wirtschaft im Anpassungsstau, Tübingen 1988, S. 1 - 8.

nicht auf eine übermäßige Regulierung am Standort Bundesrepublik Deutschland gesprochen werden kann.

Land	1970	1975	1980	1987	1988*
	Gesamtausgaben des Staates in v.H. des BSP				
D	38,6	48,9	48,3	46,5	46,0
F	38,9	43,5	46,4	51,8	51,2
UK	39,8	47,3	46,0	41,9	41,0
I	34,2	k.A.	41,6	50,0	50,1
NL	43,9	52,8	57,5	59,0	58,5
B	36,5	44,5	50,8	53,3	52,7
E	22,2	24,7	32,9	41,5	41,9
CH	21,3	28,7	29,3	30,0	30,5
A	39,2	46,1	48,9	52,4	51,5
S	43,3	48,9	61,6	64,0	–
J	19,4	27,3	32,6	33,4	33,5
USA	31,6	34,6	33,7	34,8	34,5
* geschätzt					

Abb. V.22: Staatsquote ausgewählter Industrieländer in % des BSP 1970 - 1988[123]

Neben der Staatsquote kann auch die Subventionsquote, also der Anteil der Subventionen am Bruttosozialprodukt, Hinweise auf die Beeinflussung der Wirtschaft durch den Staat geben. Subventionen, besonders wenn es sich um Erhaltungssubventionen handelt, binden oftmals Mittel in unrentablen Wirtschaftsbereichen, die von anderen Sektoren finanziert werden müssen. Dadurch wird die Dynamik des Strukturwandels gebremst, es kommt zu einem verringertem Wachstum und zu einer Belastung der Standortattraktivität.[124]

Die folgende Abbildung gibt einen Überblick über die Subventionsquoten ausgewählter Länder für 1985.

Beim Vergleich der Subventionsquoten schneidet die Bundesrepublik jedoch nach den USA, Japan und der Schweiz günstig ab. Es

[123] Vgl. Biedenkopf, K. / Miegel, M., Investieren in Deutschland, S. 82.

[124] Vgl. Jahresgutachten 1988/89 und 1990/91 des Sachverständigenrates zur Begutachtung der gesamtwirtschaftlichen Entwicklung, S. 235 - 237 Tz. 247 f. und S. 218 f. Tz. 267 f. und Schmidt, K.-D. et al., Im Anpassungsprozeß zurückgeworfen, S. 122 f.

zeigt sich also auch hier kein besonderer Nachteil des Standortes Bundesrepublik Deutschland. Allerdings ist zu berücksichtigen, daß diese Quoten lediglich die laufenden Übertragungen enthalten, Vermögensübertragungen und Steuervergünstigungen aber vernachlässigen. Ein Vergleich der genauen Subventionsquoten ist jedoch aufgrund der Probleme bei der Erhebung der relevanten Größen mit besonderen Schwierigkeiten verbunden.[125]

Land	Subventionen in % des BSP
Bundesrepublik Deutschland	2,0
Frankreich	2,9
Italien	3,4
Niederlande	3,2
Schweden	5,0
Schweiz	1,4
Spanien	2,7
Großbritannien	2,3
Kanada	2,6
Vereinigte Staaten	0,6
Japan	1,3

Abb. V.23: Subventionen in % des BSP ausgewählter Länder[126]

In der Bundesrepublik werden gegenwärtig insbesondere die Bereiche Land- und Forstwirtschaft, die Eisenbahn und der Steinkohlebergbau subventioniert. Ganz allgemein, also unter Vernachlässigung eines internationalen Vergleiches, stellt dies eine Belastung der Attraktivität des Industriestandortes Bundesrepublik Deutschland dar.[127]

Staatliche Markteingriffe gehen jedoch über Eingriffe, wie sie sich mit Staats- oder Subventionsquote messen lassen, hinaus. So werden die Wirtschaftssubjekte auch in erheblichen Maße durch zahlreiche Ge- und Verbote beeinflußt.[128] Staatliche Re-

---

125 Vgl. Biedenkopf, K. / Miegel, M., Investieren in Deutschland, S. 80.

126 Vgl. RWI - Strukturberichterstattung, Schwerpunktthema 1988, S. 104 - 106.

127 Vgl. Klodt, H. / Schmidt, K.-D. et al., Weltwirtschaftlicher Strukturwandel und Standortwettbewerb, S. 139 - 155.

128 Vgl. Beyfuß, J. / Busch, B. / Fröhlich, H.-P. u.a., Schwerpunkt: Standort Bundesrepublik Deutschland, S. 79.

gulierungen werden meist mit dem Argument des Marktversagens begründet, einer exakten ökonomischen Analyse halten diese Argumente oftmals jedoch nicht stand.[129]

In der Bundesrepublik gelten als besonders regulierte Bereiche die Ausnahmebereiche des Gesetzes gegen Wettbewerbsbeschränkung (GWB), also die Verkehrswirtschaft, die Land-, Fischerei- und Forstwirtschaft, die Kredit- und Versicherungswirtschaft, die Urheberrechts- und Verwertungsgesellschaften und die Versorgungswirtschaft.[130] Die aufgeführten Bereiche sind zumindest teilweise vor Wettbewerbern vor allem aus dem Ausland geschützt und sind entsprechend weniger gezwungen, ihre Tätigkeiten an den Erfordernissen des Marktes zu orientieren mit dem Ergebnis, daß es zu einer Unter- oder Schlechterversorgung kommen kann.

Betrachtet man nun die für die wirtschaftliche Entwicklung besonders wichtigen Bereiche Verkehrswesen, Telekommunikation[131] und leitungsgebundene Energiewirtschaft, so zeigt sich, daß diese auch in anderen Ländern zum Teil erheblichen Regulierungen unterliegen. Doch sind diese mit ihren Deregulierungsmaßnahmen in den letzten Jahren weiter vorangeschritten als die Bundesrepublik. Es zeigt sich also, daß dem Standort Bundesrepublik hier gegenüber den angelsächsischen Ländern, insbesondere den USA, ein Nachteil entstanden ist.[132]

Ein anderer Aspekt ergibt sich aus einer Umfrage des DIHT bei deutschen Unternehmen. Danach werden insbesondere im Umweltrecht langwierige und umständliche Genehmigungs- und Erlaubnisverfahren bemängelt.[133] Will ein Unternehmen beispielsweise

---

129 Vgl. Klodt, H. / Schmidt, K.-D. et al., Weltwirtschaftlicher Strukturwandel und Standortwettbewerb, S. 113 - 115.

130 Vgl. Grosskettler, H.: Deregulierung und Privatisierung, in: Wirtschaftswissenschaftliches Studium, 18. Jg., Heft 10, 1989, S. 438.

131 Siehe auch Schmidt, K.-D. et al., Im Anpassungsprozeß zurückgeworfen, S. 134 - 137.

132 Vgl. Klodt, H. / Schmidt, K.-D. et al., Weltwirtschaftlicher Strukturwandel und Standortwettbewerb, S. 117 - 139.

133 Vgl. Jahresgutachten 1988/89 des Sachverständigenrates zur Begutachtung der gesamtwirtschaftlichen Entwicklung, S. 181 Tz. 172.

eine Fabrikhalle errichten, so muß es zunächst eine Baugenehmigung einholen. Je nach Art der geplanten Produktion unterliegt eine Genehmigung zusätzlich dem Bundes - Imissionsschutzgesetz (BImschG). Darüberhinaus können wasserrechtliche oder abfallrechtliche Genehmigungen erforderlich sein. Besonders bemängelt wird daran aber nicht die Vielzahl, sondern die Dauer der Genehmigungsverfahren. So dauert nach Umfrageergebnissen des DIHT ein Genehmigungsverfahren nach dem BImschG zwischen 9 und 15 Monaten.[134]

Im Bundesstaat New York (USA) wurde 1977 ein Gesetz zur Vereinheitlichung der Verfahren verabschiedet, das verbindliche Fristen für die Genehmigungsverfahren vorschreibt, so daß die Verfahren spätestens nach 150 Tagen abgeschlossen sind. In Frankreich dauern die Genehmigungsverfahren, z.B. für die Gründung von Tochtergesellschaften, in der Regel weniger als zwei Monate.[135] Dieser Vergleich zeigt, daß dem Standort Bundesrepublik ein Nachteil entsteht, wenn es beispielsweise um die Umsetzung neuer Produktionsverfahren geht.

Zwar ist ein Zuviel an Bürokratie grundsätzlich nachteilig zu beurteilen. Sollten jedoch die längeren deutschen Genehmigungsverfahren auch effektiver sein und somit helfen, kostspielige Störfälle und Umweltschäden zu vermeiden, so sei an dieser Stelle noch einmal erwähnt, daß darin auch ein Vorteil für den Standort Bundesrepublik Deutschland zu sehen ist.

Ein weiterer Punkt in diesem Zusammenhang ist eine gewisse Rechtsunsicherheit, die deutsche Unternehmer aufgrund der ständig steigenden Anzahl von Gesetzen, Vorschriften und Verordnungen beklagen. Im Vergleich zum Ausland bestünde für die Bundesrepublik hier ein Nachteil, da im Ausland die gesetzlichen Rahmenbedingungen oftmals klarer und langfristiger

---

134 Vgl. o.V.: Genehmigungsverfahren kosten viel Zeit, in: Informationsdienst des Instituts der deutschen Wirtschaft, 16. Jg., Heft 7, 1990, S. 8.

135 Vgl. o.V.: Genehmigungsverfahren - Viel Bürokratie, in: Informationsdienst des Instituts der deutschen Wirtschaft, 15. Jg., Heft 2, 1989, S. 4 f.

seien.[136] Beispielsweise waren in der Bundesrepublik Deutschland die gesetzlichen Voraussetzungen für die Genforschung lange Zeit unklar, so daß viele Unternehmen Forschungsbereiche dieser Disziplin in das Ausland verlagert haben.[137] In anderen Bereichen, insbesondere im Umweltschutz, sind Entwicklungen aber oftmals vorhersehbar, wenn die meist öffentliche Diskussion verfolgt wird, so daß von Rechtsunsicherheit hier nur noch eingeschränkt gesprochen werden kann.

e.) *Zusammenfassung*

Die Untersuchungen haben gezeigt, daß dem Industriestandort Bundesrepublik Deutschland wegen der hohen Kosten für Steinkohle und Strom und den hohen Umweltkosten aufgrund zahlreicher Vorschriften, Verordnungen und langwieriger Genehmigungsverfahren im internationalen Vergleich ein Nachteil entsteht. Außerdem lassen sich für die Bundesrepublik zahlreiche staatliche Eingriffe in das Wirtschaftsgeschehen, besonders bei den wettbewerblichen Ausnahmebereichen des GWB feststellen. Obwohl die Regulierungsintensität international kaum vergleichbar ist, ist deutlich geworden, daß die Deregulierungsbemühungen im Ausland teilweise schon weiter fortgeschritten sind.

Zu beachten ist jedoch, daß dieser Kostennachteil zum großen Teil durch besonders hohe Anforderungen an die Anlagensicherheitstechnik und Aufwendungen für den Schutz der natürlichen Lebensgrundlagen entsteht und damit in der Bundesrepublik von einem hohen politischen und gesellschaftlichen Konsens getragen wird. Darüberhinaus müssen diese Kosten als Zukunftsinve-

---

[136] Vgl. o.V.: Die BASF investiert in Spanien verstärkt in Autolacke und Harze, in: Frankfurter Allgemeine Zeitung, Nr. 23, 28.1.1992, S. 15.

[137] Siehe auch Gassen, H. G.: Zukunftsmarkt Biotechnologie - Ein Kampf gegen die Akzeptanzprobleme, in: Kahrmann, V. / Sauerland, D. (Hrsg.): Made in Germany - Die internationale Wettbewerbsfähigkeit der deutschen Wirtschaft, Stuttgart / Berlin / Köln 1991, S. 94 - 100 und Welfens, P. J. J., Internationalisierung von Güterproduktion und Ressourceneinsatz, S. 32.

stitionen interpretiert werden. Zum einen handelt es sich um Kosten zur Vermeidung von Umweltbelastungen, die in aller Regel niedriger sein dürften als die Kosten, die für die nachträgliche Beseitigung von Umweltschäden entstehen. Zum anderen fördern sie die Entwicklung von Umweltschutztechnologien, woraus sich mittel- bis langfristig ein Wettbewerbsvorteil für die bundesdeutsche Industrie ergeben wird.

Anders ist es hingegen mit dem Energiekostennachteil bei der Steinkohle bzw. der Verstromung der Steinkohle und den staatlichen Regulierungen, die der Konservierung unrentabler Wirtschaftsstrukturen dienen und so Strukturwandel und Wachstum behindern. Die Beeinflussung des Marktgeschehens führt zu suboptimaler Faktorallokation und damit zu einer Verringerung der Standortattraktivität. Besonders problematisch daran ist, daß sich Privatisierung, Deregulierung und Subventionsabbau politisch kaum durchsetzen lassen, da großer Widerstand der verschiedensten Interessengruppen die politischen Entscheidungsträger davon abhält, wirtschaftspolitisch sinnvolle Deregulierungsmaßnahmen zu ergreifen.[138]

Allerdings ist davon auszugehen, daß mit der Vollendung des europäischen Binnenmarktes ein Teil der deutschen Regulierungsmaßnahmen aufgehoben wird. So ist damit zu rechnen, daß zukünftig französische Stromanbieter zumindest für industrielle Großabnehmer über Durchleitungsgenehmigungen auch deutsche Kunden beliefern dürfen.[139] (Damit besteht aber gleichzeitig die Gefahr einer Strompreiserhöhung für kleinere Abneh-

---

[138] Vgl. Grosskettler, H., Deregulierung und Privatisierung, S. 444.

[139] Vgl. Deutscher Industrie- und Handelstag (Hrsg.): Antworten des DIHT auf die Fragen der CDU / CSU - Bundestagsfraktion zum Thema "Standort Deutschland", Bonn 1992, S. 19 u. 33. Fraglich ist aber, ob französische Anbieter überhaupt über die notwendigen Kapazitäten verfügen, um auch deutsche Kunden bedienen zu können. Dazu nimmt auch in Frankreich die Skepsis gegenüber dem Atomstrom zu, so daß der Bau weiterer Kernkraftwerke unwahrscheinlich erscheint. Siehe dazu Rheinisch - Westfälisches Institut für Wirtschaftforschung (Hrsg.): Auswirkungen des EG - Binnenmarktes für Energie auf Verbraucher und Energiewirtschaft in der Bundesrepublik, Essen 1991.

mer.) Zudem verstoßen dann alle die Vorschriften gegen das EG - Recht, die den freien Waren- und Dienstleistungsverkehr behindern. Folglich wird sich auch die Umweltpolitik in wesentlichen Bereichen von einer nationalen zu einer europäischen Umweltpolitik entwickeln. Es zeigt sich also, daß sich die jeweiligen Energie- und Umweltkostenunterschiede in der EG mittelfristig egalisieren werden, wodurch die gegenwärtigen Kostennachteile der Bundesrepublik in diesen Bereichen bei langfristigen Investitionsentscheidungen der Unternehmen an Bedeutung verlieren. Darüberhinaus wird es im Zuge des Binnenmarktes zu Deregulierungen in den Dienstleistungsbereichen Telekommunikation, Verkehr, Banken und Versicherungen kommen. Auch dies wird zu einer weiteren Erhöhung der Wettbewerbsfähigkeit des Standortes Bundesrepublik Deutschland führen.

Fraglich ist, welche Auswirkungen die Wiedervereinigung auf die Faktoren Energiekosten, Umweltkosten und Marktregulierung haben wird. Zwar verfügt die ehemalige DDR über große Braunkohlevorkommen, die auch bei der Energiegewinnung eine wichtige Rolle gespielt haben. Doch steht die Braunkohlewirtschaft seit der Wiedervereinigung zunächst vor einem enormen ökologischen und ökonomischen Anpassungsdruck. Das Energiepreisniveau in der gesamten Bundesrepublik wird daher wohl stärker von der Entwicklung zum europäischen Binnenmarkt beeinflußt, da davon auch die Frage abhängt, inwieweit die ostdeutsche Braunkohle wettbewerbsfähiger Energieträger sein kann.[140]

Ein anderes Problem ergibt sich aus der Finanzierung der in großem Umfang notwendigen Altlastensanierung in den fünf neuen Bundesländern. Solange die Treuhand diese Kosten übernimmt, kommen auf die Unternehmen direkt keine zusätzlichen Umweltkosten zu. Andererseits ist es aber wahrscheinlich, daß die Refinanzierung der Treuhand über den Staat in Form von Steuern, Abgaben oder Gebühren auch zu einer Belastung der Unternehmen führen wird.

---

140 Vgl. Leuschner, H.-J.: Noch ist die Energieversorgung durch Braunkohle nicht gesichert, in: Der Arbeitgeber, 43. Jg., Heft 23, 1991, S. 948 - 950.

Schließlich besteht die Gefahr, daß zur Abfederung des Strukturwandels und Erneuerungsprozesses in den fünf neuen Bundesländern zusätzliche staatliche Regulierungsmaßnahmen ergriffen werden, die zwar kurzfristig gedacht, später nur schwerlich zurückgeführt werden können. Eine solche Entwicklung würde der internationalen Wettbewerbsfähigkeit des Industriestandortes Bundesrepublik Deutschland schaden.

C. Standortstärken

1. Qualifikation der Arbeitskräfte

Die besondere Bedeutung des Standortfaktors Qualifikation der Arbeitskräfte für die Attraktivität eines Standortes ist bereits in Abschnitt B. dieses Kapitels herausgearbeitet worden. Diese These bestätigt auch eine Studie, die 1988 von der American Society for Training and Development durchgeführt wurde.[141] Neben der rein fachlichen Qualifikation gewinnt aber auch die soziale Kompetenz (Motivation, Verantwortung, Taemgeist usw.) der Mitarbeiter an Bedeutung.[142]

Das Qualifikationsniveau der deutschen Arbeitskräfte wird im internationalen Vergleich besonders hoch eingeschätzt, so daß der Standort Bundesrepublik Deutschland unter diesem Aspekt besonders attraktiv erscheint.[143]

Grundlage diese Standortvorteils ist das deutsche Bildungssystem. Schwerpunkt der Schulausbildung in der Bundesrepublik Deutschland ist bei allen Schulformen die Vermittlung einer grundlegenden Allgemeinbildung. Damit wird eine dauerhafte und

---

141 Vgl. Biedenkopf, K. / Miegel, M., Investieren in Deutschland, S. 85.

142 Vgl. o.V.: Mitarbeiter der Zukunft - Soziale Kompetenz gewinnt an Terrain, in: Informationsdienst des Instituts der deutschen Wirtschaft, 16. Jg., Heft 3, 1990, S. 8.

143 Vgl. Bierich, M., Fertigungsstandorte im internationalen Vergleich, S. 41, siehe auch Biedenkopf, K. / Miegel, M., Investieren in Deutschland, S. 85.

tragfähige Basis für die spätere Berufsausbildung geschaffen.[144] Ein internationaler Vergleich des jeweiligen Standes der Allgemeinbildung ist schwierig, da es keinen einheitlichen Vergleichsmaßstab gibt. Allgemein kann aber festgestellt werden, daß in den meisten Industriestaaten eine grundlegende Allgemeinbildung vorhanden ist, während der Analphabetismus für zahlreiche Schwellen- und Entwicklungsländer noch ein Problem darstellt. Dies veranschaulicht die folgende Abbildung, die den Anteil der Erwerbspersonen ohne jegliche Bildung an der gesamten Erwerbsbevölkerung darstellt.

Land	Erwerbspersonen ohne Bildung in % der Erwerbsbevölkerung
Bundesrepublik Deutschland	0,7
Frankreich	0,4
Italien	19,3
Niederlande	0,0
Schweit	0,0
Schweden	0,0
Spanien	13,5
Großbritannien	0,0
Kanada	0,0
Vereinigte Staaten	0,0
Japan	0,0
Grichenland	3,9
Portugal	16,3
Türkei	16,1
Argentinien	7,0
Brasilien	24,7
Indien	66,6
Korea	14,8
Malaysia	27,0
Philipinen	7,8
Singhapur	40,3
Thailand	12,0

Abb. V.24: Erwerbspersonen ohne Bildung in % der Erwerbsbevölkerung ausgewählter Länder (verschiedene Jahre)[145]

[144] Vgl. Schlaffke, W.: Qualified in Germany: Standortvorteil, in: Informationsdienst des Instituts der deutschen Wirtschaft, 14. Jg., Heft 38, 1988, S. 2.

[145] Vgl. RWI - Strukturberichterstattung, Schwerpunktthema 1988, S. 47.

In Europa fallen lediglich Spanien, Italien, Portugal und die Türkei mit nennenswerten Anteilen der Erwerbsbevölkerung ohne Schulbildung auf.

Diese Zahlen sind jedoch mit Vorsicht zu interpretieren, da eine schulische Ausbildung faktischen Analphabetismus nicht unbedingt ausschließt. Das heißt, in seltenen Fällen entsprechen die Lese- und Schreibkenntnisse trotz einer schulischen Ausbildung nicht den beruflichen Anforderungen. Für die Bundesrepublik ist jedoch festzustellen, daß die Anzahl der Schüler, die weiterführende allgemeinbildende Schulen besuchen und damit höhere Schulabschlüsse erwerben, weiter steigt.[146]

Weiterhin schneidet bei internationalen Vergleichen das duale Berufsausbildungssystem der Bundesrepublik besonders gut ab. Das duale System kombiniert bei der im Durchschnitt dreijährigen Berufsausbildung die praktische Ausbildung im Betrieb mit theoretischem Unterricht an den Berufsschulen.[147] Diese Kombination scheint einer rein praktischen oder rein schulischen Ausbildung, wie sie in den meisten Ländern praktiziert wird, überlegen zu sein. Die Auszubildenden lernen im Betrieb praxisnah die Anforderungen des jeweiligen Berufsfeldes kennen. In den Berufsschulen werden diese Kenntnisse durch den theoretischen, allgemeiner gehaltenen Unterricht erweitert, so daß die Auszubildenden eine gute Basis erhalten, die es ihnen ermöglicht , sich auch verändernden Berufsanforderungen schnell anzupassen. Damit wird eine hohe Flexibilität und Selbständigkeit der Arbeitskräfte erreicht, die den immer komplexer werdenden beruflichen Anforderungen einer modernen Industriegesellschaft besonders gut entspricht.[148]

Daß das duale Ausbildungssystem international besonders hoch eingeschätzt wird, belegt auch die Tatsache, daß sich viele

---

[146] Vgl. Schlaffke, W., Qualified in Germany, S. 2.
[147] Vgl. Deutscher Industrie- und Handelstag (Hrsg.): DIHT Meinung 1989, Bonn 1989, S. 84.
[148] Vgl. RWI - Strukturberichterstattung, Schwerpunktthema 1988, S. 46 - 49.

Länder dieses System bei der Weiterentwicklung ihrer Berufsausbildungssysteme zum Vorbild nehmen.[149]

Neben dem dualen Ausbildungssystem zeichnet sich der Standort Bundesrepublik Deutschland durch ein breites Angebot an Weiterbildungsmöglichkeiten aus, das auch in großem Umfang genutzt wird. Im Jahre 1988 hat ein Drittel der Bundesbürger an einer oder mehreren Weiterbildungsveranstaltungen teilgenommen. Motiv dafür ist neben der beruflichen Weiterqualifikation auch die aktive Freizeitgestaltung durch den Besuch von Weiterbildungsveranstaltungen. An Kursen der allgemeinen und politischen Weiterbildung nahmen 22 % der Bevölkerung teil. Besonderes Interesse bestand an Fremdsprachenkursen. 18 % der Erwerbsbevölkerung nahmen an beruflichen Weiterbildungsmaßnahmen teil, mit dem Ziel vorhandene Kenntnisse zu aktualisieren oder die eigenen beruflichen Aufstiegschancen zu verbessern. Träger dieser Weiterbildungsveranstaltungen sind neben den Unternehmen selbst überbetriebliche Organisationen wie Kammern oder Verbände.[150]

Die Kosten der Weiterbildung werden von der öffentlichen Hand, den Arbeitnehmern selbst oder den Betrieben getragen. Das heißt aber, daß die Unternehmen den Standortvorteil hochqualifizierter Arbeitskräfte zumindest teilweise auch finanzieren müssen. Dies gilt insbesondere für die betriebliche Weiterbildung. Neben Personal- und Sachkosten entstehen auch Opportunitätskosten, wenn die Weiterbildungsmaßnahmen während der Arbeitszeit stattfinden.[151]

---

[149] Vgl. Schlaffke, W.,: Aus dem Gleichgewicht, in: Informationsdienst des Instituts der deutschen Wirtschaft, 18. Jg., Heft 4, 1992, S. 2 und Schlaffke, W.: Bildungsarbeit im Spannungsfeld von Wirtschaft und Gesellschaft, Düsseldorf 1992, S. 31.

[150] Vgl. o.V.: Weiterbildung - Interesse stark gestiegen, in: Informationsdienst des Instituts der deutschen Wirtschaft, 16.Jg., Heft 9, 1990, S. 6 f.

[151] Vgl. o.V.: Betriebliche Weiterbildung, in: Informationsdienst des Instituts der deutschen Wirtschaft, 15. Jg., Heft 40, 1989, S. 4 f.

Trotzdem ist deutlich geworden, daß der Standort Bundesrepublik Deutschland aufgrund des Aus- und Weiterbildungssystems bezüglich des Faktors Qualifikation der Arbeitskräfte besonders attraktiv ist.

Zusätzlich verfügt die Bundesrepublik über eine Vielzahl an Universitäten und Fachhochschulen, die international insbesondere in den Bereichen Naturwissenschaften und Ingenieurwesen einen hervorragenden Ruf genießen. Die Bundesrepublik kann daher auch auf eine hohe Anzahl besonders hoch qualifizierter Fachkräfte und Wissenschaftler zurückgreifen.[152]

Wird untersucht, inwieweit die höhere Bildung den Anforderungen der besonders technologieintensiven Zukunftsindustrien entspricht, so wird diese These unterstrichen. Die folgende Abbildung gibt den Anteil der Studenten bzw. Absolventen der Fächer Mathematik, Informatik, Naturwissenschaften und Ingenieurwesen an der Gesamtzahl der Studenten bzw. Absolventen wieder.

Der internationale Vergleich veranschaulicht, daß die Bundesrepublik über ein großes Potential naturwissenschaftlicher bzw. technischer Intelligenz verfügt.

Andererseits wird dem Schul- und Hochschulsystem der Bundesrepublik eine mit 13 Jahren zu lange Schulzeit und eine mit durchschnittlich 14,7 Semestern zu lange Studienzeit vorgeworfen.[153] Im internationalen Vergleich entsteht dem Standort Bundesrepublik Deutschland daraus der Nachteil hoher Ausbildungskosten und daß dringend benötigte Fachkräfte erst mit relativ hohem Alter ins Berufsleben eintreten. Zudem wird den deutschen Hochschulen gelegentlich eine gewisse Praxisferne angelastet. Diese Diskrepanz ließe sich jedoch leicht durch

---

152 Vgl. Porter, M. E., The Competitive Advantage, S. 368 f.

153 Vgl. Keller, B.: Standortfaktor Bildungssystem, in: Der Arbeitgeber, 41. Jg., Heft 12, 1989, S. 453.

eine verstärkte Zusammenarbeit von Hochschulen, Forschungsinstituten und Unternehmen überwinden.[154]

Land	technische Intelligenz in %
Bundesrepublik Deutschland	28
Frankreich	19
Italien	25
Niederlande	10
Schweiz	26
Schweden	26
Spanien	20
Großbritannien	29
Kanada	15
Vereinigte Staaten	15
Japan	20
Grichenland	26
Portugal	23
Türkei	24
Argentinien	28
Brasilien	22
Indien	24
Korea	24
Malaysie	22
Philipinen	20
Singhapur	51
Thailand	11

Abb. V.25: Anzahl der Studenten / Absolventen naturwissenschaftlicher / technischer Fächer in % der Gesamtzahl der Studenten / Absolventen ausgewählter Länder[155]

Ein zusätzlicher Attraktivitätsgewinn für den Standort Bundesrepublik Deutschland ergibt sich aber aus der in den letzten Jahren gestiegenen Mobilität der Arbeitnehmer, die mit der Tendenz zum Erwerb höherwertiger Schul- und Berufsqualifikationen einherging.[156]

154 Vgl. Fraunhofer Gesellschaft (Hrsg.), "Industriestandort Deutschland", S. 3.
155 Vgl. RWI - Strukturberichterstattung, Schwerpunktthema 1988, S. 46 f.
156 Vgl. Krakowski, M. / Henne, W. / Keller, D. u.a.: Die deutsche Wirtschaft im Anpassungsschock - Strukturbericht 1991, Hamburg 1992, S. 65 - 69.

Für den effizienten Einsatz des Faktors Arbeit ist neben der fachlichen auch die soziale Qualifikation der Arbeitskräfte von großer Bedeutung. Schon das zuvor beschriebene große Interesse deutscher Arbeitskräfte an Weiterbildungsmaßnahmen spricht für deren hohe Motivation. Dies bestätigte auch die Studie der Londoner Beratungsfirma International Survey Research Ltd. Danach stehen die deutschen Arbeitnehmer mit ihrer Zufriedenheit am Arbeitsplatz an der Spitze aller untersuchten Länder. Dies gilt für alle untersuchten Teilbereiche: Das Betriebsklima, die Sozialleistungen, das Management und die Bezahlung. Diese positive Einstellung zur eigenen Arbeit ist Grundlage einer hohen Arbeitsmoral und einer besonderen Identifikation mit dem Beruf.[157]

Andererseits wird dem Standort Bundesrepublik aber ein abnehmendes Arbeitsethos und eine zunehmende Freizeitorientierung attestiert.[158] Fraglich ist, ob zwischen diesen Aussagen bzw. Untersuchungen ein Widerspruch besteht. Zweifelhaft ist zunächst, ob diese Entwicklung ein deutsches Unicum ist und nicht gleichermaßen auch für andere Industriestaaten zutrifft. Darüberhinaus zeichnete sich die Erwerbsbevölkerung der Bundesrepublik früherer Perioden durch ein besonders hohes Arbeitsethos aus, so daß trotz einer zunehmenden Freizeitorientierung das deutsche Arbeitsethos im internationalen Vergleich immer noch hoch einzuschätzen ist.[159]

Ein anderer Aspekt in diesem Zusammenhang ist die Tüchtigkeit und die Qualität des Managements, denn für den Erfolg eines Unternehmens ist neben der Qualifikation und Leistungsbereitschaft der Arbeitskräfte in ganz besonderer Weise auch die unternehmerische Qualität des Managements von Bedeutung. Nach der zuvor angeführten Studie schätzen deutsche Arbeitnehmer

---

157 Vgl. o.V.: Arbeitsumfeld - Zufrieden mit dem Chef, in: Informationsdienst des Instituts der deutschen Wirtschaft, 14. Jg., Heft 13, 1988, S. 8, siehe auch Porter, M. E., The Competitive Advantage, S. 376.

158 Vgl. Rüpp, B.: Wirtschaftliche und gesellschaftliche Perspektiven der Bundesrepublik Deutschland, München 1989, S. 43 - 66.

159 Vgl. Biedenkopf, K. / Miegel, M., Investieren in Deutschland, S. 87 - 89.

die Qualität ihrer Manager im internationalen Vergleich besonders hoch ein. Auch in der internationalen Literatur wird die Qualifikation sowohl der Arbeitnehmer als auch der Unternehmer und Manager der Bundesrepublik besonders positiv beurteilt.[160]

Zu einem etwas anderen Ergebnis kommt Porter bei seiner Untersuchung der nationalen Wettbewerbsvorteile. Er diagnostiziert den bundesdeutschen Unternehmern eine zu konservative Haltung gegenüber den Instrumenten des modernen Marketings und weist so auf die Gefahr des Verkennens der zukünftigen Erfordernisse der Märkte hin.[161] Auch die Beratungsfirma McKinsey sieht Schwächen bei der Leistung des Managements deutscher Unternehmen. Bei einer Untersuchung deutscher und japanischer Unternehmen kommen sie zu dem Ergebnis, daß zwei Drittel des deutschen Kostennachteils gegenüber Japan durch weniger effiziente Produktionsabläufe und Schwächen des Managements bedingt sind.[162]

Hinweise auf diese Schwächen liefert auch die Tatsache, daß sich Wissenschaftler, Unternehmensberater und die Unternehmen selbst in den letzten Jahren besonders intensiv mit Fragen der Bereiche lean - production und lean - management beschäftigen.[163] Im wesentlichen handelt es sich um Fragestellungen, die mit den folgenden Stichworten kurz umschrieben werden sollen: Flachere Hirarchien, Prozeßkostenrechnung, abnehmende Fertigungstiefe, just - in - time, Gruppenarbeit, strategische Allianzen und total - quality - mamagement. Trotzdem bleibt festzustellen, daß es deutschen Unternehmen nach wie vor gut

160 Vgl. Biedenkopf, K. / Miegel, M., Investieren in Deutschland, S. 85.

161 Vgl. Porter, M. E., The Competitive Advantage, S. 374 u. 717.

162 Vgl. Antrecht, R.: Standort - Diskussion: Was die Industrie tun muß, in: Capital, 31. Jg., Heft 2, 1992, S. 12 und Henzler, H.: Podiumsdiskussion, in: Standort D - Nach der Vereinigung - vor dem Binnenmarkt, Köln 1992, S. 47 f.

163 Siehe auch Womack, J. P. / Jones, D. T. / Roos, D.: Die zweite Revolution in der Autoindustrie - Konsequenzen aus der weltweiten Studie des Massachusetts Institute of Technology, Frankfurt - Main / New York 1991, und Rheinisch - Westfälisches Institut für Wirtschaftsforschung (Hrsg.): Ökonomische Herausforderungen für Baden - Württemberg in den neunziger Jahren, Essen 1992, S. 168 - 178.

gelingt, ihre Produkte auf in- und ausländischen Märkten zu plazieren. Nicht zu übersehen ist aber auch, daß sich aufgrund kürzerer Entwicklungszeiten amerikanische und vor allem japanische Unternehmen verschiedene Märkte schneller erschließen als ihre deutschen Konkurrenten.[164]

Zusammengefaßt zeigt sich jedoch, daß aufgrund des international anerkannten Aus- und Weiterbildungssystems, der guten Ausbildung an Schulen, Fachhochschulen und Universitäten und der sozialen Kompetenz der Arbeitnehmer, der Industriestandort Bundesrepublik Deutschland unter dem Aspekt der Qualifikation der Arbeitskräfte besonders attraktiv ist.

Vor diesem Hintergrund ist allerdings die Beurteilung des Genfer World Economic Forums verwunderlich, die 1989 bei einem internationalen Standortvergleich zu dem Ergebnis kommt, daß die Bundesrepublik bezüglich des Faktors Human - Kapital unter 22 Ländern knapp hinter Neuseeland lediglich den zwölften Rang einnimmt.[165] Gründe für dieses schlechte Abschneiden sind insbesondere in der demographischen Entwicklung, den sinkenden Bevölkerungszahlen und der Vergreisung der deutschen Bevölkerung zu sehen. Darüberhinaus haben sich die relativ hohen Arbeitslosenzahlen bei schwacher Beschäftigungsdynamik negativ ausgewirkt. Bezüglich der Argumente Berufsausbildung, Ausstattung mit hochqualifizierten Fachkräften, Motivation der Arbeitnehmer und Qualifikation des Managements bestätigt die Studie jedoch die zuvor getroffene sehr hohe Einschätzung der Bundesrepublik.

Bei einer genauen Analyse des deutschen Arbeitsmarktes muß die hohe Bewertung der Qualifikation der Fachkräfte jedoch eingeschränkt werden. Das Überangebot an schlecht oder falsch qualifizierten Arbeitskräften bei gleichzeitiger Übernachfrage nach Fachkräften weist eindeutig auf Schwächen im deutschen

---

164 Vgl. Hartwig, K.-H., Bundesrepublik Deutschland, S. 402.
165 Vgl. o.V.: Internationale Wettbewerbsfähigkeit - Rangliste mit vielen Fragezeichen, in: Informationsdienst des Instituts der deutschen Wirtschaft, 15. Jg., Heft 51/52, 1989, S. 4 f.

Aus- und Weiterbildungssystem hin, da durch den Strukturwandel ausgelöst Änderungen der Qualifikationsanforderungen durch das Bildungssystem noch nicht ausreichend antizipiert worden sind.

Es besteht also weiterhin Bedarf an Aus- und Weiterbildungseinrichtungen. Darüberhinaus müssen für die betroffenen Arbeitskräfte zusätzliche Anreize zur Weiterqualifizierung geschaffen werden.[166] Dieses gilt umso mehr, da sich der Standortvorteil Qualifikation durch ein starkes Aufholen der Konkurrenzstandorte in den letzten Jahren zunehmend relativiert.[167]

Fraglich ist schließlich, welche Auswirkungen die Wiedervereinigung auf den Standortvorteil Qualifikation der Arbeitskräfte hat. Grundsätzlich ist festzustellen, daß die ehemalige DDR über ein gut ausgebautes System der Berufsausbildung und eine Vielzahl hochqualifizierter Fachkräfte verfügte. Durch die Wiedervereinigung wurde ein Teil dieser Qualifikationen entwertet, da sie nicht mehr den geänderten Anforderungen entsprechen. Es ist also überall dort ein enormer Aus- und Weiterbildungsbedarf entstanden, wo neue Maschinen und Anlagen neue Fähigkeiten und Kenntnisse verlangen. Insgesamt muß eine Umorientierung der Qualifikationen entsprechend den marktwirtschaftlichen Erfordernissen erfolgen.[168]

Auch wenn anfängliche Anpassungsschwierigkeiten unvermeidlich sind, ist mittelfristig davon auszugehen, daß der Standortvorteil Qualifikation der Arbeitskräfte für die gesamte Bundesrepublik erhalten bleibt. Durch die mit der Wiedervereinigung

---

166 Vgl. Klodt, H. / Schmidt, K.-D. et al., Weltwirtschaftlicher Strukturwandel und Standortwettbewerb, S. 85 - 108, siehe auch Jahresgutachten 1989/90 des Sachverständigenrates zur Begutachtung der gesamtwirtschaftlichen Entwicklung: Deutscher Bundestag 11. Wahlperiode, Drucksache 11/5786, Bonn 1990, S. 169 f. Tz. 362.

167 Vgl. Institut für Arbeitsmarkt- und Berufsforschung (Hrsg.): Standort Deutschland - Anfrage der CDU / CSU - Bundestagsfraktion vom 20. Februar 1992, Nürnberg 1992, S. 4 f.

168 Vgl. o.V.: Berufsausbildung / DDR - Qualifizierungshilfen nötig, in: Informationsdienst des Instituts der deutschen Wirtschaft, 16. Jg., Heft 17, 1990, S. 4 f.

verbundene Verjüngung der Bevölkerung der Bundesrepublik ist sogar mit einer leichten Verbesserung der bisherigen Situation zu rechnen.

2. Infrastruktur

Unter der Infrastruktur eines Standortes wird im allgemeinen dessen Ausstattung mit Kommunikations- und Verkehrseinrichtungen, Energie- und Wasserversorgung, Bildungs- und sonstigen (öffentlichen) Einrichtungen verstanden.[169] Die Infrastrukturausstattung ist für die Attraktivität eines Standortes von großer Bedeutung, da ein Mindestmaß an Infrastruktur notwendige Voraussetzung für jegliche unternehmerische Tätigkeit ist. Trotzdem schätzen die Unternehmen die Bedeutung des Standortfaktors Infrastruktur nicht besonders hoch ein. Ursache dieser Einschätzung dürfte die Tatsache sein, daß beim unternehmerischen Standortkalkül oftmals von der allgemeinen Verfügbarkeit einer Infrastruktur ausgegangen wird.[170] Implizit ist bei einer solchen Standortwahl die Infrastrukturausstattung jedoch Vorauswahlkriterium und insofern von großer Bedeutung.

Bei internationalen Standortvergleichen wird der Bundesrepublik Deutschland regelmäßig eine besonders gute und ausgereifte Infrastrukturausstattung in den verschiedensten Bereichen bescheinigt. Damit ergibt sich für die Bundesrepublik ein bedeutender Standortvorteil.[171] Hintergrund dieses Vorteils sind die kräftigen Infrastrukturinvestitionen der vergangenen Jahrzehnte.

In den sechziger Jahren konzentrierten sich die Investitionen auf den Wiederaufbau der vom Krieg zerstörten Infrastruktur.

---

169 Vgl. Woll, A. (Hrsg.), Wirtschaftslexikon, S. 340 f.

170 Vgl. RWI - Strukturberichterstattung, Schwerpunktthema 1988, S. 78.

171 Vgl. o.V.: Der Aktienmarkt wird langfristig von der fundamentalen deutschen Stärke gestützt, in: Handelsblatt, Nr. 54, 16.3.1989, S. B 13 - B 15.

Schwerpunkte waren die Bereiche Verkehr, Bildung, Wohnungsbau und Energieversorgung. In den siebziger Jahren nahm die Investitionsdynamik zwar leicht ab, lag jedoch immer noch auf hohem Niveau. Hauptbereiche waren Kultur, Erholung und Gesundheitswesen. Aufgrund der allgemeinen Konjunkturschwäche und des Konsolidierungszwanges der öffentlichen Hand ging der Ausbau der Infrastruktur in den achtziger Jahren stark zurück.[172]

Ein internationaler Vergleich der jeweiligen Infrastrukturinvestitionen veranschaulicht, daß mit Ausnahme Italiens die Investitionsquoten aller betrachteten westlichen Industrieländer deutlich zurückgegangen sind. Folglich ergibt sich aus der nachlassenden deutschen Investitionsdynamik im Bereich der Infrastruktur im internationalen Vergleich kein Nachteil.

Land	Infrastrukturinvestitionen in % des BIP			
	1970	1975	1980	1986
Bundesrepublik Deutschland	7,8	7,0	6,3	5,4
Frankreich			6,5	5,6
Italien	5,8	5,8	6,6	6,0
Niederlande	8,3	7,4	6,0	5,2
Schweden	8,8	7,1	6,9	5,6
Großbritannien	5,4	4,8	3,4	3,1
Kanada	7,6	8,4	6,8	5,2
Vereinigte Staaten	5,1	4,7	4,6	3,9
Griechenland	8,9	7,3	7,4	8,8
Portugal	6,1	6,8	7,7	
Indien	4,5	5,0	6,1	6,5
Korea	6,9	6,5	12,3	
Thailand	11,5	9,0		

Abb. V.26: Infrastrukturinvestitionen ausgewählter Länder in % des BIP[173]

Die hohen Investitionsquoten der weniger entwickelten europäischen Länder und der asiatischen Länder spiegeln den unterschiedlichen Entwicklungsstand dieser Länder und der Industrieländer wider, denn die infrastrukturelle Erschließung dieser Länder befindet sich noch im Aufbau.

---

172 Vgl. o.V.: Infrastruktur - Nachholbedarf in vielen Bereichen, in: Informationsdienst des Instituts der deutschen Wirtschaft, 15. Jg., Heft 17, 1989, S. 3.

173 Vgl. RWI - Strukturberichterstattung, Schwerpunktthema 1988, S. 79.

Trotz der guten Infrastrukturausstattung der Bundesrepublik zeigen sich im internationalen Vergleich auch Schwächen. Auf die höheren Kosten im Bereich der Energieversorgung ist bereits hingewiesen worden. Doch auch in dem für die Attraktivität eines Standortes immer bedeutsameren Bereich der Telekommunikation bestehen für die Bundesrepublik nach internationalen Untersuchungen Kostennachteile bei Telex, Telefon und der Datenübertragung.[174] Darüberhinaus ist festzustellen, daß die Infrastruktur der Bundesrepublik in vielen Bereichen an ihre Kapazitätsgrenzen stößt. Im Verkehrsbereich zeigt sich dies durch zunehmende Staus auf den Straßen und Verspätungen im Flugverkehr. Im Bildungsbereich z.B. durch die überfüllten Hörsäle an den Universitäten.[175]

Schließlich ergibt sich aus der nachlassenden Investitionstätigkeit eine Überalterung der bundesdeutschen Infrastrukturausstattung, so daß in Zukunft mit enormen Ersatz- und Modernisierungsinvestitionen zu rechnen ist. Als Beispiel dafür sei das Abwasserkanalnetz genannt. Weite Teile dieses Netzes müssen aufgrund ihres hohen Alters saniert werden, um eine Belastung des Grundwassers zu vermeiden. Die Kosten der Sanierung werden mit gut 85 Milliarden DM veranschlagt.[176]

Die Überlegungen verdeutlichen, daß der Standortvorteil Infrastruktur der Bundesrepublik nur dann aufrecht erhalten werden kann, wenn die notwendigen Ersatz- und Erweiterungsinvestitionen erfolgen, um die Überalterung der Infrastruktur zu verhindern und um Engpässe zu vermeiden.

---

174 Vgl. Beyfuß, J. / Busch, B. / Fröhlich, H.-P. u.a., Schwerpunkt: Standort Bundesrepublik Deutschland, S. 53 - 55, siehe auch RWI - Strukturberichterstattung, Schwerpunktthema 1988, S. 85 - 87 und Busch, B.: Indikator: Telefonkosten, in: iw - trends, 19. Jg., Heft 2, 1992, Schwerpunkt: Standort Bundesrepublik Deutschland, Köln 1992, S. 55 - 61.

175 Vgl. o.V.: Verkehrsinfrastruktur - Straßen sind überlastet, in: Informationsdienst des Instituts der deutschen Wirtschaft, 15. Jg., Heft 15, 1989, S. 4 f. und Bundesverband der Deutschen Industrie e.V. (Hrsg.), Antworten des BDI auf den Fragenkatalog zur Standortdiskussion, S. 60.

176 Vgl. o.V.: Versorgung und Entsorgung, in: Informationsdienst des Instituts der deutschen Wirtschaft, 15. Jg., Heft 14, 1989, S. 4 f.

Faßt man den Infrastrukturbegriff etwas weiter, so ergeben sich zusätzliche Vorteile für den Standort Bundesrepublik Deutschland. Eine Vielzahl der verschiedensten Absatz- und Beschaffungsmärkte liegen nah beieinander, so daß durch eine enge Bindung zu Lieferanten und Kunden Fühlungsvorteile bestehen. Das föderative bzw. dezentrale System verlagert zahlreiche Verantwortungsbereiche auf Landes- oder Gemeindeebene. Darin ist aber der Vorteil zu sehen, daß Landesregierungen bzw. Gemeinderäte die Probleme vor Ort besser kennen und daher gerade im Infrastrukturbereich oftmals bedarfsgerechter, flexibler und schneller entscheiden können.

Die Bundesrepublik zeichnet sich durch eine hohe Preisniveaustabilität, funktionierende Kapital- und Geldmärkte und hohe Kaufkraft der Nachfrager aus. Der Freizeit- und Erholungswert ist hoch, so daß die Bundesrepublik auch für die Arbeitnehmer interessant ist.[177] Schließlich können klimatische Extreme, die Versorgung, Verkehr oder Kommunikation behindern könnten, nahezu ausgeschlossen werden.[178] Nach dem EG - Gipfel von Maastricht ist jedoch zu erwarten, daß die Währungsunion bis Ende des Jahrzehnts zumindest für einen Teil der Mitgliedsstaaten erreicht wird. Damit verliert die Bundesrepublik jedoch ihren traditionellen Vorteil einer stabilen Währung.[179]

Die Wiedervereinigung der beiden Teile Deutschlands und die wirtschaftspolitische Öffnung Osteuropas wird große Auswirkungen auf den Standortfaktor Infrastrukturausstattung der Bundesrepublik haben. Die Infrastruktur der ehemaligen DDR ist sowohl quantitativ als auch qualitativ stark vernachlässigt worden. Besonders deutlich zeigen sich die Mängel im Telekom-

---

177 Vgl. Rheinisch - Westfälisches Institut für Wirtschaftsforschung (Hrsg.), Ökonomische Herausforderungen für Baden - Württemberg, S. 215.

178 Vgl. Scholz, K. A.: Wichtige Ressourcen sind alle vor der Haustür, in: Handelsblatt, Nr. 251/52, 30./31.12.1988, S. 53, siehe auch Biedenkopf, K. / Miegel, M., Investieren in Deutschland, S. 97.

179 Vgl. Fröhlich, H.-P.: Indikator: Preisstabilität, in: Institut der deutschen Wirtschaft (Hrsg.): iw - trends, 19. Jg., Heft 2, 1992, Schwerpunkt: Standort Bundesrepublik Deutschland, Köln 1992, S. 17 - 22.

munikationssektor. Die Anzahl der Telefon-, Telex- und Telefaxanschlüsse ist außerordentlich gering, und die Netze sind völlig überaltert, teilweise stammen sie noch aus der Vorkriegszeit. Datenübertragungsnetze existieren bisher überhaupt nicht. Auch das Straßennetz genügt den Anforderungen nicht. Das Eisenbahnnetz ist zwar flächendeckend, doch zum größten Teil technisch überholt und veraltert. Darüberhinaus ist mangels Kapazität ein Ausweichen auf das Flugzeug gegenwärtig kaum möglich. Zudem ist der Wohnungsbestand defekt und überaltert.[180]

Für den wirtschaftlichen Aufschwung in den fünf neuen Bundesländern sind also in großem Umfange Investitionen zur Modernisierung und zum Ausbau der Infrastruktur notwendig, um die Attraktivität dieser Standorte zu erhöhen. Eine zusätzliche Belastung ergibt sich aus der Vernachlässigung von Umweltschutzmaßnahmen in der früheren DDR. Daher entstehen bei der Erschließung von Gewerbeflächen zusätzlich erhebliche Kosten für die Sanierung der Altlasten.

Durch die wirtschaftspolitische Öffnung Osteuropas werden zahlreiche Ost-West - Handels- und Wirtschaftsbeziehungen wieder- und neuentstehen. Deutschlands zentrale geographische Lage erlangt auch wirtschaftlich seine Bedeutung zurück. Damit entwickelt sich die Bundesrepublik aber auch immer mehr zu einem Transitland.[181] Infolge dessen wird insbesondere eine verstärkte Nutzung der Verkehrsinfrastruktur vermehrt zu Engpassituationen führen.

Damit aus dieser verbesserten Lage aber auch eine Erhöhung der Standortattraktivität resultiert, bedarf es einer den neuen Anforderungen entsprechenden Modernisierung und Erweiterung der Infrastruktur, um Engpässe zu vermeiden und eine optimale

---

[180] Vgl. Jahresgutachten 1990/91 des Sachverständigenrates zur Begutachtung der gesamtwirtschaftlichen Entwicklung, S. 81 f. Tz. 117 - 122 und Bundesverband der Deutschen Industrie e.V. (Hrsg.), Antworten des BDI auf den Fragenkatalog zur Standortdiskussion, S. 27 u. 58.

[181] Vgl. Biedenkopf, K. / Miegel, M., Investieren in Deutschland, S. 96 f.

Erreichbarkeit der Märkte gewährleisten zu können. Folglich ist es insbesondere bei der Planung der Verkehrsinfrastruktur wichtig, in einem europäischen Rahmen zu denken, um die sich bietenden Netzeffekte für eine Verbesserung der Nah- und Fernerreichbarkeit der Regionen zu nutzen.[182]

Die Untersuchung hat gezeigt, daß der Standortvorteil einer im internationalen Vergleich sehr guten Infrastrukturausstattung gefährdet ist. Die zunehmende Überalterung, die Kapazitätsengpässe und der Aufbau der Infrastruktur in den fünf neuen Bundesländern verlangen in den nächsten Jahren hohe Investitionen, da sonst eine Beeinträchtigung der Attraktivität des Industriestandortes Bundesrepublik Deutschland zu erwarten ist. Dies gilt umso mehr, als daß die Infrastrukturausstattung eines Standortes aufgrund der zunehmenden Mobilität des Sachkapitals bei der unternehmerischen Standortentscheidung an Bedeutung gewinnt.

3. *Sozialer Friede und politische Stabilität*

Das im internationalen Vergleich ruhige soziale Klima und die politische Stabilität sind weitere Vorteile des Industriestandortes Bundesrepublik Deutschland.[183] Der Standortfaktor sozialer Friede ist international jedoch nur schwer zu vergleichen, da er kaum quantifizierbar ist. Einen ersten Ansatzpunkt bietet der internationale Vergleich der streikbedingten Arbeitsausfälle. Im Rahmen der Untersuchung der Arbeitszeit ist bereits gezeigt worden, daß die Bundesrepublik hier besonders günstig abschneidet. Dieser Vorteil verringert sich jedoch, da die Streikbereitschaft auch in anderen Ländern in den letzten Jahren abgenommen hat.[184]

---

182 Vgl. Rheinisch - Westfälisches Institut für Wirtschaftsforschung (Hrsg.), Ökonomische Herausforderungen für Baden - Württemberg, S. 9.

183 Vgl. Beyfuß, J. / Busch, B. / Fröhlich, H.-P. u.a., Schwerpunkt: Standort Bundesrepublik Deutschland, S. 64.

184 Vgl. Funk, J., Sicherung von Wettbewerbsfähigkeit und Arbeitsplätzen, S. 2.

Die Untersuchung des Standortfaktors Qualifikation der Arbeitskräfte hat auf die im internationalen Vergleich besonders hohe Zufriedenheit der deutschen Arbeitnehmer mit ihrem Management, dem Betriebsklima, den sozialen Leistungen, der Bezahlung und dem daraus resultierenden besonderen Arbeitsethos hingewiesen.

Beide Bereiche sprechen für den hohen sozialen Frieden und die Konsensfähigkeit der gesellschaftlichen Gruppen in der Bundesrepublik. Dieser Vorteil ist aus der Sicht der Unternehmen für die Beurteilung der Attraktivität des Standortes Bundesrepublik Deutschland von großer Bedeutung. Der hohe soziale Friede bietet eine zuverlässige Grundlage für die unternehmerische Planung und Produktion. Den deutschen Unternehmen ist es so möglich, höchste Lieferpünktlichkeit und gleichbleibende Qualität anzubieten, woraus sich auf den internationalen Märkten ein Wettbewerbsvorteil ergibt, der nicht zu unterschätzen ist. Eine Eigenschaft, die das Gütesiegel "Made in Germany" sicher entscheidend mitgeprägt hat.

Ein bedeutender Hintergrund der politischen Stabilität in der Bundesrepublik ist die deutsche Wirtschaftsordnung. Die soziale Marktwirtschaft erweitert die marktwirtschaftliche Ordnung durch ein System der sozialen Sicherung und des sozialen Ausgleichs. Die Einkommensverteilung, also das Verhältnis von arm und reich ist in der Bundesrepublik ausgeglichener als in den vergleichbaren Ländern. Darüberhinaus kommen Fälle existentieller Armut in der Bundesrepublik praktisch nicht vor.[185]

Da die politische Stabilität nicht meßbar ist, ist ein internationaler Vergleich auch nur mit Hilfe von Hilfsindikatoren durchführbar. Eine Untersuchung der Punkte politische und bürgerliche Rechte, politische und wirtschaftliche Diskriminierung, Separatismusbestrebungen, Wahlbeteiligung, Parteienvielfalt, Mitbestimmung am Arbeitsplatz und Einkommensverteilung

---

185 Vgl. Biedenkopf, K. / Miegel, M., Investieren in Deutschland, S. 90 f.

bescheinigt der Bundesrepublik Deutschland ein hohes Maß an politischer Stabilität, sozialem Frieden und Chancengleichheit. Dadurch ergibt sich gerade im Vergleich zu wichtigen Konkurrenten wie den USA oder Japan ein bedeutender Standortvorteil.[186] Die Bundesrepublik erweist sich als ein Land mit stabilen Rahmenbedingungen ohne gesellschaftliche Verspannungen, so daß auch langfristige Investitionsvorhaben von Unternehmen keinem politischen Risiko unterliegen.

Die Wiedervereinigung Deutschlands wird kurz- bis mittelfristig diesen Standortvorteil jedoch beeinflussen. Durch die Vereinigung wurde mit der Einführung der marktwirtschaftlichen Ordnung auch in den fünf neuen Bundesländern der Rahmen für die wirtschaftliche Entwicklung Ostdeutschlands gelegt. Aufgrund des niedrigeren Lohnniveaus, der dramatisch ansteigenden Arbeitslosigkeit und der daraus resultierenden sozialen Not und Unsicherheit entwickelt sich jedoch eine gewisse gesellschaftliche Spannung, die den Standortvorteil sozialer Friede und politische Stabilität gefährden könnte. Deshalb ist es wichtig, so schnell wie möglich klare und zuverlässige Rahmenbedingungen und Investitionsanreize zu schaffen, um so die Grundlage für neue Zukunftsperspektiven zu legen. Dabei gilt es, einerseits den Strukturwandel sozialverträglich abzufedern und andererseits den erforderlichen Wandel nicht durch langfristige Erhaltungssubventionen zu behindern.

Vor diesem Hintergrund erklärt sich auch der im Verhältnis zur Produktivität überdurchschnittliche Anstieg der Löhne in den fünf neuen Bundesländern als Preis für die Erhaltung des sozialen Friedens. Dabei darf aber nicht übersehen werden, daß so der Aufholprozeß auch gebremst werden könnte, da die Frage, ob der Zugewinn an sozialem Frieden die höheren Lohnkosten aufwiegt, nicht eindeutig beantwortet werden kann.

---

[186] Vgl. RWI - Strukturberichterstattung, Schwerpunktthema 1988, S. 153 - 158.

D. Zusammenfassung der Untersuchung der Standortfaktoren

Die Analyse der Standortfaktoren hat verdeutlicht, daß die Bundesrepublik Deutschland ein im internationalen Vergleich teurer Produktionsstandort ist. Zwar ist eine exakte, allgemeingültige Berechnung der Gewinnsteuerbelastung der Unternehmen in der Bundesrepublik nicht möglich, da es im Einzelfall zu teilweise bemerkenswerten Abweichungen kommen kann. Doch hat sich gezeigt, daß die Steuerbelastung am Standort Bundesrepublik Deutschland im Durchschnitt der Fälle vergleichsweise hoch ist.

Zweifelsfrei ist, daß die Bundesrepublik im internationalen Vergleich insbesondere aufgrund der Personalzusatzkosten die höchsten Arbeitskosten aufweist. Zwar werden diese Kosten von einer ebenfalls hohen Produktivität getragen, doch zeichnet sich eine im internationalen Vergleich nachlassende Produktivitätsdynamik ab, die dem Nachteil der absolut betrachtet hohen Arbeitskosten zunehmend Gewicht verleiht. Eigentlicher Hintergrund dieser sich abzeichnenden Problematik ist aber hauptsächlich das knappe Fachkräfteangebot. Gründe dafür sind zum einen in der demographischen Entwicklung der Bundesrepublik und zum anderen in der deutschen Arbeitsmarktordnung zu sehen, die gegenwärtig nur geringe Spielräume zur Flexibilisierung der Arbeitszeit läßt, so daß sich auch die kurze Jahresarbeitszeit der Bundesrepublik negativ auswirkt.

Weitere Kostennachteile ergeben sich aus den hohen Energie- und Umweltkosten und der relativ hohen Regulierungsdichte. Dabei ist jedoch zu berücksichtigen, daß diese Kosten teilweise gesellschaftlich und politisch gewollt sind und insofern in Kauf genommen werden müssen. Darüberhinaus zeichnet sich in diesen Bereichen durch die Entwicklung zum europäischen Binnenmarkt innerhalb Europas ein Ausgleich ab.

Diesen Nachteilen stehen jedoch auch zahlreiche Vorteile gegenüber, die die Attraktivität des Industriestandortes Bundesrepublik Deutschland ausmachen. Aufgrund des international anerkannten deutschen Aus- und Weiterbildungssystems verfügt die Bundesrepublik über sowohl fachlich als auch sozial besonders hochqualifizierte Arbeitskräfte. Diese hohe Einschätzung gilt im wesentlichen auch für die Unternehmer und Manager der Bundesrepublik.

Auch bezüglich der Infrastruktur ist der Standort Bundesrepublik attraktiv. Die Bundesrepublik ist durch ein dichtes Verkehrs- und Kommunikationsnetz gut erschlossen. Die Versorgung, z.B. mit Energie oder Wasser ist jederzeit ausreichend und sicher. Trotzdem zeichnen sich sowohl bei der Qualifikation als auch bei der Infrastrukturausstattung Engpässe ab, die zukünftig weitere Investitionen erforderlich machen, um diese Standortvorteile nicht zu gefährden.

Schließlich ist die Konsensfähigkeit der gesellschaftlichen Gruppen in der Bundesrepublik hoch und die politische Lage stabil, so daß unter diesem Aspekt auch für langfristige unternehmerische Investitionen kein Risiko besteht.

Bei internationalen Standortanalysen werden oftmals einzelne Faktoren herausgegriffen und als Maß für die Attraktivität eines Standortes herangezogen. Dabei wird aber vernachlässigt, daß sich die Standortnach- und -vorteile gegenseitig beeinflussen und erst ihr Zusammenspiel ein Gesamturteil über die Attraktivität eines Standortes zuläßt.

Bildungswesen und Infrastruktur sind in der Bundesrepublik weitestgehend öffentlich finanziert. Die Standortvorteile Qualifikation und Infrastruktur gehen also auf hohe Investitionen der öffentlichen Hand in diesen Bereichen zurück. Diese Investitionen setzen aber entsprechende Mittel voraus und begründen somit auch die hohe steuerliche Belastung der Unternehmen.

Die enge Arbeitsmarktordnung der Bundesrepublik, die hohen Arbeitskosten, die Sozialleistungen und die kurze Arbeitszeit werden von den Unternehmen als nachteilig empfunden. Andererseits ist das aber die Grundlage des sozialen Friedens, der Motivation, Einstellung und Einsatzfreude der Arbeitskräfte und damit der hohen Produktivität. Auch die hohen Umwelt- und Energiekosten sind zumindest teilweise Ergebnis eines zunehmenden Umweltbewußtseins und Sicherheitsbedürfnisses der Bevölkerung und tragen somit zur hohen politischen Stabilität in der Bundesrepublik bei.

Diese Überlegungen verdeutlichen zunächst, daß den hohen Kosten am Produktionsstandort Bundesrepublik offenbar eine entsprechend hohe Leistung gegenübersteht. Versucht man über die Kosten, also die quantitativen Standortfaktoren die qualitativen Standortfaktoren rechenbar zu machen, so schneidet die Bundesrepublik besonders günstig ab. Verstünde man die Kosten eines Produktionsstandortes als den Preis, den die Unternehmen für die Summe der Standortvorteile zu bezahlen bereit sind, so würde deutlich, daß die Standortstärken der Bundesrepublik einen besonders hohen Preis erzielen und somit von den Unternehmen vergleichsweise hoch eingeschätzt würden.

Diese Überlegung könnte ein Indiz dafür sein, daß die Vorteile des Standortes Bundesrepublik Deutschland an keinem anderen Standort zu geringeren Kosten angeboten werden oder daß andere Standorte mit vergleichbaren Kosten eine weniger attraktive Leistung bieten. Folglich erschiene die Bundesrepublik im internationalen Standortwettbewerb als besonders attraktiv.

Die Untersuchungen in diesem Kapitel haben jedoch veranschaulicht, daß diese These aufgrund der Meßprobleme im Zuge internationaler Vergleiche kaum verifizierbar oder falsifizierbar ist. Interessanter ist daher zunächst die Frage, ob am Standort Bundesrepublik für die gleichen Kosten nicht eine höhere Leistung zu erzielen wäre oder ob die gleiche Leistung nicht zu geringeren Kosten zu haben ist. Zu untersuchen ist also, ob die wirtschaftspolitischen Rahmenbedingungen des Industriestandortes Bundesrepublik Deutschland noch den Anforderungen des sich verschärfenden internationalen Wettbewerbs entsprechen.

Einen Hinweis auf Mängel gibt die anhaltend hohe Arbeitslosigkeit und das verhaltene Wachstum der deutschen Wirtschaft. Dies sind Anzeichen dafür, daß der Strukturwandel in der Bundesrepublik nicht im erforderlichen Maße vorankommt. Aufgabe der Wirtschaftspolitik muß es also sein, bestehende Wettbewerbsbeschränkungen abzubauen und die Investitionsbedingungen zu verbessern.[187]

Dabei ist jedoch zu berücksichtigen, daß der Standort Bundesrepublik beispielsweise nicht mit Niedriglohnländern in Konkurrenz treten kann und soll, sondern sich auf seine gewachsenen, qualitativen Stärken stützen muß. In diesem Sinne gilt es, die bestehenden Schwächen, soweit es geht, zu begrenzen und dabei die komparativen Vorteile der Bundesrepublik auszubauen.

Entsprechende Ansatzpunkte sind in diesem Kapitel angesprochen worden. Durch eine Reform der Unternehmensbesteuerung, die Flexibilisierung der Arbeitszeit, die Beseitigung von Marktzutrittsbarrieren und den Abbau von Subventionen könnte der Kostennachteil des Industriestandortes Bundesrepublik Deutschland vermindert werden. Dabei ist jedoch zu berücksichtigen, daß der Ausbau der deutschen Stärken: Qualifikation, Infrastruktur, sozialer Friede und politische Stabilität nicht gefährdet werden, denn gerade vor dem Hintergrund der Wiedervereinigung sind zur Überwindung der Probleme verstärkte Investitionen insbesondere in den Bereichen Infrastrukturausstattung und Aus- und Weiterbildung der Arbeitskräfte notwendige Voraussetzung.

---

[187] Vgl. Klodt, H. / Schmidt, K.-D. et al., Weltwirtschaftlicher Strukturwandel und Standortwettbewerb, S. 1 - 9, siehe auch Jahresgutachten 1988/89 des Sachverständigenrates zur Begutachtung der gesamtwirtschaftlichen Entwicklung, S. 233 - 240 Tz. 244 - 250.

VI. Zusammenfassung der Untersuchungsergebnisse und Ausblick

A. Der Industriestandort Bundesrepublik Deutschland im Profil

Die Analyse der Standortfaktoren hat verdeutlicht, daß die folgenden Stärken die Attraktivität des Industriestandortes Bundesrepublik Deutschland ausmachen: Die hohe fachliche und soziale Qualifikation der Arbeitnehmerschaft, die Tüchtigkeit des Managements, die sowohl institutionell als auch materiell gute Infrastrukturausstattung, der soziale Friede und die hohe politische Stabilität.

Diese Standortstärken haben jedoch ihren Preis, so daß die Bundesrepublik aufgrund der vergleichsweise hohen Unternehmenssteuern, den hohen Arbeitskosten bei nachlassender Produktivitätsdynamik und geringer Flexibilität des Faktors Arbeit, der Regulierungsdichte und den hohen Energie- und Umweltkosten ein teurer Standort ist.[1]

Die folgende Abbildung veranschaulicht diese Situation mit Hilfe eines Kosten - Attraktivitäts - Portfolios.

Das Portfolio verdeutlicht die Charakteristika - hohe Attraktivität bei hohen Kosten - des Industriestandortes Bundesrepublik Deutschland. Könnten Kosten und Attraktivität exakt quantifiziert werden, so wäre die gekennzeichnete Fläche Maßstab für die Qualität des Industriestandortes Bundesrepublik Deutschland. Die Untersuchung der Standortfaktoren hat jedoch gezeigt, daß bei den qualitativen Faktoren eine genaue Berechnung ihrer Vorteilhaftigkeit unmöglich ist. Schon bei den quantitativen Faktoren haben sich erhebliche Schwierigkeiten ergeben. Aus diesem Grund sollen in diesem Portfolio auch keine Konkurrenzstandorte berücksichtigt werden, da deren Positionierung immer ungenau wäre und so zu zweifelhaften Schlußfolgerungen verleiten würde. Die Analyse der Standort-

---

[1] Siehe auch Institut für Weltwirtschaft (Hrsg.): Expertise des Instituts für Weltwirtschaft zum Standort Deutschland, Kiel 1992, S. 1 f.

faktoren läßt jedoch vermuten, daß Attraktivität und Kosten der Konkurrenzstandorte niedriger sein dürften als in der Bundesrepublik. Daher wären sie im Portfolio rechts unterhalb der Bundesrepublik zu positionieren.

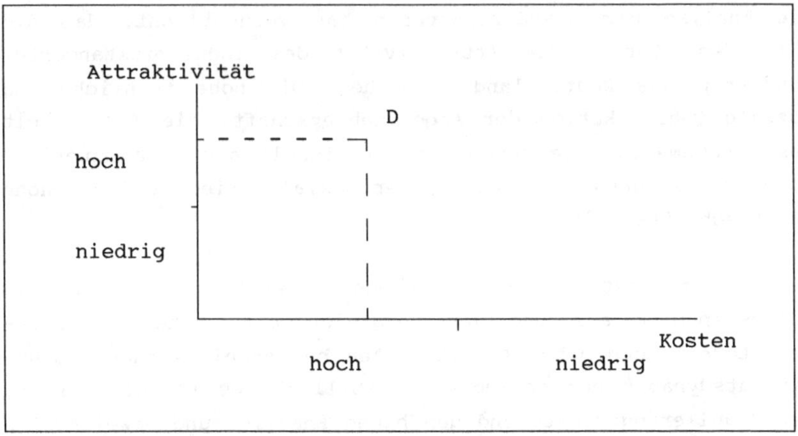

Abb. VI.1: Kosten - Attraktivitäts - Portfolio für den Standort Bundesrepublik Deutschland

Die Indikatorenanalyse bestätigt das so entworfene Bild der Vor- und Nachteile des Industriestandortes Bundesrepublik Deutschland. Die auf breiter Basis stehenden Exporterfolge und die Situation auf den Arbeitsmärkten weisen im internationalen Vergleich auf die Stärken der Bundesrepublik hin. Die Schwächen der Bundesrepublik zeigen sich in der vergleichsweise geringen Wachstums- und Investitionsdynamik, den niedrigen ausländischen Direktinvestitionen und dem Zurückfallen der Bundesrepublik im Bereich der Spitzentechnologie.

Diese Schwächen deuten an, daß andere Länder den Herausforderungen des zunehmenden internationalen Wettbewerbs im Untersuchungszeitraum besser entsprochen haben als die Bundesrepublik und so ihre Position im Standortwettbewerb verbessern konnten.[2] Allerdings sind in den letzten Jahren Investitionen und Wachstum in der Bundesrepublik wieder deutlich angestiegen.

Zudem befindet sich die Bundesrepublik im internationalen Standortwettbewerb grundsätzlich in einer günstigen Ausgangsposition. Im ersten Kapitel dieser Arbeit ist bereits darauf hingewiesen worden, daß im Wettbewerb der Standorte um die mobiler gewordenen Faktoren Kapital und Know - How die vergleichsweise immobilen Standortfaktoren immer mehr an Bedeutung gewinnen. Aber gerade bei den immobilen Standortfaktoren wie Infrastrukturausstattung, Qualifikation der Arbeitskräfte, politische Stabilität und sozialer Friede liegen die Stärken des deutschen Standortes.

Die Untersuchung der Indikatoren und Standortfaktoren hat gezeigt, daß die Vereinigung der beiden Teile Deutschlands die Attraktivität des Industriestandortes Bundesrepublik Deutschland stark beeinflussen wird. Die Wiedervereinigung bietet die Chance zu einer Erhöhung der Attraktivität des deutschen Standortes. Gelingt es jedoch nicht die Investitionstätigkeit in den fünf neuen Bundesländern so bald wie möglich anzuregen und damit die Grundlage für Wachstum und Beschäftigung zu schaffen, so ist mit einer langfristigen Belastung der Attraktivität des Industriestandortes Bundesrepublik Deutschland zu rechnen.

B. Beurteilung aus der Sicht der Unternehmen

Orientiert an der empirisch - realistischen Standortbestimmungslehre von Behrens soll in diesem Abschnitt eine Einschätzung der Attraktivität des Industriestandortes Bundesrepublik

[2] Vgl. Pfaller, A. / Gough, J. / Therborn, G.: Welfare Statism and International Competition: The Lesson of the Case Studies, in: Pfaller, A. / Gough, J. / Therborn, G. (Hrsg.): Can the Welfare State Compete?, Houndmills / Basingstoke / Hampshire u.a. 1991, S. 271 - 275 und Funk, J., Sicherung von Wettbewerbsfähigkeit und Arbeitsplätzen, S. 1.

Deutschland aus Sicht der Unternehmen vorgenommen werden. Dazu soll untersucht werden, welche Einflüsse die in Kapitel V diskutierten Standortfaktoren auf die unternehmerische Standortentscheidung haben. In der betriebswirtschaftlichen Praxis könnte dies zum Beispiel im Wege von Nutzwertanalysen geschehen.

Da aber die Unternehmen in der Realität unterschiedliche Standortfaktorenpräferenzprofile aufweisen ist eine allgemeingültige Beurteilung des Industriestandortes Bundesrepublik Deutschland nicht möglich. Daher sollte untersucht werden, ob sich Betriebstypen klassifizieren lassen, die ein möglichst homogenes Standortfaktorenpräferenzprofil aufweisen, um so zumindest für bestimmte Betriebstypen eine einheitliche Beurteilung des Standortes Deutschland durchführen zu können. Verschiedene Studien haben jedoch gezeigt, daß eine konsistente Betriebstypenbildung nur begrenzt möglich ist, da die Gesamtheit der Industriebetriebe sehr heterogene Standortfaktorpräferenzen aufweist.[3]

Aus diesem Grunde soll für die Beurteilung des Industriestandortes Bundesrepublik Deutschland zunächst von den Ergebnissen der Standortfaktorenanalyse ausgegangen werden, um vor dem Hintergrund dieser Ergebnisse zumindest exemplarisch die Standortattraktivität der Bundesrepublik bewerten zu können.

So kann festgestellt werden, daß die Bundesrepublik für Unternehmen mit besonderen Präferenzen für die Standortfaktoren Unternehmensbesteuerung, Arbeitskosten, Arbeitsflexibilität, Energiekosten, Umweltauflagen und Regulierungsintensität kein attraktiver Standort ist. In Kapitel V wurde gezeigt, daß der Nachteil der Bundesrepublik bei den Strompreisen für die meisten Unternehmen von geringer Bedeutung ist. Für verschiedene stromintensive Produktionen wie z.B. die Erzeugung von

---

[3] Vgl. Kaiser, K.-H.: Industrielle Standortfaktoren und Betriebstypenbildung - Ein Beitrag zur empirischen Standortforschung, Berlin 1979, S. 39 - 41 und S. 42 - 90 hier wird auch ein Überblick über verschiedene Untersuchungen zur Betriebstypenbildung gegeben.

Hüttenaluminium, die Chlor- und Zinkelektrolyse und die Herstellung von Phosphor spielt dagegen der Standortfaktor Stromkosten eine erhebliche Rolle.[4] Für die kapitalintensive Textilindustrie stellt die deutsche Arbeitsmarktordnung, die nur wenig Spielraum zur Flexibilisierung der Arbeitszeit läßt, einen Nachteil dar, da Kostenvorteile, wie sie sich aus einer Verlängerung der Maschinenlaufzeiten ergeben würden, kaum genutzt werden können.[5]

Andererseits ist die Bundesrepublik für Unternehmen deren Präferenzen bei den Standortfaktoren Qualifikation der Mitarbeiter, Infrastruktur, politische Stabilität und sozialer Konsenz liegen, ein besonders attraktiver Standort. Dies gilt beispielsweise für die forschungsintensiven Bereiche der chemischen Industrie (Arzneimittel) und der Elektrotechnik, den Maschinenbau und bestimmte Zweige des Fahrzeugbaus (Luft- und Raumfahrzeugbau).[6]

Eine andere Möglichkeit die Attraktivität des Industriestandortes Bundesrepublik Deutschland aus Sicht der Unternehmen zu beschreiben bietet das Produktzyklus - Modell von Vernon.[7] Nach dem Produktzyklus - Modell durchlaufen Produkte mehrere Lebensphasen (Einführung, Wachstum, Reife, Sättigung und Degeneration). Während ein Produkt diese Phasen durchläuft ändern sich neben den Marktcharakteristika auch die Faktorintensitäten und die Produktionstechniken.

In Abhängigkeit der Lebenszyklusphase der jeweiligen Produkte lassen sich Spezialisierungsmuster für entwickelte und weniger entwickelte Länder herausarbeiten. In der innovativen Phase (Markteinführung und Wachstum) haben die Industriestaaten auf-

---

4 Vgl. Verband der Elektrizitätswirtschaft (Hrsg.): Stellungnahme des VDEW zum Fragenkatalog "Standort Deutschland" der CDU / CSU - Bundestagsfraktion, Frankfurt 1992, S. 3.

5 Vgl. Giese, H., Die Textilindustrie, S. 257 f.

6 Rheinisch - Westfälisches Institut für Wirtschaftsforschung (Hrsg.), RWI - Strukturberichterstattung, Schwerpunktthema 1988, S. 160 - 205.

7 Vgl. Vernon, R.: International Investment and International Trade in the Product - Cycle, in: The Quarterly Journal of Economics, vol. 80, No. 2, 1966, S. 190 - 207.

grund ihrer Ausstattung mit qualifizierten Arbeitskräften und technischem Know - How komparative Vorteile. Mit zunehmender Standardisierung der Produktionstechnik (Reife- und Sättigungsphase) verlieren diese Vorteile gegenüber anderen Standortfaktoren wie insbesondere den Arbeitskosten an Bedeutung. Es bietet sich dann also an, die Produktion dieser Güter in weniger entwickelte Länder (Schwellenländer) zu verlagern.[8]

Zusammengefaßt zeigen die Überlegungen, daß die Bundesrepublik Deutschland auf Grund ihrer Standortstärken - qualifizierte Arbeitnehmer, Infrastruktur, Stabilität und sozialer Konsenz - für Branchen mit einem entsprechenden Standortfaktorenpräferenzprofil und für Unternehmen, die sich durch innovative Produkte und Produktionstechnologien auszeichnen, ein besonders attraktiver Standort sein kann. Hingegen eignet sich der Standort Bundesrepublik weniger für Unternehmen und Branchen mit standardisierten Produktionsverfahren und Präferenzen für die Standortfaktoren Arbeitskosten, Unternehmensbesteuerung, Energiekosten und Umweltauflagen.

C. Abschließende Bewertung der Standortdiskussion und Ausblick

Bei der abschließenden Beurteilung der Standortdiskussion muß auf die Sachlichkeit und Seriösität der jeweiligen Argumentationsführung eingegangen werden. Die Standortdiskussion ist negativ zu bewerten, wenn unsachlich und polemisch diskutiert wird, um Einfluß auf die politische Willensbildung nehmen zu können.[9] So besteht der berechtigte Verdacht, daß bestimmte Negativprognosen bezüglich der Attraktivität des Industriestandortes Bundesrepublik Deutschland von verschiedenen "Interessenvertretern" nur deshalb ins Feld geführt werden, um

---

[8] Vgl. Stackelberg, K. v.,Internationale Wettbewerbsfähigkeit, S. 28 f. siehe auch Donges, J. B. / Schmidt, K.-D. et al.: Mehr Strukturwandel für Wachstum und Beschäftigung - Die deutsche Wirtschaft im Anpassungsstau, Tübingen 1988, S. 31.

[9] Vgl. Zeppernick, R., Die Diskussion um die Standortqualität, S. 52.

von Problemen und hausgemachten Schwierigkeiten der eigenen Branche abzulenken.[10]

Die Analyse der Standortdiskussion hat gezeigt, daß einige der in der Diskussion befindlichen Argumente einer wissenschaftlichen Überprüfung nicht standhalten können. Die Gefahr solcher Negativprognosen besteht nun darin, daß oftmals nicht Fakten entscheiden sondern die Meinung über Fakten entscheidend ist. Wenn also internationale Investoren so motivierte Prognosen als eine realistische Beschreibung des Industriestandortes Bundesrepublik Deutschland verstehen, so könnten sich diese im nachhinein sogar als "richtig" erweisen.[11]

Positiv ist die Standortdiskussion zu bewerten, wenn in fundierten Analysen tatsächliche Schwachstellen des Industriestandortes Bundesrepublik Deutschland herausgearbeitet werden, um so den wirtschaftspolitischen Akteuren Empfehlungen zur Verbesserung der Attraktivität des Industriestandortes Bundesrepublik geben zu können. In dieser Arbeit ist der Versuch unternommen worden, solche Schwachstellen durch eine detaillierte Untersuchung der Indikatoren und Standortfaktoren herauszuarbeiten und erste Ansätze zu einer Verbesserung der Attraktivität des Industriestandortes Bundesrepublik Deutschland aufzuzeigen.

Zukünftige Standortdiskussionen werden insbesondere von zwei Trends beeinflußt werden:

Zum einen kommt es zu einer verstärkten Tertiarisierung der deutschen Wirtschaft, also zu einer Zunahme des Beitrages des Dienstleistungsbereiches zur gesamtwirtschaftlichen Wertschöpfung und Beschäftigung.[12] Die Entwicklung zur Dienstleistungs-

---

[10] Vgl. Krüger, M. / Pfaller, A.: The Federal Republic of Germany, in: Pfaller, A. / Gough, I. / Therborn, G. (Hrsg.): Can the Welfare State Compete?, Houndmills / Basingstoke / Hampshire u.a. 1991, S. 195.

[11] Vgl. Zeppernick, R., Die Disskussion um die Standortqualität, S. 52.

[12] Vgl. Donges, J. B. / Schmidt, K.-D. et al., Mehr Strukturwandel für Wachstum und Beschäftigung, S. 11 - 16.

gesellschaft ist sogar stärker als es in den Statistiken über die Erwerbstätigkeit zum Ausdruck kommt, da auch im industriellen Bereich Dienstleistungsaufgaben zunehmend selbst ausgeführt werden (inhouse services).[13] Dieser Trend wird aber auch zu einer Gewichtsverlagerung im Standortfaktorenpräferenzprofil der Unternehmen führen.

Zum anderen zeichnet sich eine Regionalisierung der Standortdiskussion ab. Als potentielle Standorte werden von den Unternehmen künftig immer weniger Nationalstaaten sondern vielmehr Regionen abgegrenzt, die sich durch eine möglichst hohe Homogenität ihrer Strukturmerkmale (z.B. Lage in der EG, Branchenstruktur, Erreichbarkeit, Bevölkerungsdichte oder Mentalität) auszeichnen.[14] Es könnte also sein, daß die öffentliche Diskussion um den Industriestandort Bundesrepublik Deutschland schon bald von regionalen Standortdiskussionen verdrängt wird.

---

13 Vgl. Krakowski, M. / Henne, W. Keller, D. u.a., Die deutsche Wirtschaft im Anpassungsschock, S. 61 - 64.

14 Vgl. Prewo, W.: Auswirkungen des Euromarktes auf die Niedersächsische Wirtschaft, in: Lücke, W. / Achtenhagen, F. / Biethahn, J. u.a. (Hrsg.): Europäische Wirtschaft der 90er Jahre, Wiesbaden 1990, S. 220 und Rheinisch - Westfälisches Institut für Wirtschaftsforschung (Hrsg.), Ökonomische Herausforderungen für Baden - Württemberg, S. 3 f.

Literaturverzeichnis

Adams, H. W. (Hrsg.): Europa 1992 - Strategie - Struktur - Ressourcen, Frankfurt am Main 1989.

Afheldt, H.: Umweltpanik, in: Wirtschaftswoche, 43. Jg., Heft 11, 1989, S. 3.

Alt, H.: Steuerreformgesetz 1990, in: Betriebs - Berater, o. Jg., Nr. 2, 1989, S. 120 f.

Altmann, F.-L.: CSSR, in: Höhmann, H.H. / Seidenstecher, G. (Hrsg.): Die Wirtschaft Osteuropas und der VR China 1980 - 1990, Hamburg 1988, S. 191 - 258.

American Chamber of Commerce in Germany (Hrsg.): Investitionsstandort Deutschland, Frankfurt 1992.

Amt für amtliche Veröffentlichungen der Europäischen Gemeinschaft: *Die Gemeinschaft 1992*: Ein Markt mit neuen Dimensionen, 3. Aufl., Luxemburg 1989.

Andres, C. H.: Die Sozialunion, in: Hebing, W. (Hrsg.): Investitionsbedingungen und Eigentumsfragen in der ehemaligen DDR nach dem Staatsvertrag, Heidelberg 1990, S. 41 - 44.

Antrecht, R.: Standort - Diskussion: Was die Industrie tun muß, in: Capital, 31. Jg., Heft 2, 1992, S. 12.

Arbeitgeberverband Gesamtmetall (Hrsg.): Standort Deutschland - Die Metall - und Elektro - Industrie im internationalen Wettbewerb, 2. Aufl., Köln 1992.

Arthur D. Little International (Hrsg.): Schwachstellen der Kfz - Zulieferer in Baden - Württemberg, Wiesbaden 1992.

Backhaus, K.: Strategien auf sich verändernden Weltmärkten - Chancen und Risiken, in: Die Betriebswirtschaft, 49. Jg., Heft 4, 1989, S. 465 - 481.

Baetge, J. / Köster, H.: Bilanzanalyse, in: Busse von Colbe, W. (Hrsg.): Lexikon des Rechnungswesens, 2. Aufl., München / Wien / Oldenburg 1991, S. 84 - 89.

Ballestrem, F. Graf v.: Standortwahl von Unternehmen und Industriestandortpolitik, Berlin 1974.

Balzer, A.: Triade in Bewegung, in: Wirtschaftswoche, 43. Jg., Heft 47, S. 40 - 44.

Baron, S. / Kessler, M.: Interview: Herbert Henzler über Industriepolitik - "Klare Konzepte", in: Wirtschaftswoche, 45. Jg., Heft 49, 1991, S. 20 - 24.

Baumol, W. J. / Panzar, J. C. / Willig, R. D.: Contestable Markets and the Theory of Industry Structure, New York 1982.

Becker, F.: Europäischer Binnenmarkt: Chancen und Risiken, in: Zeitschrift Führung + Organisation, 59. Jg., Heft 1, 1990, S. 15 - 22.

Behrens, K. C. : *Allgemeine Standortbestimmungslehre*, 2. Aufl., Opladen 1971

Bellmann, L. / Wagner, J.: Produkt- und Prozessinnovation als Unternehmensstrategien bei Importdruck, in: ifo - Studien, 33. Jg., 1987, S. 223 - 242.

Benningsen - Foerder, R. v.: "Überregulierung" als internationaler Standortnachteil, in: Handelsblatt, Nr. 251/52, 30./31.12.1988, S. 36.

Berger, R.: Standort Bundesrepublik Deutschland, in: Betriebswirtschaftliche Forschung und Praxis, 41. Jg. Heft 5, 1989, S. 460 - 471.

Berger, R.: Unternehmerische Aufgaben und Perspektiven bei der Restrukturierung der ostdeutschen Wirtschaft, in Betriebswirtschaftliche Forschung und Praxis, 43. Jg., Heft 2, 1991, S. 104 - 120.

Berthold, N.: Wettbewerbsfähigkeit der deutschen Wirtschaft - Gefahr im Verzug?, Berlin 1992.

Besters, H.: Erklärungsansätze zur Entstehung und Entwicklung der Arbeitslosigkeit, in: Leben, B. (Hrsg.): Arbeitslosigkeit und Arbeitsmarktstatistik - sind unsere Arbeitslosenzahlen falsch?, München 1988, S. 13 - 32.

Beyfuß, J.: *Indikator: Auslandsinvestitionen*, in: Institut der deutschen Wirtschaft (Hrsg.): iw - trends, 19. Jg., Heft 2, 1992, Schwerpunkt: Standort Bundesrepublik Deutschland, Köln 1992, S. 63 - 70.

Beyfuß, J. / Busch, B. / Fröhlich, H.-P. u.a.: *Schwerpunkt: Standort Bundesrepublik Deutschland*, in: Institut der deutschen Wirtschaft (Hrsg.): iw - trends, Köln 1988.

Biedenkopf, K. / Miegel, M.: *Investieren in Deutschland*, Landsberg am Lech 1989.

Biehl, D. / Hussmann, E. / Rautenberg, K. et al.: *Bestimmungsgründe* des regionalen Entwicklungspotentials, Tübingen 1975.

Bierich, M.: *Fertigungsstandorte im internationalen Vergleich*, in: Fakultät für Wirtschaftswissenschaften der Ruhr - Universität Bochum (Hrsg.): Festschrift zum 60. Geburtstag von Herrn Prof. Dr. Dr. h.c. Walther Busse von Colbe, Bochum 1988.

Birg, H.: Analyse- und Prognosemethoden in der empirischen Regionalforschung, in: ARL (Hrsg.): Grundriß der Raumordnung, Hannover 1982.

Bloech. J.: Optimale Industriestandorte, Würzburg 1970.

Blüm, N.: Unser Arbeitsrecht eine Grundlage für unsere Erfolge, Bonn 1989, S. 3.

Bökemann, D.: *Theorie der Raumplanung*, München / Wien / Oldenburg 1982.

Böventer, E. v.: Die Struktur der Landschaft - Versuch einer Synthese und Weiterentwicklung der Modelle J. H. von Thünens, W. Christallers und A. Löschs, in: Schriften des Vereins für Socialpolitik: Optimales Wachstum und optimale Standortverteilung, Berlin 1962, S. 77 - 133.

Böventer, E. v.: Raumwirtschaftstheorie, in: Woll, A.: Wirtschaftslexikon, 5. Aufl., München / Wien / Oldenburg 1991, S. 604 - 606.

Boss, A.: Unternehmensbesteuerung und Standortqualität - ein internationaler Vergleich, Kiel 1988.

Brabeck und Partner, R.: Europa 1992: Was wird kommen? - Strategien für die erfolgreiche Erschließung des Marktes von morgen, in: EG Binnenmarkt '92 - Chancen und Risiken für Betriebe, Freiburg 1988, S. 89 - 102.

Bradke, S.: Die Sowjetunion im Aufbruch zum 21. Jahrhundert, in: Bradke, S. (Hrsg.): Wirtschaftsreformen in Osteuropa, Grüsch 1989, S. 19 - 32.

Büscher, R. / Homann, J.: Japan und Deutschland - Die späten Sieger?, Zürich / Osnabrück 1990.

Bund der Selbständigen Deutscher Gewerbeverband e.V. (Hrsg.): Antworten des BDS / DGV auf den Fragenkatalog der CDU / CSU Bundestagsfraktion zum Standort Deutschland, Bonn 1992.

Bundesanstalt für Arbeit (Hrsg.): Amtliche Nachrichten der Bundesanstalt für Arbeit: Arbeitsstatistik 1989 - Jahreszahlen, 38. Jg., Sondernummer, Nürnberg 25.7.1990.

Bundesministerium für Forschung und Technologie (Hrsg.): *Zur technologischen Wettbewerbsfähigkeit* der deutschen Industrie, Bonn 1992.

Bundesministerium für Wirtschaft (Hrsg.), *Kritische Reflexionen* zur Frage der Standortqualität der Bundesrepublik Deutschland, Bonn 1990.

Bundesministerium für Wirtschaft / Bundesministerium der Finanzen (Hrsg.): DIW Gutachten, Bonn 1989.

Bundesverband der Deutschen Industrie e.V. (Hrsg.): *Antworten des BDI auf den Fragenkatalog zur Standortdiskussion* der CDU / CSU - Bundestagsfraktion, Köln 1992.

Bundesvereinigung der Deutschen Arbeitgeberverbände (Hrsg.): *Standort Deutschland*, Köln 1992.

Busch, B.: Indikator: Telefonkosten, in: Institut der deutschen Wirtschaft (Hrsg.): iw - trends, 19. Jg., Heft 2, 1992, Schwerpunkt: Standort Bundesrepublik Deutschland, Köln 1992, S. 55 - 61.

Busse, D. / Feser, H.-D. / Pusse, L. u.a. (Hrsg.): Technologische Entwicklung und internationale Wettbewerbsfähigkeit, Regensburg 1990.

Cecchini, P.: Europa '92: Der Vorteil des Binnenmarktes, Baden - Baden 1988.

Chung, J. W.: International market shares and global economic power, in: Japan and the world economy, 3. Jg., Heft 1, 1991, S. 1 - 16.

Christaller, W.: Die zentralen Orte in Süddeutschland - Eine ökonomisch - geographische Untersuchung über die Gesetzmäßigkeit der Verbreitung und Entwicklung der Siedlungen und städtischen Funktionen, Jena 1933.

Clement, R.: Wo steht die Bundesrepublik im internationalen Technologiewettlauf? in: Wirtschaftsdienst, 71. Jg., Heft 3, 1991, S. 144 - 148.

Collberg, W.: Internationale Präsenzstrategien von Industrieunternehmen, Kiel 1989.

Cornelson, D.: DDR, in: Höhmann, H.-H. / Seidenstecher, G. (Hrsg.): Die Wirtschaft Osteuropas und der VR China 1980 - 1990, Hamburg 1988, S. 83 - 137.

Däubler, W.: Sozialstaat Europa?, in: EG Binnenmarkt '92 Chancen und Risiken für Betriebe, Freiburg 1988, S. 155 - 173.

Delors, J.: Für die Gemeinschaft gibt es kein Einheitsmodell, in: Handelsblatt, Nr. 251/52, 30./31.12.1988, S. 11.

Deutsche Angestellten - Gewerkschaft (Hrsg.): Stellungnahme der Deutschen Angestellten - Gewerkschaft (DAG) zum Fragenkatalog der CDU / CSU - Bundestagsfraktion, Hamburg 1992.

Deutsche Bank - Volkswirtschaftliche Abteilung (Hrsg.): *Osteuropa - Special*, Frankfurt a.M. 1990.

Deutsche Bundesbank (Hrsg.): *40 Jahre Deutsche Mark* - Monetäre Statistiken 1948 - 1987, Frankfurt a.M. 1988.

Deutsche Bundesbank (Hrsg.): *Monatsberichte* der Deutschen Bundesbank, mehrere Jahrgänge.

Deutscher Gewerkschaftsbund (Hrsg.): Beantwortung eines Fragenkatalogs der CDU / CSU - Fraktion zum Thema "Standort Deutschland", Düsseldorf 1992.

Deutscher Industrie- und Handelstag (Hrsg.): Antworten des DIHT auf die Fragen der CDU / CSU - Bundestagsfraktion zum Thema "Standort Deutschland", Bonn 1992.

Deutscher Industrie- und Handelstag (Hrsg.): DIHT Meinung 1989, Bonn 1989.

Deutscher Industrie- und Handelstag (Hrsg.): Wegweiser zum EG - Binnenmarkt, Bonn 1988.

Deutscher Industrie- und Handelstag / Bundesverband der Deutschen Industrie (Hrsg.): Steuerliche Gewinnermittlungsvorschriften im internationalen Vergleich, 2. Aufl., Köln / Bonn 1990.

Dichmann, W.: Die Wettbewerbslage der EG gegenüber USA und Japan, in: Der Arbeitgeber, 41. Jg., Nr. 5, 1989, S. 155 - 157.

Dichmann, W.: Kernbereiche und Erwartungen, in: Der Arbeitgeber, 41. Jg., Nr. 6, 1989, S. 211 f.

Dichmann, W.: Wie gut ist der deutsche Standort?, in: Der Arbeitgeber, 41. Jg., Nr. 7, 1989, S. 258 - 261.

Dichtl, E.: Die Beseitigung von Grenzkontrollen und technischen Hemmnissen im Warenverkehr, in: Dichtl, E. (Hrsg.): Schritte zum Europäischen Binnenmarkt, München 1990, S. 13 - 34.

Dierkes, M. / Zimmermann, K. (Hrsg.): Wirtschaftsstandort Bundesrepublik, Frankfurt 1989.

Dierkes, M. / Zimmermann, K.: *Qualitätskontrolle ist Zukunftssicherung*: Der Standort Bundesrepublik im Profil, in: Dierkes, M. / Zimmermann, K. (Hrsg.): Wirtschaftsstandort Bundesrepublik, Frankfurt 1989, S. 29 - 48.

Döhrn, R. / Hamm, R.: Wirkungen des EG - Binnenmarktes und der deutschen Einigung auf altindustrielle Regionen: Das Beispiel Ruhrgebiet, in: Rheinisch- Westfälisches Institut für Wirtschaftsforschung (Hrsg.): RWI - Papiere, Nr. 23, Essen 1991.

Dörrenbächer, C. / Fischer, O.: Handel mit informationsintensiven Dienstleistungen: neue Perspektiven für die internationale Arbeitsteilung und Handelspolitik, in: Vierteljahresberichte / Friedrich - Ebert - Stiftung, Nr. 122, 1990, S. 393 - 401.

Döser, W. H.: Die Währungsunion, in: Hebing, W. (Hrsg.): Investitionsbedingungen und Eigentumsfragen in der ehemaligen DDR nach dem Staatsvertrag, Heidelberg 1990, S. 10 - 14.

Donges, J. B. / Engels, W. / Hamm, W. u.a. (Hrsg.): Zur Wirtschaftsreform in Osteuropa, Bad Homburg v.d.H. 1992.

Donges, J. B. / Schmidt, K.-D. et al.: *Mehr Strukturwandel für Wachstum und Beschäftigung* - Die deutsche Wirtschaft im Anpassungsstau, Tübingen 1988.

EEA vom 17./28.2.1986.

Eckey, H.-F.: Grundlagen der regionalen Strukturpolitik, Köln 1978.

Eisold. H.: Sonn- und Feiertagsarbeit - Ausnahmeregelung nicht mehr zeitgemäß, in: Der Arbeitgeber, 41. Jg., Heft 20, 1989, S. 718 - 723.

Engelhardt, W. H.: Einführung neuer Prozeßtechnologien, in: Kahrmann, V. / Sauerland, D. (Hrsg.): Made in Germany - Die internationale Wettbewerbsfähigkeit der deutschen Wirtschaft, Stuttgart / Berlin / Köln 1991, S. 150 - 155.

Engländer, O.: Allgemeine Theorie des Güterverkehrs und der Frachtsätze, Jena 1924.

Ensthaler, J.: Die Entwicklung des Gemeinschaftsrechts nach der "Einheitlichen Europäischen Akte", in: technologie & management, 38. Jg., Heft 1, 1989, S. 15 - 19.

Esser, K.: *Standortfaktor Unternehmensbesteuerung*, in: Zeitschrift für betriebswirtschaftliche Forschung, 42. Jg., Heft 2, 1990, S. 157 - 192.

EWG - Vertrag vom 25.3.1957.

Faust, K. / Schedel, H.: Internationale Wettbewerbsfähigkeit und strukturelle Anpassungserfordernisse, München 1984.

Fehl, U.: Zur Theorie angreifbarer Märkte, in: Ordo, Jahrbuch für die Ordnung von Wirtschaft und Gesellschaft, Bd. 36, 1985, S. 253 - 257.

Fels, G.: Strategien und Handlungsspielräume der Bundesrepublik Deutschland im internationalen Standortwettbewerb, in: Kantzenbach, E. / Mayer, O. G. (Hrsg.): Perspektiven der weltwirtschaftlichen Entwicklung und ihre Konsequenzen für die Bundesrepublik Deutschland, Hamburg 1990, S. 116 - 124.

Fels, G.: Wohlstand, Armut und Eigentum, in: Informationsdienst des Instituts der deutschen Wirtschaft, 17. Jg., Heft 1, 1991, S. 2 f.

Fels, G. (Hrsg.): Standort D - Nach der Vereinigung - vor dem Binnenmarkt, Köln 1992.

Feser, H.-D.: Technologische Wettbewerbsfähigkeit und internationaler Handel, in: Busse, D. / Feser, H.-D. / Pusse, L. u.a. (Hrsg.): Technologische Entwicklung und internationale Wettbewerbsfähigkeit, Regensburg 1990, S. 1 - 39.

Fischbein, W.: Liberalisierung der öffentlichen Aufträge in der EG, in: EG - Binnenmarkt '92 Chancen und Risiken für Betriebe, Freiburg 1988, S. 103 - 113.

Fischer, L.: *Die ertragsunabhängige Besteuerung* der Unternehmen - Eine Spezialität des deutschen Steuersystems?, in: Der Betrieb, 42. Jg., Heft 8, 1989, S. 389 - 396.

Flassbeck, H.: *Die Standortqualität der Bundesrepublik* Deutschland, in: Konjunkturpolitik, 34. Jg., Heft 5/6, 1988, S. 255 - 267.

Fraunhofer Gesellschaft (Hrsg.): Stellungnahme der Fraunhofer Gesellschaft (FhG) auf die Anfrage der CDU / CSU - Bundestagsfraktion des Deutschen Bundestages zum Thema *"Industriestandort Deutschland"*, o.O. 1992.

Fröhlich, H.-P.: Indikator: Preisstabilität, in: Institut der deutschen Wirtschaft (Hrsg.): iw - trends, 19. Jg., Heft 2, 1992, Schwerpunkt: Standort Bundesrepublik Deutschland, Köln 1992, S. 17 - 22.

Fürst, D. / Klemmer, P. / Zimmermann, K.: Regionale Wirtschaftspolitik, Tübingen / Düsseldorf 1976.

Fuest, W.: Ostdeutsche Wirtschaft, in: Informationsdienst des Instituts der deutschen Wirtschaft, 17. Jg., Heft 12, 1991, S. 2.

Fuest, W.: Unternehmensbesteuerung: Reform infolge international unterschiedlicher Belastung, in: Besters, H. (Hrsg.): Unternehmensbesteuerung als Standortfaktor, Baden - Baden 1991, S. 104 - 124.

Fuest, W.: Unternehmenssteuer, in: Institut der deutschen Wirtschaft (Hrsg.): Wirtschaft und Unterricht, 16. Jg., Heft 9, 1990.

Fuest, W. / Kroker, R.: *Unternehmensteuerlast:* 20 oder 70 Prozent?, Köln 1989.

Funk, J.: *Sicherung von Wettbewerbsfähigkeit und Arbeitsplätzen* durch Reform der Unternehmensbesteuerung, Sonderdruck aus "Mannesmann Post" 108, Düsseldorf 1991.

Furgler, K.: Der pazifische Wirtschaftsraum: Partner und Konkurrenz für die Schweiz, in: Schweizerisches Institut für Auslandsforschung (Hrsg.): Das Dreieck Europa - Amerika - Asien, Bd. 15, Zürich 1986, S. 45 - 61.

Gabisch, G.: Europa 1992 - Chancen und Risiken, in: Lücke, W. / Achtenhagen, F. / Biethahn, J. u.a. (Hrsg.): Europäische Wirtschaft der 90er Jahre, Wiesbaden 1990, S. 13 - 29.

Gablers Wirtschaftslexikon, 12. Aufl., Wiesbaden 1988.

Gabrisch, H.: Polen, in: Höhmann, H.-H. / Seidenstecher, G. (Hrsg.): Die Wirtschaft Osteuropas und der VR China 1980 - 1990, Hamburg 1988, S. 138 - 190.

Gassen, H. G.: Zukunftsmarkt Biotechnologie - Ein Kampf gegen die Akzeptanzprobleme, in: Kahrmann, V. / Sauerland, D. (Hrsg.): Made in Germany - Die internationale Wettbewerbsfähigkeit der deutschen Wirtschaft, Stuttgart / Berlin / Köln 1991, S. 94 - 100.

Geer, R.: Fataler Ritt in die Arbeitszeitverkürzung, in: Der Arbeitgeber, 41. Jg., Heft 20, 1989, S. 712.

Giese, H.: *Die Textilindustrie* braucht die Sonntagsarbeit, in: Das Wirtschaftsstudium, 18. Jg., Heft 5, 1989, S. 257 f.

Giersch, H. (Hrsg.): Umweltprobleme in ökonomischer Sicht, Tübingen 1974.

Glos, M.: *Im Standortwettbewerb liegt die Bundesrepublik im Hintertreffen*, in: Handelsblatt, Nr. 2, 3./4.1.1992, S. 4.

Götz - Coenenberg, R. / Höhmann, H.-H. / Seidenstecher, G.: Sowjetunion, in: Höhmann, H.-H. / Seidenstecher, G. (Hrsg.): Die Wirtschaft Osteuropas und der VR China 1980 - 1990, Hamburg 1988, S. 13 - 82.

Goldman, M. I. / Davis, K. W.: Gorbachev's Challenge: Economic Reform in the Age of High Technology, in: Bradke, S. (Hrsg.): Wirtschaftsreformen in Osteuropa, Grüsch 1989, S. 111 - 124.

Gröner, H. (Hrsg.): Wettbewerbsfragen der Europäischen Gemeinschaft, Berlin 1990.

Grosskettler, H.: *Deregulierung und Privatisierung*, in: Wirtschaftswissenschaftliches Studium, 18. Jg., Heft 10, 1989, S. 437 - 445.

Grundmann, W. / Holdhaus, R. / Krause, H. u.a.: Mathematische Methoden zur Standortbestimmung, Berlin 1968.

Gstöhl, S. U.: Der EWR - Vertrag: Konkubinat oder Verlobung? in: Kreile, M. (Hrsg.): Europa 1992 - Konzeptionen, Strategien, Außenwirkungen, Baden - Baden 1991, S. 139 - 161.

Gutmann, G.: Ende der Planwirtschaft in der DDR?, in: Mampel, S. / Uschakow, A. (Hrsg.): Die Reformen in Polen und die revolutionären Erneuerungen in der DDR, Berlin 1991, S. 53 - 66.

Härtel, H.-H.: Strukturwandel und Wettbewerbsfähigkeit der Bundesrepublik Deutschland, in: Kantzenbach, E. / Mayer, O. G. (Hrsg.): Perspektiven der weltwirtschaftlichen Entwicklung und ihre Konsequenzen für die Bundesrepublik Deutschland, Hamburg 1990, S. 105 - 115.

Hahn, H. (Hrsg.): Investieren in der DDR, Bonn 1990.

Hamm, R. / Heilemann, U.: Folgen der DDR - Öffnung für die nordrheinwestfälische Wirtschaft, in: Klemmer, P. (Hrsg.): Die Wiedervereinigung und Nordrhein - Westfalen, Ruhr - Forschungsinstitut für Innovation und Strukturpolitik e.V., Nr. 2, 1990.

Hamm, R. / Heilmann, U.: Folgen der deutschen Vereinigung für die nordrheinwestfälische Wirtschaft, in: Rheinisch - Westfälisches Institut für Wirtschaftsforschung (Hrsg.): RWI - Papiere, Nr. 21, Essen 1991, S. 16 - 20.

Handelsblatt, Nr. 251/52, 30./31.12.1988, S. 1 - 55, Sonderausgabe des Handelsblatt zum Thema Standort Bundesrepublik Deutschland.

Hartwig, K.-H.: *Bundesrepublik Deutschland*: bleibende Dominanz in Europa?, in: Cassel, D. (Hrsg.): Wirtschaftssysteme im Umbruch, München 1990, S. 398 - 410.

Hartwig, K.-H.: *Zukunft der gesamtdeutschen Wirtschaft*: Chancen und Risiken, in: List Forum, Bd. 16, 1990, S. 209 - 220.

Hausmann, K.-W.: Entscheidungsmodelle zur Standortplanung der Industrieunternehmen, Wiesbaden 1974.

Havrylyshyn, O. / Williamson, J.: From Soviet disUnion to Eastern Economic Community?, Washington D.C. 1991.

Hebing, W.: Die Wirtschaftsunion - Die Maßnahmen zur Privatisierung des volkseigenen Vermögens, in: Hebing, W. (Hrsg.), Investitionsbedingungen und Eigentumsfragen in der ehemaligen DDR nach dem Staatsvertrag, Heidelberg 1990, S. 28 - 30.

Hebing, W.: Die Wirtschaftsunion - Die wirtschaftlichen Freiheiten, in: Hebing, W. (Hrsg.), Investitionsbedingungen und Eigentumsfragen in der ehemaligen DDR nach dem Staatsvertrag, Heidelberg 1990, S. 15 - 18.

Hebing, W.: Enteignung und Rückerwerb von DDR - Vermögen, in: Hebing, W. (Hrsg.): Investitionsbedingungen und Eigentumsfragen in der ehemaligen DDR nach dem Staatsvertrag, Heidelberg 1990, S. 45 - 55.

Heidinger, P. F.: *Der energiepolitische Konsens* "Kohle und Kernenergie" ist unverzichtbar, in: Handelsblatt, Nr. 251/52, 30./31.12.1988, S. 36.

Henzler, H.: Podiumsdiskussion, in: Fels, G. (Hrsg.): Standort D - Nach der Vereinigung - vor dem Binnenmarkt, Köln 1992, S. 47 f.

Herrhausen, A.: Pazifische Herausforderung - Eine Antwort aus wirtschaftlicher Sicht, in: Prosi, G. (Hrsg.): Weltwirtschaft - Pazifische Herausforderung und europäische Antwort, Köln Bachem 1987, S. 87 - 100.

Hirn, W. / Pühler, S.: EG - Umweltpolitik - Der allerkleinste Nenner, in: Wirtschaftswoche, 43. Jg., Heft 11, 1989, S. 40 - 52.

Hörth, R.: Die Stellung des deutschen Maschinenbaus im Ostgeschäft, in: Kahrmann, V. / Sauerland, D. (Hrsg.): Made in Germany - Die internationale Wettbewerbsfähigkeit der deutschen Wirtschaft, Stuttgart / Berlin / Köln 1991, S. 156 - 159.

Hoover jr., E. M.: The Location Of Economic Activity, New York / Toronto / London 1948.

Hopt, K. J. (Hrsg.): Europäische Integration als Herausforderung des Rechts: Mehr Marktrecht - Weniger Einzelgesetze, Essen 1991.

Hübner, R.: Standort - Diskussion: Wie Bonn reagiert, in: Capital, 31. Jg., Heft 2, 1992, S. 15.

Hujer, R. / Hansen, H.-J. / Klein, E.: Makroökonomische Wirkungen der Steuerreform 1990 - Eine ökonometrische Analyse mit dem Frankfurter Modell, in: Finanzarchiv, 46. Jg., Heft, 1989, S. 38 - 55.

Hummeltenberg, W.: Optimierungsmethoden zur betrieblichen Standortwahl, Würzburg 1981.

IFO - Institut für Wirtschaftsforschung (Hrsg.): *Zum Standort Deutschland* - Antworten zur Anfrage der CDU / CSU - Bundestagsfraktion, München 1992.

Industrie- und Handelskammer zu Köln (Hrsg.): Der Produktionsstandort Deutschland - Nicht mehr attraktiv?, Köln 1992.

Institut für Arbeitsmarkt- und Berufsforschung (Hrsg.): Standort Deutschland - Anfrage der CDU / CSU - Bundestagsfraktion vom 20. Februar 1992, Nürnberg 1992.

Institut für Weltwirtschaft (Hrsg.): Expertise des Instituts für Weltwirtschaft zum Standort Deutschland, Kiel 1992.

Isard, W.: Location and Space - Economy. A General Theory Relating to Industrial Location, Market Areas, Land Use, Trade and Urban Structure, Cambridge Mass. 1956.

Jacob, H.: Zur Standortwahl der Unternehmungen, in: Alewell, K. / Behrens, K. C. / Bellinger, B. u.a.: Betriebswirtschaftliche Strukturfragen, Wiesbaden 1967, S. 233 - 293.

Jahresgutachten 1988/89 des Sachverständigenrates zur Begutachtung der gesamtwirtschaftlichen Entwicklung, Deutscher Bundestag 11. Wahlperiode, Drucksache 11/3478, Bonn 1988.

Jahresgutachten 1989/90 des Sachverständigenrates zur Begutachtung der gesamtwirtschaftlichen Entwicklung, Deutscher Bundestag 11. Wahlperiode, Drucksache 11/5786, Bonn 1990.

Jahresgutachten 1990/91 des Sachverständigenrates zur Begutachtung der gesamtwirtschaftlichen Entwicklung, Deutscher Bundestag 11. Wahlperiode, Drucksache 11/8472, Bonn 1990.

Jahresgutachten 1991/92 des Sachverständigenrates zur Begutachtung der gesamtwirtschaftlichen Entwicklung, Deutscher Bundestag 12. Wahlperiode, Drucksache 12/1618, Bonn 1991.

Jaumann, A.: Technologische Wettbewerbsfähigkeit der bundesdeutschen Industrie, in: technologie & management, 36. Jg., Heft 3, 1987, S. 14 f.

Joudanov, J.: Die wirtschaftliche Umgestaltung in der Sowjetunion: Probleme und Wege zur Lösung, Köln 1991.

Kaiser, K.-H.: Industrielle Standortfaktoren und Betriebstypenbildung - Ein Beitrag zur empirischen Standortforschung, Berlin 1979.

Kartte, W.: Doping für Giganten, in: Frankfurter Allgemeine Zeitung, Nr. 94, 22.4.1989, S. 15.

Keller, B.: Standortfaktor Bildungssystem, in: Der Arbeitgeber, 41. Jg., Heft 12, 1989, S. 453.

King, M. A. / Fullerton, D.: The Taxation of Income from Capital, A Comparative Study of the United States, the United Kingdom, Sweden and West Germany, Chicago 1984.

Kleer, J.: Wirtschaftsreformen in Polen, in: Mampel, S. / Uschakow, A. (Hrsg.): Die Reformen in Polen und die revolutionären Erneuerungen in der DDR, Berlin 1991, S. 37 - 51.

Klemmer, P.: Probleme der statistischen Erfassung des Arbeitsmarktes in der Bundesrepublik Deutschland, in: Leben, B. (Hrsg.): Arbeitslosigkeit und Arbeitsmarktstatistik - sind unsere Arbeitslosenzahlen falsch?, München 1988, S. 81 - 90.

Klemmer, P.: Regionalpolitik, in: Woll, A.: Wirtschaftslexikon, 5. Aufl., München / Wien / Oldenburg 1991, S. 614 - 616.

Klemmer, P.: Regionalpolitik auf dem Prüfstand, Köln 1986.

Klemmer, P.: *Strukturprobleme der neuen Bundesländer* und ökonomische Auswirkungen der Wiedervereinigung auf Nordrhein - Westfalen, in: Rheinisch - Westfälisches Institut für Wirtschaftsforschung (Hrsg.): RWI - Papiere, Nr. 24, Essen 1991.

Klemmer, P.: Strukturwandel - eine politische Aufgabe, Köln 1988.

Klemmer, P. / Eckey, H.-F. / Schwarz, N.: Wachstumspole in Niedersachsen, Hannover 1976.

Klemmer, P. unter Mitarbeit von Eckey, H.-F. und Bremicker, B.: *Zur Bestimmung* kommunaler Industrialisierungsbesonderheiten, Bonn 1989.

Klenner, W. (Hrsg.): Trends of Economic Development in East Asia, Berlin u.a. 1989.

Klodt, H.: Zucker für das Trojanische Pferd, in: Frankfurter Allgemeine Zeitung, Nr. 16, 19.1.1991, S. 15.

Klodt, H. / Schmidt, K.-D. et. al.: *Weltwirtschaftlicher Strukturwandel und Standortwettbewerb* - Die deutsche Wirtschaft auf dem Prüfstand, Tübingen 1989.

Koeber, E. v.: Europäische Integration und weltwirtschaftlicher Wettbewerb - Prioritäten unternehmerischer Praxis, in: Hopt, K. J. (Hrsg.): Europäische Integration als Herausforderung des Rechts: Mehr Marktrecht - weniger Einzelgesetze, Essen 1991, S. 52 - 61.

Kojima, K.: *Economic Cooperation in a Pacific Community*, in: The Japan Institut of International Affairs: Project '80's: Forign Policy Guidelines of Japan, Tokyo 1980.

Kommission der EG: Wettbewerbsfähigkeit der europäischen Industrie: eine Bilanz, in: Europäische Wirtschaft, o. Jg., Heft 25, 1985, S. 13 - 36.

Kommission der Europäischen Gemeinschaft (Hrsg.): Vollendung des Binnenmarktes - Weißbuch der Kommission an den Europäischen Rat, Luxemburg 1985.

Kommission der Europäischen Gemeinschaften (Hrsg.): Die Europäische Gemeinschaft und die deutsche Vereinigung, Luxemburg 1990.

Kommission der Europäischen Gemeinschaften (Hrsg.): Kontrolle von Unternehmenszusammenschlüssen im Gemeinschaftsrecht, Luxemburg 1990.

Koren, S.: Steuerreformen im internationalen Vergleich, Berlin 1989.

Kostrzewa, W.: Polens neue Währungsordnung - Vom Devisenschwarzmarkt zur beschränkten Währungskonvertibilität, in: Bradke, S. (Hrsg.): Wirtschaftsreformen in Osteuropa, Grüsch 1989, S. 179 - 205.

KPMG Deutsche Treuhand Gruppe (Hrsg.): *Der Binnenmarkt 1992* - Die Europäische Herausforderung, Frankfurt 1988.

Krakowski, M. / Henne, W. / Keller, D. u.a.: *Die deutsche Wirtschaft im Anpassungsschock* - Strukturbericht 1991, Hamburg 1992.

Kraus, W.: *Gravitationszentrum Pazifik*, in: Der Fischer Weltalmanach 85, Frankfurt 1984, S. 91 - 100

Kraus, W.: Handelsverflechtungen und Kooperationsansätze im Pazifischen Raum - Eine Herausforderung für Europa, in: Heiduk, G. (Hrsg.): Japan als führende Wirtschaftsmacht in einem zukünftigen pazifischen Wirtschaftsraum, Baden - Baden 1985, S. 43 - 67.

Kraus, W.: Kündigt sich ein "pazifisches Zeitalter" an?, in: Orientierungen, o.Jg., Heft 19, 1984, S. 30 - 35.

Kraus, W.: Soziale Marktwirtschaft - Marktwirtschaftliche und soziale Umorientierung in der Deutschen Demokratischen Republik, Bonn 1990.

Kraus, W. / Lütkenhorst, W.: *Wirtschaftsdynamik im Pazifischen Becken*, Stuttgart 1984.

Kreile, M.: Die Europäische Gemeinschaft und der Umbruch in Osteuropa, in: Kreile, M. (Hrsg.): Europa 1992 - Konzeptionen, Strategien, Außenwirkungen, Baden - Baden 1991, S. 163 - 185.

Kroker, R. / Salowsky, H.: Indikator: Arbeitskosten, in: Institut der deutschen Wirtschaft (Hrsg.): iw - trends, 19. Jg., Heft 2, 1992, Schwerpunkt: Standort Bundesrepublik Deutschland, Köln 1992, S. 23 - 27.

Krüger, M. / Pfaller, A.: The Federal Republic of Germany, in: Pfaller, A. / Gough, I. / Therborn, G. (Hrsg.): Can the Welfare State Compete?, Houndmills / Basingstoke / Hampshire u.a. 1991, S. 187 - 228.

Kulessa, M. (Hrsg.): The Newly Industrializing Economies of Asia - Prospects of Cooperation, Berlin / Heidelberg 1990.

Kuntze, O.-E.: Vorbereitungen zehn westeuropäischer Industrieländer auf den EG - Binnenmarkt 1993, München 1990.

Läufer, N. K. A. (Hrsg.): Vier Papiere zur Deutschen Währungsunion, Konstanz 1990.

Lammers, K. / Soltwedel, R.: Verbesserung der Ansiedlungsbedingungen für Unternehmen in Schleswig - Holstein, Kiel 1987

Langkau, J. / Napp, H.-G. / Rahmann, B.: Steuerstandort Bundesrepublik Deutschland, Bonn 1989.

Leibfritz, W.: Wichtige Aussagen der Frühjahrsdiagnose der Forschungsinstitute zu Ostdeutschland, in: ifo - Schnelldienst, 44. Jg., Heft 16 - 17, 1991, S. 5 - 7.

Leuschner, H.-J.: Noch ist die Energieversorgung durch Braunkohle nicht gesichert, in: Der Arbeitgeber, 43. Jg., Heft 23, 1991, S. 948 - 950.

Li, V. H.: The Pacific Age: Prospects and Problems, in: Schweizerisches Institut für Auslandsforschung (Hrsg.): Das Dreieck Europa - Amerika - Asien, Bd. 15, Zürich 1986, S. 9 - 25.

Liebmann, H.-P.: Die Standortwahl als Entscheidungsproblem, Würzburg 1971.

Lin, T. B.: Ostasien: Perspektiven für Aktivitäten auf internationalen Märkten, in: Prosi, G. (Hrsg.): Weltwirtschaft - Pazifische Herausforderung und europäische Antwort, Köln Bachem 1987, S. 38 - 45.

Linde, C. M. van der: The Competitive Advantage of Germany - A Microeconomic Approach, St. Gallen 1991.

Löbbe, K.: *Standort Deutschland* - Internationale Wettbewerbsfähigkeit und Attraktivität für Auslandskapital, in: Außenwirtschaftspolitik, Stuttgart 1991, S. 53 - 71.

Lösch, A.: Die räumliche Ordnung der Wirtschaft - Eine Untersuchung über Standort, Wirtschaftsgebiete und internationalen Handel, Jena 1940.

Lorenz, D.: Regionale Entwicklungslinien in der Weltwirtschaft - Tendenzen zur Bildung von regionalen Wachstumspolen?, in: Kantzenbach, E. / Mayer, O. G. (Hrsg.): Perspektiven der weltwirtschaftlichen Entwicklung und ihre Konsequenzen für die Bundesrepublik Deutschland, Hamburg 1990, S. 11 - 31.

Lücke, A.: Für deutsche Investoren wird die CSFR immer attraktiver, in: Arbeitgeber, 43. Jg., Heft 3, 1991, S. 102 - 104.

Lücke, W.: *Industriewirtschaftliche Aspekte zum Euromarkt* 1992, in: Lücke, W. / Achtenhagen, F. / Biethahn, J. u.a. (Hrsg.): Europäische Wirtschaft der 90er Jahre, Wiesbaden 1990, S. 51 - 100.

Lüder, K.: Standortwahl, in: Jacob, H. (Hrsg.): Industriebetriebslehre, 3. Aufl., Wiesbaden 1986, S. 25 - 100.

Macharzina, K.: Die Wettbewerbsfähigkeit der Bundesrepublik Deutschland im internationalen Vergleich, in: Betriebswirtschaftliche Forschung und Praxis, 41. Jg., Heft 5, 1989, S. 472 - 488.

Machowski, H.: Rückwirkungen der sowjetischen Reformpolitik auf die Zusammenarbeit im "Rat für gegenseitige Wirtschaftshilfe" (RGW), in: Bradke, S. (Hrsg.): Wirtschaftsreformen in Osteuropa, Grüsch 1989, S. 93 - 110.

Masson, P. / McDonald, D.: Die makroökonomischen Wirkungen der deutschen Vereinigung, in: Finanzierung & Entwicklung, 28. Jg., Heft 1, 1991, S. 6 - 9.

Matthäus - Maier, I.: Die siebzigprozentige Besteuerung des Unternehmensgewinns ist eine Legende, in: Handelsblatt, Nr. 251, 30./31.12.1988, S. 18.

Meffert, H.: *Marketing* - Grundlagen der Absatzpolitik, 7. Aufl., Wiesbaden 1986.

Meinig, W.: Die deutsche Automobilwirtschaft im europäischen und internationalen Wettbewerb, in: Kahrmann, V. / Sauerland, D. (Hrsg.): Made in Germany - Die internationale Wettbewerbsfähigkeit der deutschen Wirtschaft, Stuttgart / Berlin / Köln 1991, S. 31 - 53.

Methfessel, K.: Polens mühsamer Weg zurück zum Kapitalismus, in: Capital, Heft 10, 1990, S. 128 - 131.

Meyer, W.: Die Theorie der Standortwahl, Berlin 1960.

Meyer - Krahmer, F.: Der Einfluß staatlicher Technologiepolitik auf industrielle Innovationen, Baden - Baden 1989.

Meyer - Krahmer, F.: Technologischer Leistungsstandard der deutschen Wirtschaft im internationalen Vergleich, in: Bilanz und Perspektiven der deutschen Forschungs- und Technologieploitik, BDI - Drucksache 246, Köln 1991, S. 11 - 42.

Meyer - Lindemann, H. U.: *Typologie der Theorien des Industriestandortes*, Bremen - Horn 1951.

Ministerium für Medienpolitik (Hrsg.): Der Staatsvertrag - Grundlage der deutschen Einheit, Berlin / Bonn 1990.

Mock, A.: Wachsende Märkte in Südostasien - Ursachen und Entwicklungen, in: technologie & management, 38. Jg., Heft 2, 1989, S. 11 f.

Müller, E.: Osteuropa - Journal, Wirtschaftsumbruch in Polen, der CSFR und Ungarn, in: Capital, 30. Jg., Heft 9, 1991, S. 258 - 272.

Müller, L.: Stufenplan für eine europäische Währungsintegration, in: Kreditwesen, 42. Jg., Nr. 6, 1989, S. 8 - 14.

Müller - Dott, J. P.: *Die Messung der Steuerlast* deutscher Unternehmen aus der Sicht der Wirtschaft, in: Betriebs - Berater, 45. Jg., Beilage 8 zu Heft 7, 1990, S. 1 - 11.

Müller - Dott, J. P.: Deutschland im steuerlichen Gegenwind, in: Der Betrieb, 45. Jg., Heft 22, 1992, S. I.

Müller - Merbach, H.: Arbeitskosten im internationalen Vergleich, in: technologie & management, 39. Jg., Heft 4, 1990, S. 41 - 44.

Müller - Merbach, H.: Asien: Weltmarkt der Zukunft oder Angstgegner des Westens?, in: technologie & management, 38. Jg., Heft 2, 1989, S. 6 - 10.

Müller-Merbach, H.: Koordinierte Technologiepolitik, in: technologie & management, 36. Jg., 1987, Heft 2, S. 6 - 9.

Müller - Merbach, H.: Standort Bundesrepublik?, in: technologie & management, 37. Jg., Heft 4, 1988, S. 6 - 9.

Nachtkamp, H. H.: Die Harmonisierung von Einkommens- und Unternehmensbesteuerung, in: Dichtl, E. (Hrsg.): Schritte zum Europäischen Binnenmarkt, München 1990, S. 83 - 110.

Narjes, K.-H.: Auf dem Weg zum europäischen Binnenmarkt 1992, in: Das Wirtschaftsstudium, 18. Jg., Heft 2, 1989, S. 70 - 72.

Neddermeyer, W.: Die steuerliche Betriebsprüfung (Außenprüfung) im internationalen Vergleich, in: Betriebs - Berater, 46. Jg., Beilage 19 zu Heft 27, 1991, S. 1 - 15.

Neifer - Dichmann, E.: Arbeitszeit ein Standortfaktor, in: Der Arbeitgeber, 41. Jg., Heft 12, 1989, S. 446 - 449.

Neifer - Dichmann, E.: Auswege aus der Zeit- und Kostenklemme, in: Der Arbeitgeber, 41. Jg., Heft 6, 1989, S. 196 - 199.

Neifer - Dichmann, E.: Die Arbeitsmarktordnung auf dem Prüfstand (II), in: Der Arbeitgeber, 43. Jg., Heft 18, 1991, S. 668 - 670.

Neifer - Dichmann, E., Stückkostensenkung durch Betriebszeitverlängerung, in: Der Arbeitgeber, 41. Jg., Heft 10, 1989, S. 364 - 367.

Neifer - Dichmann, E.: Tarifliche Arbeitszeitpolitik - Rückschau auf den Leber - Kompromiß, in: Wirtschaftswissenschaftliches Studium, 18. Jg., Heft 8, 1989, S. 408 - 410.

Nieschlag, R. / Dichtel, E. / Hörschgen, H.: Marketing, 16. Aufl., Berlin 1991.

o.V.: Arbeitskosten im Wettbewerb, in: Institut der deutschen Wirtschaft (Hrsg.): Wirtschaft und Unterricht, 16. Jg., Heft 5, 1990, S. 1 - 4.

o.V.: Arbeitskosten in Schwellenländern - Drachen unter Druck, in: Informationsdienst des Instituts der deutschen Wirtschaft, 15. Jg., Heft 34, 1989, S. 4 f.

o.V.: Arbeitskosten international - Für Betriebe teuerstes Pflaster, in: Informationsdienst des Instituts der deutschen Wirtschaft, 17. Jg., Heft 18, 1991, S. 3.

o.V.: Arbeitskräfte und Arbeitskosten in Europa (Teil I), o.O. 1991.

o.V.: Arbeitskräfte und Arbeitskosten in Europa (Teil II), o.O. 1991.

o.V.: Arbeitsmarkt Ost - West - Schere, in Informationsdienst des Instituts der deutschen Wirtschaft, 17. Jg., Heft 2, 1991, S. 4 f.

o.V.: Arbeitsumfeld - Zufrieden mit dem Chef, in: Informationsdienst des Instituts der deutschen Wirtschaft, 14. Jg., Heft 13, 1988, S. 8.

o.V.: Arbeitszeitpolitik - Flexi auch im Ausland, in: Informationsdienst des Instituts der deutschen Wirtschaft, 15. Jg., Heft 19, 1989, S. 6 f.

o.V.: Asia expected to account for half of world GNP in 2050, in: JCER Report, Vol. 2, No. 6, 1990, S. 4 f.

o.V.: Auslandsinvestitionen - Kräftiger Kapitalabfluß, in: Informationsdienst des Instituts der deutschen Wirtschaft, 15. Jg., Heft 8, 1989, S. 7.

o.V.: Berufsausbildung / DDR - Qualifizierungshilfen nötig, in: Informationsdienst des Instituts der deutschen Wirtschaft, 16. Jg., Heft 17, 1990, S. 4 f.

o.V.: Betriebliche Weiterbildung, in: Informationsdienst des Instituts der deutschen Wirtschaft, 15. Jg., Heft 40, 1989, S. 4 f.

o.V.: Betriebszeiten international - Schlußlicht Bundesrepublik, in: Informationsdienst des Instituts der deutschen Wirtschaft, 16. Jg., Heft 6, 1990, S. 3.

o.V.: Bevölkerungsentwicklung - Rückgang auf Raten, in Informationsdienst des Instituts der deutschen Wirtschaft, 16. Jg., Heft 41, 1990, S. 4 f.

o.V.: Blaupunkt baut Personal ab - Deutsche Herstellkosten zu hoch, in: Frankfurter Allgemeine Zeitung, Nr. 100, 30.4.1991, S. 19.

o.V.: Der Aktienmarkt wird langfristig von der fundamentalen deutschen Stärke gestützt, in: Handelsblatt, Nr. 54, 16.3.1989, S. B 13 - B 15.

o.V.: Der Arbeitsmarkt in Deutschland, in: Deutsches Institut für Wirtschaftsforschung (Hrsg.): Wochenbericht, 59. Jg., Heft 5 - 6, 1992, S. 49 - 57.

o.V.: Die BASF investiert in Spanien verstärkt in Autolacke und Harze, in: Frankfurter Allgemeine Zeitung, Nr. 23, 28.1.1992, S. 15.

o.V.: Die Bundesrepublik als Exportweltmeister, in: Institut der deutschen Wirtschaft (Hrsg.): Wirtschaft und Unterricht, 15. Jg., Heft 8, 1989.

o.V.: Die Perspektiven für die Branchen, in: Informationsdienst des Instituts der deutschen Wirtschaft, 15. Jg., Heft 12, 1989, S. 8.

o.V.: Direktinvestitionen, in: Informationsdienst des Instituts der deutschen Wirtschaft, 15. Jg., Heft 45, 1989, S. 7

o.V.: EG - Binnenmarkt '92 - Eine Zukunft ohne Grenzen, in: Positionen, Institut der deutschen Wirtschaft (Hrsg.), o.Jg., Heft 27, 1988, S. 1 - 4.

o.V.: Europa 1993: Kooperation gefragt, in: Das Wirtschaftsstudium, 18. Jg., Heft 4, 1989, S. 195 f.

o.V.: Fehlzeiten - Rezepte zur Reduzierung, in: Informationsdienst des Instituts der deutschen Wirtschaft, 17. Jg., Heft 17, 1991, S. 4 f.

o.V.: Gefährdet die Lohnkostenentwicklung die Wettbewerbsfähigkeit der Bundesrepublik Deutschland?, in: Deutsches Institut für Wirtschaftsforschung (Hrsg.): Wochenbericht, 59. Jg., Heft 11, 1992, S. 121 - 124.

o.V.: Genehmigungsverfahren - Viel Bürokratie, in: Informationsdienst des Instituts der deutschen Wirtschaft, 15. Jg., Heft 2, 1989, S. 4 f.

o.V.: Genehmigungsverfahren kosten viel Zeit, in: Informationsdienst des Instituts der deutschen Wirtschaft, 16. Jg., Heft 7, 1990, S. 8.

o.V.: Industriestandort Bundesrepublik von erlesener Qualität, in: Die Mitbestimmung, o.Jg., Beilage zu Heft 5, 1988, S. 21 - 28.

o.V.: Industriestandort Bundesrepublik - Argumente und Fakten, in: Der Gewerkschafter, 36. Jg., Heft 11, 1988, S. 56 - 62.

o.V.: Infrastruktur - Nachholbedarf in vielen Bereichen, in: Informationsdienst des Instituts der deutschen Wirtschaft, 15. Jg., Heft 17, 1989, S. 3.

o.V.: Internationale Wettbewerbsfähigkeit - Rangliste mit vielen Fragezeichen, in: Informationsdienst des Instituts der deutschen Wirtschaft, 15. Jg., Heft 51/52, 1989, S. 4 f.

o.V.: Kapitalmärkte - Interesse an Deutschland, in: Informationsdienst des Instituts der deutschen Wirtschaft, 16. Jg., Heft 12, 1990, S. 2.

o.V.: Lohnstückkosten international - Arbeitskosten als Standortfaktor, in: Informationsdienst des Instituts der deutschen Wirtschaft, 15. Jg., Heft 48, 1989, S. 3.

o.V.: Meilensteine auf dem Weg zu Europa, in: technologie & management, 38. Jg., Heft 1, 1989, S. 9 f.

o.V.: Mitarbeiter der Zukunft - Soziale Kompetenz gewinnt an Terrain, in: Informationsdienst des Instituts der deutschen Wirtschaft, 16. Jg., Heft 3, 1990, S. 8.

o.V.: Normen in der EG - Anerkennung vor Angleichung, in: Informationsschrift des Instituts der deutschen Wirtschaft, 16. Jg., Heft 5, 1990, S. 6 f.

o.V.: Osteuropa / Währungspolitik, in: Informationsdienst des Instituts der deutschen Wirtschaft, 17. Jg., Heft 39, 1991, S. 3.

o.V.: Osteuropa, in: Informationsdienst des Instituts der deutschen Wirtschaft, 17. Jg., Heft 16, 1991, S. 4 f.

o.V.: Sowjetunion - In den Wind gesprochen?, in: Informationsdienst des Instituts der deutschen Wirtschaft, 16. Jg., Heft 47, 1990, S. 4 f.

o.V.: Sowjetunion - Noch nicht viel bewegt, in: Informationsdienst des Instituts der deutschen Wirtschaft, 15. Jg., 1989, S. 4 f.

o.V.: Standort Bundesrepublik im Urteil des verarbeitenden Gewerbes, in: ifo - Schnelldienst, 42. Jg., Heft 4, 1989, S. 22 - 28.

o.V.: Standort D - Investieren in Deutschland 7, in: Frankfurter Allgemeine Zeitung, Nr. 65, 20.2.1992, S. 16.

o.V.: Steuererhöhungen - Die Milliarden für den Bund, in: Informationsdienst des Instituts der deutschen Wirtschaft, 17. Jg., Heft 10, 1991, S. 2.

o.V.: Südostasien will mit neuen Bündnissen in der Weltwirtschaft stärker Gehör finden, in: Handelsblatt, 1.8.1991, S. 12.

o.V.: Treuhandanstalt - Zwischenbilanz der Privatisierung, in: Informationsdienst des Instituts der deutschen Wirtschaft, 17. Jg., Heft 8, 1991, S. 2.

o.V.: Umweltpolitik international - Vor einem Investitions - Schub, in: Informationsdienst des Instituts der deutschen Wirtschaft, 15. Jg., Heft 29, 1989, S. 7.

o.V.: Unternehmensbesteuerung - Falsche Fragen beantwortet, in: Informationsdienst des Instituts der deutschen Wirtschaft, 15. Jg., Heft 27, 1989, S. 4 f.

o.V.: Unternehmensbesteuerung - Nach VGR über 50 Prozent, in: Informationsdienst des Instituts der deutschen Wirtschaft, 15. Jg., Heft 11, 1989, S. 4 f.

o.V.: Unternehmensstrategien - Zeit - Falle schnappt zu, in: Informationsdienst des Instituts der deutschen Wirtschaft, 15. Jg., Heft 24, 1989, S. 4 f.

o.V.: Unternehmensteuern - Großer Nachholbedarf, in: Informationsdienst des Instituts der deutschen Wirtschaft, 14. Jg., Heft 47, 1988, S. 4 f.

o.V.: Unternehmensteuerreform - Weiterer Handlungsbedarf, in: Informationsdienst des Instituts der deutschen Wirtschaft, 15. Jg., Heft 47, 1989, S. 4 f.

o.V.: Verkehrsinfrastruktur - Straßen sind überlastet, in: Informationsdienst des Instituts der deutschen Wirtschaft, 15. Jg., Heft 15, 1989, S. 4 f.

o.V.: Versorgung und Entsorgung, in: Informationsdienst des Instituts der deutschen Wirtschaft, 15. Jg., Heft 14, 1989, S. 4 f.

o.V.: Weiterbildung - Interesse stark gestiegen, in: Informationsdienst des Instituts der deutschen Wirtschaft, 16.Jg., Heft 9, 1990, S. 6 f.

o.V.: Weltmeister im Export, in: Der Gewerkschafter,37. Jg., Heft 8a, 1989, S. 38 - 42.

o.V.: Wirtschaftsreform CSFR - Anfang gemacht, in: Informationsdienst des Instituts der deutschen Wirtschaft, 17. Jg., Heft 30, 1991, S. 6 f.

Oborne, M. W. / Fourt, N.: Pacific Basin Economic Cooperation, Paris 1983.

Österreichisches Institut für Raumplanung (Hrsg.): Standortfaktoren für die Industrieansiedlung, Wien 1968.

Ohlin, B.: Handels teori, Stockholm 1924.

Ohlin, B.: Interregional and International Trade, Cambridge 1933.

Olson, M.: Aufstieg und Niedergang von Nationen, 2. Aufl., Tübingen 1991.

Orlowski, D.: Die internationale Wettbewerbsfähigkeit einer Volkswirtschaft, Göttingen 1982.

Osten, D.-J. von der: Die Wettbewerbssituation im deutsch - amerikanischen Investitionsgüterhandel der 80er Jahre am Beispiel der Werkzeugmaschinenindustrie, Rheinfelden 1990.

Pascha, W.: Dritte Welt im Aufbruch: Ostasiatische Schwellenländer als neue wirtschaftliche Entwicklungspole?, in: Cassel, D. (Hrsg.): Wirtschaftssysteme im Umbruch, München 1990, S. 92 - 120.

Perdöhl, A.: Das Standortproblem in der Wirtschaftstheorie, in: Weltwirtschaftswissenschaftliches Archiv, Bd. 21, 1925.

Peterhoff, R.: Theoretische Grundlagen des Reformprozesses in der UdSSR: Ordnungpolitischer Konzeptionswechsel als Reflex polit - ökonomischen Umdenkens?, in: Cassel, D. (Hrsg.): Wirtschaftssysteme im Umbruch, München 1990, S. 153 - 195.

Pfaller, A. / Gough, J. / Therborn, G.: Welfare Statism and International Competition: The Lesson of the Case Studies, in: Pfaller, A. / Gough, J. / Therborn, G. (Hrsg.): Can the Welfare State Compete?, Houndmills / Basingstoke / Hampshire u.a. 1991, S. 271 - 297.

Porter, M. E.: The Competitive Advantage of Nations, New York 1990.

Poser, G.: Chancen und Risiken des europäischen Binnenmarktes, in: technologie & management, 38. Jg., Heft 1, 1989, S. 11 - 14.

Pred, A.: Behavior and Location - Foundation for a Geographic and Dynamic Location Theory Part 1, o.O. 1967

Pred, A.: Behavior and Location - Foundation for a Geographic and Dynamic Location Theory Part 2, o.O. 1969.

Presse- und Informationsamt der Bundesregierung (Hrsg.): Vertrag über die Herstellung der Einheit Deutschlands - Einigungsvertrag, Bonn 1990.

Prewo, W.: Auswirkungen des Euromarktes auf die Niedersächsische Wirtschaft, in: Lücke, W. / Achtenhagen, F. / Biethahn, J. u.a. (Hrsg.): Europäische Wirtschaft der 90er Jahre, Wiesbaden 1990, S. 215 - 226

Räusch, U. / Hebing, W.: Die Wirtschaftsunion - Gesellschaftsrechtliche, bilanzrechtliche und steuerrechtliche Aspekte, in: Hebing, W. (Hrsg.): Investitionsbedingungen und Eigentumsfragen in der ehemaligen DDR nach dem Staatsvertrag, Heidelberg 1990, S. 19 - 26.

Rameil, A.: Die Bundesrepublik Deutschland als Wirtschaftsstandort im europäischen Binnenmarkt aus betriebswirtschaftlicher Sicht, in: Wirtschaftsverwaltungs- und Umweltrecht, 1. Jg., Heft 1, 1990, S. 14 - 20.

Rau, G.: EG ohne Steuergrenzen - Was die Betriebe erwartet, in: EG Binnenmarkt '92 Chancen und Risiken für Betriebe, Freiburg 1988, S. 185 - 215.

Reiter, G.: Die internationale Wettbewerbsposition des deutschen Maschinenbaus, in: Jahrbücher für Nationalökonomie und Statistik, Bd. 208, Heft 1, 1991, S. 34 - 49.

Reuter, E.: *Auslandsinvestitionen zur Marktanteilssicherung* und zur Sicherung des Produktionsstandortes Bundesrepublik Deutschland, in: Zeitschrift für betriebswirtschaftliche Forschung, 42. Jg., Heft 10, 1990, S. 819 - 829.

Rheinisch - Westfälisches Institut für Wirtschaftsforschung (Hrsg.): Analyse der strukturellen Entwicklung der deutschen Wirtschaft - *RWI - Strukturberichterstattung, Schwerpunktthema 1988:* Standort Bundesrepublik Deutschland und Veränderung der Standortfaktoren im sektoralen Strukturwandel, Essen 1989.

Rheinisch - Westfälisches Institut für Wirtschaftsforschung (Hrsg.): Auswirkungen des EG - Binnenmarktes für Energie auf Verbraucher und Energiewirtschaft in der Bundesrepublik, Essen 1991.

Rheinisch - Westfälisches Institut für Wirtschaftsforschung (Hrsg.): Grundlagen eines mittelfristigen umweltpolitischen Aktionsrahmens, Essen 1993 (voraussichtliche Veröffentlichung).

Rheinisch - Westfälisches Institut für Wirtschaftsforschung (Hrsg.): *Ökonomische Herausforderungen für Baden - Württemberg* in den neunziger Jahren, Essen 1992.

Rheinisch - Westfälisches Institut für Wirtschaftsforschung (Hrsg.): *Standort Deutschland*, Essen 1992.

Rieger, H. C.: Zukünftige industrielle Arbeitsteilung: Marktchancen und Marktgefährdung aus der Sicht der EG - Länder und der Länder Südostasiens, in: Laumer, H. (Hrsg.): Wachstumsmarkt Südostasien, München 1984, S. 77 - 140.

Ritter, W.: Konzept einer Reform der Unternehmensbesteuerung, In: Besters, H. (Hrsg.): Unternehmensbesteuerung als Standortfaktor, Baden - Baden 1991, S. 61 - 78.

Ritter, W.: Steuerharmonisierung als Vorraussetzung eines EG - Binnenmarktes, in: Betriebs - Berater, 42. Jg., Nr. 2, 1989, S. 77 - 83.

Rose, K.: Theorie der Außenwirtschaft, 10. Aufl., München 1989.

Rüpp, B.: Wirtschaftliche und gesellschaftliche Perspektiven der Bundesrepublik Deutschland, München 1989.

Rüschenpöhler, H.: Der Standort industrieller Unternehmungen als betriebswirtschaftliches Problem, Berlin 1958.

Salowsky, H.: Indikator: Arbeitszeit, in: Institut der deutschen Wirtschaft (Hrsg.): iw - trends, 19. Jg., Heft 2, 1992, Schwerpunkt: Standort Bundesrepublik Deutschland, Köln 1992, S. 29 - 34.

Salowsky, H.: *Ist die Arbeit bei uns so gut, wie sie teuer ist?*, in: Der Arbeitgeber, 41. Jg., Heft 19, 1989, S. 686 - 688.

Salowsky, H.: *Unsere Spitzenlöhne* sind eine Rationalisierungspeitsche, in: Der Arbeitgeber, 42. Jg., Heft 15, 1990, S. 562 - 564.

Schätzl, L.: *Wirtschaftsgeographie 1* - Theorie, 3. Aufl., Paderborn / München / Wien u.a. 1988.

Schätzel, L., Wirtschaftsgeographie 2 - Empirie, Paderborn / München / Wien u.a. 1981.

Schätzl, L., Wirtschaftsgeographie 3 - Politik, Paderborn / München / Wien u.a. 1986.

Scheibe - Lange, I.: *Unternehmensbesteuerung*: Bedarf für Strukturänderungen oder Entlastung?, in: Besters, H. (Hrsg.): Unternehmensbesteuerung als Standortfaktor, Baden - Baden 1991, S. 125 - 143.

Schill, J.: Internationale Wettbewerbsfähigkeit des deutschen Anlagenbaus: Ein Problem verzerrter Exportfinanzierungsstrukturen, in: Die Betriebswirtschaft, 51. Jg., Heft 1, 1991, S. 7 - 19.

Schlaffke, W.,: Aus dem Gleichgewicht, in: Informationsdienst des Instituts der deutschen Wirtschaft, 18. Jg., Heft 4, 1992, S. 2.

Schlaffke, W.: Bildungsarbeit im Spannungsfeld von Wirtschaft und Gesellschaft, Düsseldorf 1992.

Schlaffke, W.: *Qualified in Germany*: Standortvorteil, in: Informationsdienst des Instituts der deutschen Wirtschaft, 14. Jg., Heft 38, 1988, S. 2.

Schlaffke, W.: Weiterbildung schafft neue Qualitäten, in: Informationsdienst des Instituts der deutschen Wirtschaft, 18. Jg., Heft 20, 1992, S.2.

Schmidt, K.-D. et. al.: *Im Anpassungsprozeß zurückgeworfen* - Die deutsche Wirtschaft vor neuen Herausforderungen, Tübingen 1984.

Schmietow, E. / Schneider, M.: *Die mangelnde Wachstumsorientierng der bundesdeutschen Industrie*, in: technologie & management, 36. Jg., Heft 1, 1987, S. 10 - 23.

Schneider, D.: Die Bundesrepublik als Hochsteuerland?, in: Besters, H. (Hrsg.): Unternehmensbesteuerung als Standortfaktor, Baden - Baden 1991, S. 144 - 151.

Schneider, D.: *Die Messung der Unternehmenssteuerbelastung*: Methoden und Ergebnisse, in: Betriebs - Berater, 45. Jg., Heft 8, 1990, S. 534 - 539.

Schneider, D.: Eine neue Milchmädchenrechnung zur Steuerbelastung der Unternehmensgewinne, in: Handelsblatt, Nr. 154, 11./12.8.1989, S. 5.

Schneider, D.: Für die Wagemutigen, in: Frankfurter Allgemeine Zeitung, Nr. 92, 20.4.1991, S. 13.

Schneider, D.: *Investition*, Finanzierung und Besteuerung, 6. Aufl., Wiesbaden 1990.

Schneider, D.: *Meßkonzepte zur Steuerbelastung* von Unternehmen, in: Wirtschaftswissenschaftliches Studium, 19. Jg., Heft 10, 1990, S. 497 - 502.

Schneider, H.-K.: *Die Bundesrepublik im internationalen Wettbewerb*: Thesen und Erkenntnisse der Wirtschaftswissenschaft, in: Dierkes, M. / Zimmermann, K. (Hrsg.): Wirtschaftsstandort Bundesrepublik, Frankfurt 1989, S. 69 - 83.

Schöb, R. / Thum, M. / Weichenrieder, A.: Sozialpakt für den Aufschwung - Ein Model für Ostdeutschland, in: Wirtschaftswissenschaftliches Studium, 21. Jg., Heft 4, 1992, S. 191 - 196.

Schoenaich - Carolath, A.-F. Prinzessin zu: Arbeitszeit und -kosten - Trendwende erforderlich, in: Arbeitgeber, 44. Jg., Heft 10, 1992, S. 366 - 368.

Schöttle, K. M.: Erfordernisse und Möglichkeiten im Ostgeschäft aus der Sicht eines Anlagen- und Maschinenbauunternehmens, in: Kahrmann, V. / Sauerland, D. (Hrsg.): Made in Germany - Die internationale Wettbewerbsfähigkeit der deutschen Wirtschaft, Stuttgart / Berlin / Köln 1991, S. 159 - 163.

Schogs, F.: Privatisierungspolitik in Ungarn, in: Zeitschrift für das gesamte Kreditwesen, 44. Jg., Heft 14, 1991, S. 646 - 650.

Scholz, K. A.: Wichtige Ressourcen sind alle vor der Haustür, in: Handelsblatt, Nr. 251/52, 30./31.12.1988, S. 53.

Schoser, F.: Selbstbewußt in den EG - Binnenmarkt '92, in: DIHT Meinung 1989, Bonn 1989, S. 24 f.

Schreiber, K. / Wessels, W.: Der EG - Binnenmarkt - Ein neues Koordinationssystem für die Wirtschaftswissenschaft, in: Das Wirtschaftsstudium, 18. Jg., Heft 6, 1989, S. 328 - 331.

Schulenburg, J. M. Graf v. d. / Wagner, J.: Protektionismus, Marktstruktur und Importkonkurrenz, in: IFO - Studien, 36. Jg., Heft 4, 1990, S. 267 - 291.

Schweitzer, M.: Einführung in die Industriebetriebslehre, Berlin / New York 1973.

Seidel, B. / Franzmeyer, F. / Volz, J. u.a.: Die Besteuerung der Unternehmensgewinne - Sieben Industrieländer im Vergleich, in: Deutsches Institut für Wirtschaftsforschung (Hrsg.): Beiträge zur Strukturforschung, Heft 111, Berlin 1989.

Siebert, H.: Bestreitbare Märkte in Europa, in: Frankfurter Allgemeine Zeitung, Nr. 82, 8.4.1989, S. 15.

Siebert, H.: Die Wettbewerbsfähigkeit der deutschen Wirtschaft: Trends und Perspektiven, in: Kahrmann, V. / Sauerland, D. (Hrsg.): Made in Germany - Die internationale Wettbewerbsfähigkeit der deutschen Wirtschaft, Stuttgart / Berlin / Köln 1991, S. 16 - 27.

Sievert, O.: Die Reform der Unternehmensbesteuerung bleibt dringlich, in: Besters, H. (Hrsg.): Unternehmensbesteuerung als Standortfaktor, Baden - Baden 1991, S. 16 - 42.

Sinn, G. / Sinn, H.-W.: Kaltstart - Volkswirtschaftliche Aspekte der deutschen Vereinigung, Tübingen 1991.

Smith, D. M.: A Theoretical Framework for Geographical Studies of Industrial Location, in: Economic Geography, 42. Jg., 1966, S. 95 - 113

Smith, D. M.: Industrial Location - An Economic Geographical Analysis, New York 1971.

Stackelberg, K. v.: *Internationale Wettbewerbsfähigkeit* bei zunehmenden intra - industriellen Handelsbeziehungen mit Schwellenländern, Berlin 1991.

Standort Bundesrepublik - Neue Dimensionen des internationalen Wettbewerbs, in: Handelsblatt, Nr. 251/52, 30./31.12.1988, S. 1 - 55, Sonderausgabe des Handelsblatt zum Thema Standort Bundesrepublik Deutschland.

Statistisches Bundesamt (Hrsg.): Statistisches Jahrbuch 1986 für die Bundesrepublik Deutschland, Wiesbaden 1986.

Statistisches Bundesamt (Hrsg.): Statistisches Jahrbuch 1990 für das Ausland, Wiesbaden 1990.

Statistisches Bundesamt (Hrsg.): Statistisches Jahrbuch 1991 für das Ausland, Wiesbaden 1991.

Statistisches Bundesamt (Hrsg.): Zu den Ausgaben und zum Anlagevermögen für Umweltschutz 1975 - 1991 im bisherigen Bundesgebiet, Wiesbaden 1992.

Steiner, M.: Konstitutive Entscheidungen, in: Bitz, M. / Dellmann, K. / Domsch, M. u.a. (Hrsg.): Vahlens Kompendium der Betriebswirtschaftslehre Bd. 1, 2. Aufl., München 1989, S. 115 - 162.

Stihl, H. P.: Der Standort Bundesrepublik Deutschland im gemeinsamen Markt - Perspektiven für das Jahr 1993, in: Betriebswirtschaftliche Forschung und Praxis, 41. Jg., Heft 5, 1989, S. 449 - 459.

Stihl, H. P.: Unternehmerische Standortstrategien für die neunziger Jahre, in: Fels, G. (Hrsg.): Standort D - Nach der Vereinigung - vor dem Binnenmarkt, Köln 1992, S. 30 - 45.

Streck, W. R.: Ist die deutsche Biotechnologie wettbewerbsfähig?, in: ifo - Schnelldienst, 43. Jg., Heft 26 - 27, 1990, S. 14 - 21.

Swinne, A.: Die finanzielle Führung und Kontrolle von Auslandsgesellschaften, Frankfurt 1983.

Tarafas, I.: Ungarns Reformen: Vergangenheit und Gegenwart, in: Finanzierung & Entwicklung, 28. Jg., Heft 1, 1991, S. 12 - 14.

Theisen, M. R. / Mangels, H.: Besteuerung und nationale Standortwahl, in: Der Betrieb, 44. Jg., Heft 43, 1991, S. 2197 - 2200.

Thiel, E.: Der europäische Finanz- und Währungsraum - Perspektiven für einen neuen Trilateralismus, in: Kreile, M. (Hrsg.): Europa 1992 - Konzeptionen, Strategien, Außenwirkungen, Baden - Baden 1991, S. 85 - 98.

Thünen, J. H. v.: Der isolierte Staat in Beziehung auf Landwirtschaft und Nationalökonomie, Hamburg 1826.

Töpfer, A.: *Euro - Audit*: Erfolgreiche Vorbereitung mittelständischer Unternehmen auf den europäischen Binnenmarkt, in: Zeitschrift Führung + Organisation, 59. Jg., Heft 1, 1990, S. 28 - 34.

Tuchtfeld, E.: Arbeitskonflikte im internationalen Vergleich, in: Wirtschaftswissenschaftliches Studium, 18. Jg., Heft 8, 1989, S. 415 - 418.

Verband der chemischen Industrie e.V. (Hrsg.): Antworten auf den Fragenkatalog der CDU / CSU Bundestagsfraktion zum Thema Standort Deutschland, Frankfurt 1992.

Verband der Elektrizitätswirtschaft (Hrsg.): Stellungnahme des VDEW zum Fragenkatalog "Standort Deutschland" der CDU / CSU - Bundestagsfraktion, Frankfurt 1992.

Verband Deutscher Maschinen- und Anlagenbau e.V. (Hrsg.): Kumulation unternehmensbelastender Faktoren in Deutschland, Frankfurt am Main 1992.

Vernon, R.: International Investment and International Trade in the Product - Cycle, in: The Quarterly Journal of Economics, vol. 80, No. 2, 1966, S. 190 - 207.

Vieweg, H.-G.: Der Werkzeugmaschinenbau: Eine Wettbewerbsanalyse für die gesamtdeutsche Branche, in: ifo - Schnelldienst, 44. Jg., Heft 21, 1991, S. 22 - 29

Vogel, O.: Ausgeprägte Schwächen; Neue Herausforderungen, in: Institut der deutschen Wirtschaft (Hrsg.): iw - trends, 19. Jg., Heft 2, 1992, Schwerpunkt: Standort Bundesrepublik Deutschland, Köln 1992, S. 3 - 15.

Vogel, O.: Die Bundesrepublik Deutschland im internationalen Standortwettbewerb, in: EG - Binnenmarkt '92 Chancen und Risiken für Betriebe, Freiburg 1988, S. 25 - 44.

Vogel, O.: Infrastruktur - Impulse durch Private, in: Informationsdienst des Instituts der deutschen Wirtschaft, 15. Jg., 1989, Heft 17, S. 2.

Vogel, O.: Standort West - Deutschland - Ausgeprägte Schwächen, in: Informationsdienst des Instituts der deutschen Wirtschaft, 18. Jg., Heft 19, 1992, S. 2.

Vogler - Ludwig, K.: *Europäischer Binnenmarkt und Beschäftigung* ein Problemaufriß, in: Beiträge zur Arbeitsmarkt- und Berufsforschung, München 1988.

Volkelt, L.: Mit unternehmerischem Kalkül gegen politische Euphorie, in: EG - Binnenmarkt '92 Chancen und Risiken für Betriebe, Freiburg 1988, S. 11 - 23.

Voss, G.: Indikator: Energieversorgung, in: Institut der deutschen Wirtschaft (Hrsg.): iw - trends, 19. Jg., Heft 2, 1992, Schwerpunkt: Standort Bundesrepublik Deutschland, Köln 1992, S. 51 - 54.

Voss, G.: Indikator: Umweltschutz, in: Institut der deutschen Wirtschaft (Hrsg.): iw - trends, 19. Jg., Heft 2, 1992, Schwerpunkt: Standort Bundesrepublik Deutschland, Köln 1992, S. 43 - 49.

Voss, G.: Vom industriellen Umweltschutz profitieren viele Branchen der DDR, in: Der Arbeitgeber, 43. Jg., Heft 19, 1990, S. 786 - 789.

Voss, G.: Woher die Anstöße für das Wachstum dieses Marktes kommen, in: Kahrmann, V. / Sauerland, D: (Hrsg.): Made in Germany - Die internationale Wettbewerbsfähigkeit der deutschen Wirtschaft, Stuttgart / Berlin / Köln 1991, S. 172 - 176.

Wagner, J.: Importdruck aus Entwicklungsländern und Unternehmensstrategien im verarbeitenden Gewerbe der Bundesrepublik Deutschland, in: Journal für Entwicklungspolitik, o.Jg., Heft 2, 1988, S. 5 - 15.

Walterskirchen, E.: Leistungsbilanz und Wettbewerbsfähigkeit, in: Monatsberichte / Österreichisches Institut für Wirtschaftsforschng, 64. Jg., Heft 3, 1991, S. 131 - 141.

Wass von Czege, A.: Ungarn, in: Höhmann, H.-H. / Seidenstecher, G. (Hrsg.): Die Wirtschaft Osteuropas und der VR China 1980 - 1990, Hamburg 1988, S. 259 - 316.

Wass von Czege, A.: Ungarns Integration in die Weltwirtschaft - Vision oder Alptraum?, in: Bradke , S. (Hrsg.): Wirtschaftsreformen in Osteuropa, Grüsch 1989, S. 151 - 178.

Weber, A.: Über den Standort der Industrien, 1. Teil: Reine Theorie des Standorts, Tübingen 1909.

Weggel, O. / Machetzki, R.: Der asiatisch - pazifische Mythos "Atlantische Gegenwart - Pazifische Zukunft"?, in: Aus Politik und Zeitgeschichte, o.Jg., 8.11.1986, S. 18 - 31.

Welfens, P. J. J.: *Internationalisierung von Güterproduktion und Ressourceneinsatz*: Wirtschaftspolitische Herausforderung durch Standortwettbewerb offener Volkswirtschaften?, in: Cassel, D. (Hrsg.): Wirtschaftssysteme im Umbruch, München 1990, S. 17 - 46.

Wenzel. J.: Standort Bundesrepublik Deutschland - Stand und Entwicklung der Rahmenbedingungen für unternehmerische Investitionsentscheidungen, in: ifo - Schnelldienst, 44. Jg., Heft 15, 1991, S. 13 - 18.

Westerhoff, H.-D.: Unternehmenssteuern: Ein internationaler Standortfaktor, in: Orientierungen zur Wirtschafts- und Gesellschaftspolitik, 47. Jg., Heft 1, 1991, S. 53 - 61.

Willemsen, A.: *Der Standort Bundesrepublik*: Die Sicht der Wirtschaft, in: Dierkes, M. / Zimmermann, K. (Hrsg.): Wirtschaftsstandort Bundesrepublik, Frankfurt / New York 1990, S. 109 - 118.

Wirtschaftsvereinigung Bergbau (Hrsg.): Beantwortung des Fragenkatalogs "Standort Deutschland" der CDU / CSU - Fraktion des deutschen Bundestages aus der Sicht der Bergbauindustrie in der Bundesrepublik Deutschland, o.O. 1992.

Wirtschaftsvereinigung Stahl (Hrsg.): Standort Deutschland - Fragenkatalog der CDU / CSU - Fraktion des Deutschen Bundestages, Düsseldorf 1992.

Wöhe, G.: Betriebswirtschaftliche Steuerlehre, Band II 2. Halbband, 3. Aufl., München 1982.

Wöhe, G.: Einführung in die *Allgemeine Betriebswirtschaftslehre*, 17. Aufl., München 1990.

Wohlers, E.: Entwicklung und Bestimmungsgründe der deutschen Exportüberschüsse im Handel mit den europäischen Ländern, in: Hamburger Jahrbuch für Wirtschafts- und Gesellschaftspolitik, 35. Jg., 1990, S. 271 - 290.

Woll, A. (Hrsg.): *Wirtschaftslexikon*, 5. Aufl., München / Wien / Oldenburg 1991.

Womack, J. P. / Jones, D. T. / Roos, D.: Die zweite Revolution in der Autoindustrie - Konsequenzen aus der weltweiten Studie des Massachusetts Institute of Technology, Frankfurt - Main / New York 1991.

Wortmann, M.: Produktionsverlagerung aus der Bundesrepublik Deutschland an die europäische Peripherie, in: Vierteljahresberichte / Friedrich - Ebert - Stiftung, Nr. 122, 1990, S. 381 - 392.

Zentraler Kreditausschuss (Hrsg.): Standort Deutschland, Bonn 1992.

Zeppernick, R.: *Die Diskussion um die Standortqualität* der Bundesrepublik Deutschland, in: Wirtschaftsdienst, 70. Jg., Heft 1, 1990, S. 51 - 56.

Bernd Rieper / Thomas Witte

Grundwissen Produktion
Produktions- und Kostentheorie

Frankfurt/M., Berlin, Bern, New York, Paris, Wien, 1992. VI, 132 S., zahlr. Abb.
Schriften zur Produktion. Bd. 5
Herausgegeben von Thomas Witte und Bernd Rieper
ISBN 3-631-44841-4 br. DM 19.80

Die vorliegende Einführung in die Produktion legt den Schwerpunkt auf die Aspekte der Produktions- und Kostentheorie, die praktische Relevanz besitzen. Die Ausführungen konzentrieren sich auf die Untersuchung limitationaler Produktionsfunktionen, da diese Basis für moderne Methoden sind. Die Ideen der Leontief-Analyse werden konsequent in den Verfahren der Stücklistenauflösung, bei der Strukturierung von Fertigungsdaten in einer Fertigungsdatenbank und bei der Produktionsprogrammplanung mit Hilfe der linearen Programmierung weiterentwickelt. Zielgruppe sind die Studenten der Wirtschaftswissenschaften, die die Einführungsveranstaltung zur Produktions- und Kostentheorie besuchen.

Aus dem Inhalt: Analyse produktiver Systeme – Produktions- und Kostentheorie auf Grundlage der Leontief-Produktionsfunktion – Übergang zur Kostenrechnung – Weitere Produktions- und Kostenfunktionen – Strukturierung von Fertigungsdaten – Produktionsprogrammplanung mit Hilfe der linearen Programmierung

Verlag Peter Lang Frankfurt a.M. · Berlin · Bern · New York · Paris · Wien
Auslieferung: Verlag Peter Lang AG, Jupiterstr. 15, CH-3000 Bern 15
Telefon (004131) 9411122, Telefax (004131) 9411131
- Preisänderungen vorbehalten -